Gallus M. Manser

Angewandtes Naturrecht

Gallus M. Manser

Angewandtes Naturrecht

editiones scholasticae

Bibliographic information published by Deutsche Nationalbibliothek
The Deutsche Nationalbibliothek lists this publication in the Deutsche Nationalbibliographie; detailed bibliographic data is available in the Internet at http://dnb.ddb.de

Diese Ausgabe ist ein reprographischer Nachdruck
der ersten Auflage 1947, Freiburg in der Schweiz

EDITIONES SCHOLASTICAE

Verlag editiones scholasticae
Neunkirchen-Seelscheid

www.editiones-scholasticae.de

ISBN 978-3-86838-261-7

2022

Printed on acid-free paper

Printed in Germany

Die Ausführungen über das *Naturrecht im Allgemeinen* fanden Anklang. Die Not unserer rechtlosen, sturmvollen Zeit ist die Hauptursache der neu erwachten Sympathien für das Naturrecht.

Ohne die *Anwendung* dieses menschlich-sozialen Grundrechtes sind indessen all diese Sympathien fruchtlos. Erst durch die Anwendung desselben werden wir uns seiner Tragweite so recht bewußt. Und seine Anwendung ist so weitschichtig wie das Naturrecht selbst, das Grundlage jeder positiv-natürlichen Gesetzgebung ist und sein soll. Das Anwendungsgebiet ist somit unermeßlich.

Der Leser kann also hier von uns nur einige wenige typische Anwendungsfälle erwarten, die für das individuell-soziale Wohl grundlegend sein müssen. Daß hier die *Religion* — wir reden hier nur von der natürlichen — grundlegenden Wert besitzt, werden wir an erster Stelle zeigen. Daß dabei der *Schutz des Lebens und der Freiheit* eines jeden Bürgers, der durch *Mord*, *Selbstmord*, *Duell* und *Sklaverei* bedroht, das *Notrecht* und die *Todesstrafe* begründen, von allergrößter Bedeutung sein muß, leuchtet jedermann ein. Wirtschaftlich und sozial, — im Interesse des bürgerlichen Friedens —, hat das Recht auf *Privateigentum* eine enorme Bedeutung. Welche Bedeutung für die ganze bürgerliche Rechtsordnung die richtige Auffassung der *Ehe* und des *Staates* hat, werden wir ebenfalls noch kurz erwähnen.

Das sind einige wichtige Fragen, auf die wir hier besonders hinweisen möchten. Wir bieten dem Leser also über die Anwendung des Naturrechtes von « Vielem » nur « Weniges » und auch das noch in sehr unvollkommener Form !

Freiburg, den 15. Februar 1947.

Der Autor.

Art. 1.

Der naturrechtliche Primat der Religionspflicht.

Eine Eigenstellung unter den Pflichten und Rechten, die vom Naturrecht ableitbar sind, nimmt die *Religion* ein. Das ist so, weil sie, alle persönlichen und sozialen Pflichten zugleich und grundlegend umfassend, als Huldigung an Gott, den höchsten Herrn, den *Primat* unter allen natürlichen, moralischen Pflichten einnimmt. Das möchten wir hier, wo wir uns mit dem **angewandten Naturrecht** beschäftigen, an erster Stelle begründen.

Das Naturrecht hat an sich mit Offenbarung und Glaube nichts zu tun, eben weil es Naturrecht ist. Wir reden also hier nur von der *natürlichen* Ordnung, welche bekanntlich durch die übernatürliche Ordnung nicht aufgehoben, sondern vielmehr noch vervollkommnet wurde. Schon in der natürlichen Ordnung soll der Mensch dem durch die bloße Vernunft erkannten Gott als höchstem Gut den Höchsttribut der Verehrung leisten, und wir behaupten : Diese Verehrung leistet die Religion als höchste, naturrechtliche Pflicht nach den Worten des Aquinaten : « Religio est, quae Deo debitum cultum offert. » [1] Damit haben wir unsere These präzisiert. Auch muß es dem Leser einleuchten, warum die Religion zu den *moralischen* Tugenden gehört : weil sie das vom bloßen Verstande geleitete *Handeln* = Tätigsein, ins Auge faßt [2].

Wer gehört zu den **Gegnern** unserer These ? Selbstverständlich alle *Agnostiker*, die längst vor Huxley, von dem sie erst den Namen erhielten, der Devise huldigten : Wir kennen keine außer uns und in sich seienden Dinge, also weder die sichtbare Welt noch Gott. Nennen wir hier Berkeley, Fichte, Schelling und Hegel. So die meisten Idealisten und Positivisten, wie Ebbinghaus, Kern, Schuppe, Remke,

[1] II-II 81, 5. Dazu ib. 101, 3 ad 1 : « Dicendum, quod sicut religio est quaedam protestatio fidei, spei et charitatis, quibus homo *primordialiter* ordinatur ad Deum, ita etiam pietas est quaedam protestatio charitatis, quam quis habet ad parentes et ad patriam. » [2] II-II 81, 5 u. 81, 2 ad 2.

Schubert-Soldern, E. Mach, Ostwald, Ziehen, Nietzsche usw.[1] Daß die *Materialisten* hierher gehören, ist klar. Die meisten Phänomenalisten sind indessen keine Ungläubigen, eigentliche Atheisten, obwohl der Atheismus logisch aus ihrem System folgen würde. Aber *dagegen* protestieren sie, daß Religion mit dem *Verstande* und mit Begriffsentwicklungen und daher mit Dogmata etwas zu tun habe. So Jacobi, Renan, Herbart, E. Zeller, Lotze, Ritschl, Dorner. Daher Ritschl's Satz: « Natürliche Religion ist ein Gespenst. »[2] Sie verlegen die Religion, wie Schleiermacher, in ein dunkles *Gefühl*, in eine monistisch-pantheistische Gemütsvereinigung mit der Gottheit[3]. Sie alle verfechten die *Trennung von Religion und Ethik*[4]. Daß der religiöse *Indifferentismus*, sowohl der praktische als auch der theoretische, hierher gehört, ist klar, da er, wie der Name besagt, jede Verpflichtung ablehnt[5].

Und nun der *Primat* der natürlichen Religionspflicht! Wie begründen wir den?

Wir setzen hier die Möglichkeit einer real-natürlichen Erkenntnis voraus, denn ohne das haben auch alle Thesen der Agnostiker und all ihre Beweisprinzipien und folgerichtig ihre Beweise keinen Wert, da sie in der *Wirklichkeit* keine Grundlage haben, also unhaltbar sind. Wir gehen somit gerade von der *real-existierenden Menschennatur*, die erstes Fundamentalprinzip des Naturrechts ist, als Tatsache aus. So läßt sich vielleicht der Primat der Religionspflicht auf folgenden Gedankengang aufbauen, den wir hier nur ankünden und nachher einzeln begründen:

Im Lichte der real-existierenden Menschennatur betrachtet, erweist sich die natürliche Religionspflicht erstens als *Wesenstätigkeit* des Menschen, die zweitens dem Menschen erst die *Zielrichtung* seiner sittlichen Tätigkeit gibt, die drittens allein den *ganzen Menschen* in den Dienst der Sittlichkeit stellt; also ist die Religionspflicht die Königin aller moralischen Tugenden und Grundlage alles sittlichen Handelns, und ist eine Trennung von Ethik und Religion unmöglich. Alles das erhält viertens auch naturrechtlich eine wundervolle Bestätigung durch die *Völkergeschichte*. Das die Ankündigung der Begründung. Und nun der Beweis!

[1] Vgl. *Eisler*, Wörterbuch d. phil. Begriffe: « Objekt » und « Ding an sich ».
[2] In seiner Göttinger Jubiläumsrede 1887. Vgl. *Cathrein*, Moralphil. II 4.
[3] Vgl. *Überweg-Heinze*, III 403; IV 250, 281; *Eisler*, ib. « Religion ».
[4] Vgl. *Hettinger*, Apol. des Christentums (10. Aufl.), 1914. Bd. I 461 ff.
[5] Vgl. *Cathrein*, das. II 19 ff.

1. Die Religionspflicht, eine Wesenstätigkeit.

Das Wesen eines Dinges ist das, wodurch ein Ding das ist, was es ist. Nach dem Prinzip « operatio sequitur esse » ist eine *Wesenstätigkeit* jene, die innerlich-notwendig und daher primär aus dem Dinge sich ergibt.

Die real-existierende Menschennatur ist ein *hervorgebrachtes*, vernünftiges Sinneswesen. Ist der Mensch ein hervorgebrachtes Sein, so ist er seiner innersten Natur nach ein *potenzielles* Sein, d. h. ein solches, das ehedem nicht war, und das, insofern es ist, jeden Augenblick wieder nicht sein kann, und zwar dem Sein als Sein nach [1]. Das alles ist eine unleugbare Tatsache. Die Ursache und der stündliche Erhalter eines solchen ens-potentiale kann nur Gott sein, nämlich die Ursache des « Seins » als Sein [2]; denn kreatürliche Ursachen bringen nur — und auch nicht ohne Gott — « dieses » oder « jenes » Sein hervor, nie etwas aus « Nichts » [3]. Auch das ist wieder Tatsache. Folglich kann nur Gott als absolut aktuelles Sein Ursache und Erhalter der real-existierenden Menschennatur sein. Folglich besagt weiter jede real-existierende Menschennatur in ihrem Sein und ihrer Tätigkeit eine *innerlich-notwendige Hinordnung*, genauer gesagt, *Abhängigkeit* von Gott. Das ist nun gerade das, was die Religion, auch die natürliche, ihrem innersten Wesen nach, als höchster Tribut der Huldigung des rationalen Wesens an den ersten Seinsgeber und Erhalter zum Ausdruck bringt: « Religio est, per quam redditur debitum Deo. » [4] Diese Grundabhängigkeit von der ersten Ursache, welche in jeder Religion primär ausgedrückt werden will, hat der Völkerapostel unter Berufung auf heidnische Dichter so herrlich ausgesprochen mit den Worten: « In ipso vivimus, movemur et sumus. » [5] So die Schöpfung und Erhaltung ins Auge gefaßt, verstehen wir jenes merkwürdig tiefe Wort des Aquinaten: « Gott ist uns näher, als wir uns selber sind. » [6] Das sind übrigens rein natürliche Gedankengänge, die auch einem Cartesius [7] und Leibniz [8] nicht fremd waren.

[1] I 45, 5. [2] I 8, 1. [3] I 45, 5 ad 1.

[4] I-II 60, 3. Dazu vgl. *Zigliara*, Summa phil. (8. Ed.), Ius nat. lib. 1 c. 2, II; *Hettinger*, Apol. I 436 ff.; *Castelein* S. J., Droit naturel, Bruxelles (1904), 34.

[5] Apg. 17, 18.

[6] I 104, 1 u. 2.

[7] *Descartes*, Principes de philosophie I c. 21.

[8] Théodicée III, n. 385.

So ziehen wir die Konklusion : Von Natur aus, also naturrechtlich, ist der Mensch zur Unterwerfung unter Gott, die erste Ursache des « Seins » hingeordnet, und da das wesentlich in der Religion geschieht, ist die Religionspflicht eine *wesentliche Tätigkeit des Menschen.*

2. Die Religion allein gibt uns die Zielrichtung des sittlichen Handelns.

Zwei Dinge müssen voneinander gut unterschieden werden : *Zielrichtung geben* und *zielgemäß handeln.* Die Zielrichtung wird für das zielgemäße Handeln offenbar vorausgesetzt, denn haben wir nicht eine Zielrichtung = Zielhinordnung, dann ist zielgemäßes Handeln schlechterdings unmöglich. Wie will jemand die Mittel zum Ziele wählen, wenn er kein Ziel hat ? Wir wollen die beiden Fragen auch noch so unterscheiden : etwas anderes ist die Wahl des Zieles und alles dessen, was zum Ziel gehört, etwas anderes die Wahl der Mittel zum gewählten Ziele. Das leuchtet ein. Und all das ist sogar dann richtig, wenn jemand die Mittel zu einem falschen Ziele oder falsche Mittel zu einem falschen Ziele wählt. Immer hat er eine Zielrichtung, die von dem zielhaften Handeln notwendig unterschieden ist.

Und nun unsere These : Religion allein gibt uns die Zielrichtung sittlichen Handelns. Wie beweisen wir das ?

Auch da gehen wir ganz naturrechtlich von der real-existierenden, rationalen Menschennatur aus. Aus dieser allein erwachsen die moralischen Tugenden, zu denen, wie schon oben betont, die Religion gehört [1]. Alle diese Tugenden betreffen das *praktische Handeln* [2], also auch die Religion.

Auf dem Gebiete des praktischen Handelns und Strebens haben wir grundlegend eine Tätigkeit, die naturnotwendig ist, das Streben der rationalen Menschennatur zur *Glückseligkeit,* zum bonum commune [3]. Diese Tätigkeit ist schon zielanzeigend. Aber sie ist nicht frei, weil naturnotwendig, während die moralischen Tugenden, zu denen die Religion gehört, frei sich auswirkende Habitus sind [4].

Die große Frage beginnt erst mit dem Problem : wo findet sich das bonum commune, die Glückseligkeit, und wie ist es erreichbar ? Hier erst beginnt die *Wahlfreiheit* und damit das Gebiet der moralischen Tugenden. Diese Wahlfreiheit hat ein doppeltes Problem zum Gegen-

[1] II-II 61, 5.
[2] I-II 58, 2 ; 3.
[3] I-II 1, 2 ; I q. 2 a. 1 ad 1.
[4] I-II 58, 4.

stand: die *Wahl des Zieles selbst* und dann die *Wahl der Mittel zum gewählten Ziele* [1]. Die erste Frage betrifft präzis die Zielrichtung, die zweite das zielgerechte Handeln. Nun sind wir bei der springenden Frage angekommen.

a) Alle moralischen Tugenden außer der Religion betreffen die Wahl der *richtigen Mittel zum Ziele.* So die *Dankbarkeit* [2], die *Starkmut* und *Sanftmut, Mäßigkeit, Freigebigkeit* und *Großmut* usw. Sie alle betreffen den *Weg* zum gesteckten Ziele, sind mit anderen Worten nur *Mittel* zum Ziele, das letztlich Gott ist, in dem allein die Glückseligkeit als bonum infinitum besteht [3].

b) Eine ganz eigene Stellung hat die *Religion.* Zum Verständnis unterscheiden wir hier drei Dinge: Erstens: das höchste, *objektive Ziel.* — Das ist Gott, der sich selbst als höchstes Ziel gesetzt. Alles, was zur Erreichung dieses objektiv höchsten Zieles dient, ist nur Mittel zum Ziele.

Zweitens: Die *Zielrichtung*, die Thomas als « praestitutio finis » bezeichnet = Festlegung des Zieles [4]. Sie ist das freigewählte, höchste Ziel. Auch diese Festlegung des Zieles ist eine freigewählte Sache und gehört daher zu den Mitteln zum objektiven Ziele.

Drittens: Die *Mittel*, welche zum frei-gewählten, höchsten Ziele führen.

Die Religion, als höchste Huldigung an Gott, gehört zum zweiten Punkte, ist also ein Mittel zum objektiv höchsten Ziele, während die übrigen moralischen Tugenden, z. B. Klugheit, Barmherzigkeit, zum dritten Punkte: Wahl der Mittel zum gewählten Ziele, gehören [5]. Die Religion hat also eine *Vorzugsstellung*, weil sie die Zielrichtung selber angibt und daher das objektive Ziel *direkt* und *unmittelbar*, « directe et immediate » berührt [6]. Daher ist sie unter den moralischen Tugenden eine *spezielle* [7] und *überragt* alle anderen [8]. Daher sagt Thomas: Die Religion leitet den Menschen « *primordialiter* » zum Ziele [9].

Die Religion ist daher auf dem Wege zum höchsten Ziele allein

[1] « Dicendum, quod ad perfectionem virtutis moralis tria sunt neccessaria ... praestitutio finis ... inclinatio ad finem ... electio eorum quae sunt ad finem. » III Sent. d. 33 q. 2 a. 3.

[2] Vgl. I-II 58 q. 60, 3, 4 u. 5.

[3] I-II 2, 8; 3, 1.

[4] III Sent. d. 33 q. 2 a. 3.

[5] Ib.

[6] II-II 81, 6.

[7] Ib. a. 5.

[8] Ib. a. 6.

[9] II-II 101, 3 ad 1.

richtunggebend für das sittliche Handeln. Die Begründung unserer These wurzelt im *Naturrecht*, weil in der existierenden, rationalen Menschennatur, die naturnotwendig die Glückseligkeit anstrebt und vermöge ihrer Vernünftigkeit darauf hingeordnet ist, das höchste Ziel zu wählen und die Mittel zu Erreichung dieses Zieles zu gebrauchen.

So wird es uns klar, wie widersinnig die These von der *Trennung von Religion* und *Sittlichkeit* ist, die einstens die Empiriker John Locke und Hume und nachher die Idealisten mit Kant und Fichte verfochten [1], wobei der Königsberger Philosoph sich selbst wieder in Widersprüche verwickelte [2]. Mit Recht sagt A. M. Weiß : « Die Religion ist der Maßstab für die Beurteilung der Menschheit. » [3] Und ganz zutreffend sagt Hettinger, der andere große Apologet : « Das sittliche Leben wurzelt in der Religion [4], und Sittlichkeit ohne Religion ist ein Baum, losgerissen von seiner Wurzel, aus der er Kraft und Leben saugt. » [5] Sie ist auch die Quelle der *Autorität* [6] und des *Trostes* in den Leiden der Völker [7], ermöglicht allein letzten Endes eine wirksame *Sanktion* [8]. Mit vollem Rechte sagt daher der kluge Jaccoud : « Sans la religion, ni la morale, ni le droit ... ne peuvent subsister. » [9] Das alles hatte schon das Goldene Gedicht der pythagoreischen Schule kurz und bündig ausgesprochen : « Das ist die erste Pflicht des Menschen, Gott zu verehren. » [10]

3. Nur die Religion stellt den ganzen Menschen in den Dienst der Sittlichkeit.

Hier berühren wir eine besondere Eigenart der Religionspflicht, die ihren überragenden Primat vor allen anderen moralischen Pflichten begründet. Sie umfaßt den *ganzen Menschen* und stellt ihn in den Dienst Gottes, während die übrigen moralischen Tugenden, z. B. die Mäßigkeit, Dankbarkeit usw., nur besondere Mittel zum bereits gewählten Ziel darstellen, also immer nur ein Teilgebiet betreffen. Daraus erhellt die eminente *Universalität* der Religionspflicht.

Aber wie begründet das Naturrecht diese Universalität ?

[1] Vgl. *Hettinger*, Apol. Bd. I 463.
[2] Das. 466 [1].
[3] Apol. Bd. II 209 ff.
[4] Apol. 461.
[5] Das. 403.
[6] *Hettinger*, das. 477.
[7] Das. 473 ; *A. M. Weiß*, das. 341.
[8] *Cathrein*, Moralphil. II 15 ; *Hettinger*, das. 471.
[9] Droit naturel et démocratie, 101.
[10] Carmen aureum, I 2 ; vgl. *A. M. Weiß*, Apol. I 337.

Wie uns scheint, in einem doppelten Sinne. Das Naturrecht zeigt uns erstens, *warum* die Religionspflicht universell ist, d. h. den ganzen Menschen erfassen muß. Da handelt es sich offenbar um die *Existenz* der Universalität der Religionspflicht. Zweitens zeigt uns wiederum das Naturrecht, *wie* alle die verschiedenen Fähigkeiten, sagen wir Tätigkeitsprinzipien des ganzen Menschen in verschiedener Art zur Gottesverehrung beitragen sollen, also die *Art* der Universalität der Religionspflicht.

Der **Existenz** oder dem «Warum» der Allgemeinheit der Religionspflicht geben wir folgenden Sinn : *Naturrechtlich muß die Religionspflicht negativ und positiv jede höhere und niedere, jede innere und äußere, persönliche und öffentliche Tätigkeit erfassen.* Welches ist der Grund ? Weil die real-existierende Menschennatur, an der alles menschliche Tun gemessen wird, ein *potenzielles*, also von Gott abhängiges Sein ist, und das : weil Gott Ursache, Erhalter und Ziel jedes Seins ist. *Naturrechtlich* nennen wir diese Abhängigkeit, weil sie sich aus der Menschennatur ergibt, die Prinzip des Naturrechts ist. *Negativ* ist diese Universalität der Religionspflicht in dem Sinne : keine menschliche Tätigkeit darf dem höchsten Ziele und damit der Huldigung an Gott widersprechen. *Positiv* ist diese Pflicht in dem Sinne : wenn der Mensch wirklich handelt, muß jede seiner Tätigkeiten dem höchsten Ziele konform sein. Aber in welchem Sinne ?

Darüber unterrichtet uns die Lösung der zweiten Frage : die **Art** der Universalität. Auch darüber gibt uns das Naturrecht Aufschluß. Die real-existierende Menschennatur ist Seinsprinzip vieler einander unter- und übergeordneter Potenzen, z. B. Verstand, Wille, Sinne usw. Diese müssen je nach ihrer *Eigennatur* zur Gottesverehrung beitragen. Maßstab dafür ist also wieder die Menschennatur, die Prinzip des Naturrechts ist.

Daraus ergibt sich logisch: Nichts ist widersinniger, als die Religion einseitig nur in den *Verstand* oder nur in den *Willen* oder das *Gefühl* oder in das *Privatleben* zu verlegen. *Alle* Fähigkeiten müssen, je nach ihrer Eigennatur, in *Unter-* und *Überordnung*, zur Gotteshuldigung beitragen. Thomas von Aquin unterscheidet drei besondere Tätigkeitskreise [1], und zwar genau nach dem Wesen des Menschen, der aus Seele

[1] « Dicendum, quod triplex est hominis bonum : primum quidem est bonum *animae*, quod Deo offertur interiori quodam sacrificio per *devotionem* et *orationem* et alios huiusmodi *interiores* actus, et hoc est principale sacrificium ; secundum est bonum *corporis*, quod Deo quoddammodo offertur per martyrium et

und Leib besteht. — Das entspricht völlig dem Naturrecht. Erstens der Kreis der *Seele;* zweitens der Kreis des *Leibes;* drittens der der *Außendinge.*

a) Kreis der **Seele.**

Das ist der höchste Tätigkeitskreis, wo der Mensch Gott huldigt, und er ist auch der *innerlichste,* weil hier die beiden höchsten Potenzen: Verstand und Wille, Gott huldigen. In welchem Sinne?

1. Der **Verstand** spielt eine wichtige Rolle. Sein Objekt ist die Wahrheit, der der Verstand zustimmen muß. Die Religion, auch die natürliche, muß in erster Linie *wahr* sein. Ist sie das nicht, dann ist sie nicht vernünftig. Und dann ist sie nicht der rationalen Menschennatur entsprechend [1], die von Hause aus unablässig nach Wahrheit strebt. Daher setzt die natürliche Religion eine gewisse allgemeine *Kenntnis* von Gott, dem Gegenstand der höchsten Huldigung, voraus, die aber, wie nicht bloß das Buch der Weisheit [2], sondern schon Plato [3] und die alten Heiden bezeugten, von jedermann früh und leicht erworben werden kann [4]. Der Verstand spielt somit auch in der Religionspflicht eine « lichtbringende » Rolle. Und das noch aus einem anderen, wichtigeren Grunde. Alle moralischen Tugenden sind « Wahlhabitus », d. h. solche, die durch freie Wahl ausgeübt werden. A fortiori die Religion als höchste moralische Tugend. Hier wählt der Mensch sogar, wie wir sagten, die *Zielrichtung,* die Ursache aller Mittelwahlen ist. Jede Wahl (electio) vollzieht sich aber auf Grund eines *letzten praktischen Urteils* (iudicium practicum) des Verstandes [5]. Also ist der Verstand in jedem Wahlakte « lichtbringend ». Weiter noch! Jedem Wahlakte geht die *Beratschlagung* (consilium) über das zu Wählende voraus. Das ist aber formell Sache des Verstandes. Also ist der Verstand auch hier « Licht bringend » [6]. Damit sagen wir aber nicht, daß alles das, was wählbar ist, auch *innerlich* erkennbar sein muß, denn auch in der natürlichen Ordnung gibt es Geheimnisse (mysteria). Aber es genügt, daß der Ver-

abstinentiam seu continentiam; tertium est bonum *exteriorum* rerum, de quo sacrificium offertur Deo ». II-II 85, 3 ad 2.

[1] II-II 81, 7 ad 1.

[2] « Töricht sind alle Menschen, die keine Erkenntnis Gottes haben und aus den sichtbaren Gütern den nicht begreifen, der da ist, und den Meister nicht aus seinen Werken erkennen ». Sap. 13, 1.

[3] *Phaedon,* 74, 75.

[4] I c. G. 13. Dazu vgl. *Zigliara,* Summa phil. ius nat. lib. I 2, II; ***Castelein*** S.J., Droit naturel, 61 ff.

[5] I-II 13, 1 u. 3.

[6] I-II 14, 1.

stand erkennt, daß der Mensch — sogar in der natürlichen Ordnung — Geheimnisse annehmen muß. Das ist dann auch vernünftig. Fügen wir noch bei, daß auch die Zustimmung zu einem zu wählenden Gute (consensus), obgleich sie formell dem Willen angehört, dennoch den Verstand voraussetzt [1].

Ganz wichtig ist es, hier noch zu betonen, daß das *Gebet*, «oratio», in welchem der Mensch, seine Abhängigkeit bekennend, sich Gott unterwirft und um alles fleht, was ihm gebührt [2], sogar formell ein Akt des Verstandes ist [3], der dazu allerdings wieder des Willens bedarf [4]. Selbst die *Andacht*, « devotio », die als Bereitwilligkeit, Gott zu dienen, formell dem Willen angehört [5], bedarf des Verstandes, da nur das *erkannte* Gut Gegenstand des Willens sein kann [6]. In letzterem Sinne ist der Verstand überhaupt wegleitend in allen inneren und äußeren, höheren und niederen Religionsbetätigungen, aus dem einfachen Grunde, weil sie menschlich und daher vernünftig sein müssen, und daher von ihm abhangen. Nichts ist naturwidriger als eine Religion ohne *Lehrsätze*, ohne *Dogmata*, ohne *Wahrheiten*, weil der Mensch seiner Natur nach ein vernünftiges Wesen ist und von Hause aus nach Wahrheit strebt.

2. Der **Wille**. J. B. Jaccoud warnte vor jenen, welche die Religion ausschließlich in den Willen verlegten [7]. Thomas dagegen betont stark den Willen [8]. Beide haben recht.

Wie in der spekulativen Ordnung, wo es sich nur um die Erkenntnis der Wahrheit handelt, der Verstand den Primat besitzt, so hat der Wille in der praktischen Ordnung, wo es um das sittliche Handeln geht, den Primat, weil er das Prinzip der *Bewegung* ist und daher auch den Verstand zum Wahren als Eigengut bewegt. Nun gehört aber die Religion als moralische Tugend, ja als höchste moralische Tugend, zur praktischen Ordnung. Daher hat der Wille in der Religion die eminenteste Stellung : «Ideo religio, quae est in voluntate, ordinat actus aliarum potentiarum ad Dei reverentiam.» [9] Ihm am nächsten kommt der Verstand, der wegzeigend ist. Aber das Wichtigste : die *Unterwerfung* unter Gott, sogar im Gebete, das formell ein Akt des Verstandes ist, vollzieht der Wille [10]. So steht der Wille obenan. Der tiefste Grund dieses Willensprimates aber liegt im Folgenden : Die ganze

[1] I-II 15, 1. [2] II-II 83, 1. [3] Ib. 1.
[4] Ib. ad 2 u. a. 3. [5] II-II 82, 1. [6] Ib. a. 3.
[7] « Une des plus grosses erreurs qu'on ait répandues, ç'a été de rapporter la religion exclusivement à la volonté et au cœur. » Droit naturel et démocratie, 99.
[8] II-II 83, 3 ad 1. [9] II-II 83, 3 ad 1. [10] Ib. 83, ?.

Religion liegt entscheidend in der richtigen *Wahl* des Zieles und der Mittel zum Ziele. Nun aber ist der Wille in jeder Wahl endgültig entscheidend, auch dem Verstande gegenüber, dessen *praktisches Urteil* er annehmen oder zurückweisen kann [1]. Von ihm hängt daher auch die Zustimmung (consensus) zu einem vorgeschlagenen Gute ab [2].

Mit der Tätigkeit des *Verstandes* und *Willens*, die im *Andachts-* und *Gebetssinn* ihre Haupttätigkeit hervorbringen, schließt der höhere Religionskreis ab. Daher werden die *devotio* und *oratio*, zu denen auch die innere Anbetung (adoratio interior) gehört [3], als *innere* Religionsakte [4], ja als « principales » bezeichnet, während alle anderen Akte als « secundarii » gelten [5]. Der Grund der Würde dieser Religionssphäre aber liegt darin : hier opfert die Seele das Höchste im Menschen, *sich selbst :* « quo anima seipsam offert Deo. » [6] Alles, was die niederen Fähigkeiten zum Gottkultus beitragen, geschieht zwar auch durch Verstand und Wille, d. h. die Seele, aber das, was geopfert wird, z. B. der Leib, steht tiefer als die Seele, d. h. die Seele opfert *nicht sich selbst*, sondern etwas, was unter ihr steht. — Ist nicht diese ganze Theorie eminent naturrechtlich ?

b) Auf dem Gebiete des **Leibes.**

Die religiösen Tätigkeiten auf diesem Gebiete sind zahlreich. Das Höchste, was die Seele von den Gütern, die tiefer stehen als sie, Gott opfern kann, ist der *Leib* als Wesensteil des Menschen selbst. Das geschieht durch das *Martyrium* und die *Abtötung*, vorzüglich die Keuschheit, aber auch das Gelübde der *Armut* [7]. So werden die drei Gelübde : Gehorsam, Keuschheit und Armut in dem Sinne in die Religionstätigkeit eingereiht, daß der Gehorsam zum höchsten Religionskreis gehört, da der Wille dabei sich selbst Gott opfert, Keuschheit und Armut aber zum zweiten. Daher auch die These, daß im Gehorsam die beiden anderen Gelübde eigentlich enthalten sind.

Aber in diesen Religionskreis gehören noch eine Reihe anderer Kultakte, von denen wir nur die wichtigsten anführen. Nennen wir zuerst die *äußere Anbetung* Gottes (adoratio), in der wir durch körperliche Verdemütigung, z. B. durch Kniebeugung, Gott als höchsten Herrn anerkennen [8] und ihm allein die höchste Huldigung darbringen [9]. Daß auch *Gefühl und Gemüt* unter Leitung von Verstand und Wille zur

[1] I-II 13, 6 ; 13, 3 [2] Ib. 15, 1. [3] II-II 84, 2.
[4] Ib. 82 Einl. [5] Ib. 81, 7. [6] Ib. 85, 2.
[7] II-II 85, 3 ad 2. Ib. 83, 3 ad 3.
[8] II-II 84, 2. [9] Ib. a. 1.

Verehrung Gottes beitragen können, beweist die heilige *Dichtkunst*[1], und wußte niemand besser als Thomas, der Verfasser der Fronleichnamshymnen. Auch die heilige Tonkunst, d. h. die *musica sacra*, gehört in dieses Gebiet. Obwohl Thomas vor kirchlicher Thetatermusik warnt, betont er dennoch, daß die Melodien zur Hebung der Andacht beitragen und daher für das Lob Gottes Bedeutung haben[2]. Erwähnt werden soll hier auch noch die Bedeutung des *mündlichen Gebetes*, « oratio vocalis ». Sein Nutzen liegt in drei Momenten : es ist geeignet, die innere Andacht zu heben ; sodann deutet es an, daß der ganze Mensch nach Leib und Seele Gott gehört ; ferner ist es spontan ein Ausfluß des inneren Gebetes[3].

Allein gerade hier stoßen wir auf *Gegner*. Wie nach der alten Häresie der Manichäer der Körper als ein Übel betrachtet und daher jede körperliche Religionsbetätigung abgelehnt wurde, mußten auch die modernen Idealisten infolge ihres Subjektivismus jede reale äußere Gottesverehrung ablehnen. Ihnen stimmte Christian Thomasius in dem Sinne zu, daß er behauptete, das äußere Bekenntnis der Religion sei nicht naturrechtlich begründet[4]. Auch die Anhänger des Puritanismus und Spiritualismus bekämpften die äußere Gottesverehrung[5]. In dieser Richtung bewegt sich logisch auch der sog. *Staatsatheismus* mit seiner Grundthese, der Staat habe sich um Gott nicht weiter zu kümmern[6].

Wir entgegnen : Was einstens Thomas gesagt hat, ist auch heute noch wahr. Er meint, da Gott primus agens und das einzige ens a se ist, während die Kreatur ab alio ist, sei alles, auch all unsere Tätigkeit, also auch unsere *äußere Tätigkeit*, auf Gott zurückzuführen, und das ist ja gerade Sache der Religion[7]. Von Natur aus (naturrechtlich) ist unser Geist, d. h. die Seele als Form des Leibes zur körperlich-sinnfälligen, also zur äußeren Tätigkeit hingeordnet. Ist die Seele zur Unterwerfung unter Gott naturgemäß hingeordnet, so ist es auch der *Leib* und sind es all unsere äußeren, sinnfälligen Tätigkeiten. Folglich stehen auch die letzteren im Dienste Gottes, also der Religion. Sie sind die natürlichen Kundgebungen des Geistes, deren der Geist bedarf. Gott bedarf dieser Huldigung an sich nicht, aber *wir* geistig-sinnlichen

[1] II-II 91, 1. [2] II-II 91, 2.
[3] Ib. 83, 12.
[4] Vgl. *Zigliara*, Summa phil. ius nat. lib. I c. 2 a. 3.
[5] *Cathrein*, Moralphil. Bd. II, 9.
[6] *Zigliara*, ib. lib. II c. 5 a. 1 ; *Cathrein*, ib. Bd. II, 538 ff.
[7] III c. G. 19.

Menschen [1] bedürfen ihrer. Nur so opfert die Kreatur ihr *Ganzsein* Gott, von dem alles Sein abhängt.

Wer immer dem *Staatsatheismus huldigt*, vergißt die natura *socialis* des Menschen, die Grundlage des ganzen sozial-öffentlichen, also auch *staatlichen* Lebens und Rechtes ist, vergißt, daß alle positiven Gesetze nur Konklusionen oder nähere Bestimmungen des Naturrechts und damit der mens divina sind [2]. Er macht den Staat *recht-* und *autoritätslos* und ruiniert ihn selbst. Er vergißt, was Thomas sagt, daß auch jede Regierung nur Recht und Autorität besitzt, wenn sie das Volk zum höchsten natürlichen Ziele, zur Glückseligkeit nach Seele und Leib führt [3]. Er vergißt, daß die Religion die höchste moralische Tugend ist, die alle anderen beherrscht und leitet [4]. Der Anhänger des Staatsatheismus steht überdies beschämt vor den großen alten heidnischen Staatslehrern, vor einem *Aristoteles*, der da sagt, die erste Sorge des Staates sei die Religion [5]. *Plato* rühmt bei der Vergleichung der verschiedenen Lebensgüter untereinander jenen, der ein gerechtes und heiliges Leben führt [6]. Gott, so erklärt er am Anfang von « De legibus », ist der Urheber aller Gesetze [7], und der Tapferste im Kampfe ist der Tugendhafteste [8]. Was sollen wir endlich sagen, wenn unter den Modernen ein *Washington* in seiner Inauguralrede vor dem Kongreß 1789 Religion und Moral zu den unentbehrlichsten Stützen des Staatswohls erklärt [9], und wenn sogar der von Gotteshaß erfüllte *Rousseau* eine allgemeine Religion als unentbehrliche Stütze für den Staat verlangt [10] ?

So bleibt Pauli Wort : « Omnis potestas a Deo » (Röm. 13, 1) auch für die ganze natürliche Ordnung ewig wahr !

c) Gottesverehrung mittels der **Außendinge.**

Der Mensch ist gemäß seiner rationalen Natur (Naturrecht) in hohem Grade Herrscher über die äußeren, von ihm verschiedenen Dinge, weil er König der äußeren Natur ist. Daher kann er auch äußere Dinge

[1] II-II 81, 7 ; I-II 91, 3.

[2] I-II 95, 2 ; 94, 3 ; 91, 2.

[3] De regimine principum lib. I c. 12 u. 13, 14, 15.

[4] II-II 81, 6.

[5] VII Pol. c. 7 ; Did. I 610, 9.

[6] Civitas lib. I (Did. II 4, 5). Andere Texte im 10. Buche.

[7] Leges lib. I 1 (Did. II 260).

[8] lib. I (ib. 267).

[9] Vgl. *Cathrein*, Moralphil. II, 540.

[10] Contrat social, lib. IV ch. 8.

dem höchsten Herrn als Huldigung opfern und als Zeichen seiner Unterwerfung weihen. Die herrlichen, himmelragenden Dome, die silbernen und goldenen Kelche und Monstranzen, die kunstvollen Schnitzereien, Stickereien und alles, was den Gottesdienst verschönt, sind die Denkmäler dieser äußeren Gottesverehrung [1]. Was die *Architektur* und *Malerei* diesbezüglich Großes geleistet hat, weiß jedermann. Hierher gehört vor allem das *äußere Opfer*, mit dem die Völker aller Zeiten durch Hingabe einer äußeren, sichtbaren Sache der höchsten Gottheit den Tribut ihrer Unterwerfung geleistet haben [2]. Weil das Opfer als solches nur Gott, dem höchsten Herrn, dargebracht wird, nicht den Heiligen noch sonst einer Kreatur [3], ist die Pflicht dazu an sich eine naturrechtliche, wenngleich die positiven Gesetze bestimmen, *welche* Opfer dargebracht werden sollen [4]. In diesem Sinn sind alle Menschen der Opferpflicht unterworfen [5]. Somit besteht für alle Menschen, proportioniert, je nach den Verhältnissen, die Pflicht zu Opfergaben [6] an den Unterhalt von Kirchen und Priestern [7], wozu offenbar auch *Stiftungen* und *Kirchensteuern* gehören [8].

Aus dem Gesagten folgt auch, daß ein *jedes Alter* naturrechtlich ein Recht auf Religion und religiöse Erziehung hat, auch das *Kind*, unabhängig von Staat und König und Diktator.

So zieht einzig und allein die Religionspflicht naturrechtlich, auf Grund der geschaffenen Menschennatur, den *ganzen Menschen* in ihren Bereich : den *höheren* und den *niederen*, den *inneren* und den *äußeren*, den *individuellen* und den *sozialen*, weil Gott Ursache, Erhalter und höchstes Ziel des Seins als Sein ist.

4. Das Zeugnis des Völkerbewußtseins.

Man kann aus dem Völkerbewußtsein in doppelter Hinsicht die Völkergeschichte als Zeugin für unsere These anrufen : ihre Richtigkeit erhellt aus der Geschichte der ältesten heidnischen Religionen und aus der Stellung hervorragender Führer der alten Völker. Den ersten Beweis werden wir nur kurz streifen, da uns dafür der Raum und zum Teil die nötigen Unterlagen fehlen.

P. Castelein S. J. und A. M. Weiß O. P. haben auf die älteste **Geschichte der Völkerreligionen** im Sinne unserer These hingewiesen.

[1] II-II 85, 1 ad 1.
[2] Ib. 85, 1 u. 2.
[3] Ib. 85, 2.
[4] Ib. 85, 1 ad 1.
[5] Ib. 85, 4.
[6] Ib. 86, 1.
[7] Ib. 2.
[8] Ib. 86, 4 ; 87, 1-4.

Sie verwiesen auf das *chinesische Volk*, ein Volk von über 300 Millionen Menschen, das schon den Gotteskult obenan setzte. Ähnlich die *Meder* und *Perser*, die *Ägypter*, die *Indier* und *Chaldäer*. Welche Stellung Zeus bei den *Griechen* und Jupiter bei den *Römern* einnahm, ist allbekannt [1]. Ohne weiter auf diesen Beweis einzugehen, dürfte der Satz historisch und psychologisch haltbar sein: *Wer immer eine Religion annahm, mochte sie noch so unvollkommen sein, und das war bei allen alten Völkern der Fall, mußte eo ipso die Religionspflicht als höchste betrachten*, wenngleich nicht immer darnach gelebt wurde. Das liegt im Gedanken begründet, daß die Gottheit, wenn eine solche angenommen wurde, von allen immer als das *Höchste* betrachtet werden mußte.

Eindrucksvoller und sicherer sind vielleicht für uns die Aussprüche der großen alten geistigen **Völkerführer**. Aber auch da müssen wir uns auf eine kleine Auslese beschränken.

Selbst *Homer*, der durch seine frivolen Göttergeschichten praktisch der Religion so viel geschadet hat [2], unterwirft zuletzt doch alles Zeus, von dem alles abhängt und dem alles unterworfen ist, wie Döllinger darlegt [3]. Nach *Pindar*, dem Fürsten der Lyrik, ist Zeus Meister über das Gute und Böse [4]. *Aeschylus* preist Zeus als Vater des All [5]. *Sophokles*, der Größte der Dramatiker des Altertums, feiert den hohen Olymp als Ursprung aller Gesetze [6]. Die Götter haben sie mit ihren eigenen Fingern geschrieben, erklärt *Euripides* [7]. *Demosthenes* betrachtet sie als Geschenk Gottes [8]. Keiner hat diese Auffassung schärfer betont als *Sokrates* [9]. Im Gehorsam gegen Gott ging er in den Tod. Nach ihm waren die Weisesten stets auch die Frömmsten. Er hat Religion und Ethik identifiziert [10]. *Herodot*, der Vater der Geschichtschreibung, ist von großer Gottesfurcht erfüllt, denn die Gottheit straft jeglichen Frevel [11]. *Thukydides*, der Größte der griechischen Historiker, vertraut in großem Elende auf die göttliche Güte [12]. *Pythagoras* hat bekanntlich eine eigentlich religiöse Schule gegründet. Er erachtet Homer und Hesiod als der Höllenstrafe verfallen, weil sie den Göttern Laster und Verbrechen andichteten. Mit welcher Entschiedenheit *Aristoteles* und *Plato* den

[1] *Castelein*, Droit naturel, 46-55; *A. M. Weiß*, Apol. I 344 ff.
[2] *A. M. Weiß*, Apol. I 282.
[3] Vgl. *Castelein*, das. 37.
[4] Das. [5] Das.
[6] Das. 38; *A. M. Weiß*, Apol. I 344.
[7] *A. M. Weiß*, das. [8] Das. [9] Das.
[10] *Castelein*, das. 41-42. [11] Das. 38-39. [12] Das. 39.

Primat der Religionspflicht proklamierten, haben wir früher hervorgehoben. Die erste Pflicht, die du erfüllen mußt, ist die Religiosität, erklärt *Isokrates* [1]. Von den *Römern* sei vor allem das Zeugnis *Ciceros* angeführt. Er feiert die Dankbarkeit gegen Gott (pietas), Eltern und Vaterland als die Mutter aller Tugenden [2]. Schließlich sei noch auf zwei philosophische Systeme hingewiesen, ein jüdisches und ein heidnisches, die ganz und gar religions-philosophischen Charakter tragen. Wir meinen den Philonismus und Neuplatonismus. Nach *Philo*, dem Zeitgenossen Christi, ist Gott, selbst actus purus « τὸ γὰρ ὄν ᾗ ὄν » [3], durch die λόγοι Ursache aller Dinge [4] und Herrscher derselben. Höchste Aufgabe des Menschen ist die *Erkenntnis* Gottes, der königliche Weg « βασιλικὴ ὁδός » [5]. Von ihm stammt die berühmte Definition der Philosophie als Wissenschaft der göttlichen und menschlichen Dinge und ihrer Gründe : « ἐπιστήμη θείων καὶ ἀνθρωπίνων καὶ τούτων αἰτίων » [6]. Gott ist daher der Hauptgegenstand alles Wissens [7]. *Plotin*, der Fürst des Neuplatonismus, der kurz vor Augustin lebte und auf ihn Einfluß ausübte, läßt in dynamisch-pantheistischer Art, in der Gestalt von Triaden, alle Dinge aus Gott entstehen : den νοῦς, die Weltseele und die sichtbare Welt mit dem Menschen [8]. So ist Gott die erste schöpferische Macht, « πρώτη δύναμις », das absolute Eine (ἕν), in sich unbestimmt. Die Erklärung des Ausgangs aller Dinge aus Gott will er nur durch *Gebet* gefunden haben [9]. Alles soll auch wieder in Gott zurückkehren, auch der Mensch, negativ durch Reinigung (καθάρσεις) [10], positiv auf dem Wege der Erleuchtung [11]. Daher ist höchstes Ziel des All das absolute « *Einswerden* » (ἑνοῦσθαι) mit der Gottheit [12]. — Den zutiefst religionsphilosophischen Charakter des plotinischen Systems hat sein Schüler *Porphyrius* (232-304 n. Chr.) typisch zum Ausdrucke gebracht, indem er als höchsten Zweck alles Philosophierens das Seelenheil (τῆς ψυχῆς σωτηρία) bezeichnete.

[1] Ad Demonicum. Vgl. *A. M. Weiß*, 337-338.
[2] Pro Plancio vgl. *A. M. Weiß*, I 336-337.
[3] De humanitate, 386.
[4] Alleg. Leg. 51.
[5] Deus immutabilis, 296.
[6] De Congressu erud. caus., 530.
[7] De sacrif., 262.
[8] Enn. III lib. IX c. 3 ; Enn. VI lib. II c. 9.
[9] Enn. V lib. I c. 6.
[10] Enn. V lib. II c. 3.
[11] Enn. I lib. VI c. 1-6 ; c. 9 ; Enn. V lib. VIII c. 10 u. 11.
[12] Enn. VI lib. IX c. 10 u. 11.

Alle diese Zeugnisse für den Primat der Religion haben etwas Beschämendes für unsere moderne Zeit. Doch seien wir nicht ungerecht. Auch die moderne Zeit hat diesbezüglich ihre « Bekenner ». Auf *Rousseau* und *Cartesius, Leibniz, Washington* wiesen wir früher hin. Selbst der geriebene *Machiavelli* hat das Bekenntnis abgelegt : « Quelli principi e quelle republiche, le quali si vogliano mantenere incorrotte, hanno sopra ogni altra cosa a mantenere incorrotte le ceremonie della *religione* e tenerla sempre nella loro venerazione. »[1] Und sogar der Spötter *Voltaire* hat gesagt : « Überall wo ein Staatsleben besteht, ist die Religion notwendig. »[2] *Hegel* tat den Ausspruch : « Die Gesetze haben ihre höchste Bewährung in der Religion. »[3] Kurz und bündig hat das, wie Hettinger sagt, auch *Mirabeau* mit dem Satze ausgesprochen : « Gott ist für das Volk ebenso notwendig wie die Freiheiten. »[4] Scharf und schön sagt *Montesquieux*, sicher ein unverdächtiger Zeuge : « Ein Fürst, der die Religion haßt, ist eine angekettete Bestie, die nicht schaden kann. Aber ohne alle Religion wird er zum blutdürstigen Ungeheuer, das keine anderen Grenzen seiner Verheerungen kennt als die Laune seiner Leidenschaft. » « Wunderbare Erscheinung ! » ruft derselbe Autor aus : « Die christliche Religion, die nur das Glück des künftigen Lebens zum Gegenstande zu haben scheint, begründet auch das Glück des gegenwärtigen Lebens ! »[5]

Dieses *einheitliche* Zeugnis der « Großen » für den Primat der Religionspflicht, der Großen verschiedener Weltanschauungen, verschiedener Religionen, verschiedener Nationen, Sprachen und Zeiten und Länder legt uns zum Schlusse die Frage nahe : Wo liegt das Prinzip dieser *wunderbaren Einheit* trotz der sonstigen gewaltigen Verschiedenheit ? Wir finden dieses Prinzip auch wieder nur in der *sozial-übernationalen Menschennatur* begründet, die Fundament des Naturrechts ist. Also leuchtet auch in diesem Völkerzeugnis das Naturrecht auf. Das unsterbliche Naturrecht ist wirklich eine Schöpfung des unsterblichen Gottes, der ewigen Ratio divina !

[1] La mente di un uomo di stato, I 12. Vgl. *Hettinger*, Apol. I 478 [2].

[2] Traité de la tolérance, ch. 20.

[3] Philosophie der Geschichte [2], 538.

[4] *Hettinger*, das. 480.

[5] Esprit des lois, lib. 24, 2 ; vgl. *Hettinger*, Apol. I 478.

Art. 2.

Der Mord.

In der Anwendung des « Einen » auf « Vieles » wird das « Eine » notwendig « Vieles ». So ist es auch beim Naturrecht. Es entfaltet sich, auf verschiedene Gebiete angewandt, zu einer Vielheit.

In jedem Individuum haben wir zwei Momente : das Individuum selbst und die Wesenheit oder Natur, die im Individuum verwirklicht ist und deren Träger die Person ist. Die Menschennatur oder Wesenheit, insofern sie als rationale durch Erkennen und freies Wollen auf das Universale, also auf « Vieles » hingeordnet ist, zeigt den *sozialen* Charakter an, wie er in *Ehe, Familie* und *Staat* zum Ausdruck kommt. Das Individuum als solches ist eine kleine, abgeschlossene Welt für sich. Hieher gehören die individuellen Rechte und Pflichten, die freilich nie ganz vom Sozialen getrennt werden können, weil die Person Träger beider Gebiete ist.

Die individuellen Rechte und Pflichten sind zahlreich und verschieden. Die einen beziehen sich auf die **Existenz** des Individuums. Hieher gehören vorzüglich das Verbot des *Mordes*, das die Berechtigung der *Todesstrafe* begründet, ferner das Recht der *Notwehr* und das Verbot des *Selbstmordes* und des *Duells*. Andere Rechte beziehen sich auf die **Entwicklung** des Individuums : wie das Verbot der *Sklaverei*, das Recht auf *Privateigentum* und gewisse Rechte auf *Erziehung, Bildung, Arbeit* und *Arbeitslohn*. Alle diese Rechte und Pflichten wurzeln im Naturrechte, aber in verschiedenem Sinne.

Ohne Zweifel ist der Mord ein furchtbares *soziales* Verbrechen. Er beraubt die menschliche Gesellschaft eines nützlichen Gliedes. Er ist das « große » Verbrechen gegen den Nächsten : « per quod maxime nocetur proximo », sagt der Aquinate [1]. Dennoch verletzt er die individuelle Rechtssphäre am eminentesten, da er ein individuelles Wesen

[1] Einleitung zur q. 64, II-II.

irdisch völlig ruiniert und zugleich ein anderes zu einem staatsverbrecherischen Gliede der menschlichen Gesellschaft macht.

Vorerst sei der *Begriff* des Mordes klargelegt, um dann seine *Verworfenheit* und seine Bestrafung näher ins Auge zu fassen, wobei unsere Stellung zur *Todesstrafe* in einem folgenden Artikel in Betracht gezogen wird.

Zwei Begriffe müssen scharf voneinander unterschieden werden: *Tötung* — occisio, und *Mord* — homicidium. Jeder Mord ist zwar Tötung eines Menschen, aber nicht jede Tötung ist Mord. « Tötung » ist an sich ein indifferenter Begriff, der also Gutes und Böses besagen kann [1]. Tötet die legitime Autorität den Mörder, so ist es gut. Tötet der Räuber einen friedlichen Bürger, so ist es schlecht. Erfolgt die Tötung ohne Absicht und schuldhafte Nachlässigkeit, so liegt bloß *Totschlag* vor [2]. Erfolgt die Törung ohne direkte Absicht, aber aus Unvorsichtigkeit, dann handelt es sich um fahrlässige Tötung. Bei dieser gibt es zwei Möglichkeiten: 1. der Täter konnte und mußte voraussehen, daß seine Handlung den Tod eines Menschen zur Folge haben werde; 2. er konnte es nicht voraussehen. Nur im ersteren Falle ist es Mord, weil ein voluntarium in causa vorhanden ist [3]. Der Täter wendete die mögliche und pflichtgemäße Vorsicht nicht an. Es liegt « grobe Fahrlässigkeit » [4] vor. Von Mord kann nur dann gesprochen werden, wenn der Täter die Tötung *frei-vorsätzlich* — *direkt* oder *indirekt gewollt* — im Auge hatte.

Seinem Wesen nach, d. h. als beabsichtigte widerrechtliche Vernichtung eines Menschenlebens, ist der Mord ein grauenhaftes **Verbrechen**, wie alle Völker je und je bekannten. Er ist das in einem dreifachen Sinne: gegen Gott, gegen den Nächsten und gegen die menschliche Gesellschaft.

1. Gegen **Gott.** Gott allein ist der Herr über Leben und Tod: « qui est dominus vitae et mortis » [5]. Wer es nicht glaubt, erfährt es ganz sicher, wenn er stirbt. Jegliches kreatürliche Lebewesen besitzt

[1] De Malo, q. 8 a. 4 ad 11.

[2] Die Strafrechtler verstehen unter « Totschlag » gewöhnlich die Tötung, die in *leidenschaftlicher Aufregung* geschieht und stellen sie in Gegensatz zum Mord, der mit klarer Überlegung begangen wird.

[3] II-II 64, 8.

[4] « Wer bei der Aufmerksamkeit, wie sie nach den Umständen von ihm verlangt werden darf, nicht gutgläubig sein konnte, ist nicht berechtigt, sich auf den guten Glauben zu berufen. » Schweiz. Zivilgesetzbuch, Art. 1, 3.

[5] I-II 100, 8 ad 3; II-II 64, 6; III. C. G. 146; *Soto,* De iustitia et iure, .l V q. 1 a. 2; *Vitoria,* in II-II 64 a. 5.

zwar Selbstbewegung, ist aber als ens-potentiale zugleich passiv, d. h. bewegt, also von einem Erstbeweger abhängig [1]. Der Mord ist somit ein frecher Eingriff in die Rechte Gottes.

2. Gegen den **Nächsten.** Der Mörder beraubt sein Opfer des höchsten irdischen Gutes und eventuell des ewigen Lebens, wenn es im Sündenzustand getötet wird. Es gibt im Menschen kein tieferes und natürlicheres Verlangen als das zu leben, das der Mörder mit Gewalt auslöscht [2]. Der Mord ist also eminent ein *Naturrechtsverbrechen.* Daher die schon zitierte Stelle des Aquinaten : Homicidium « per quod maxime nocetur proximo ». Thomas setzt den Mord unter den äußeren Werksünden über den *Ehebruch* [3]. Unter den Sünden gegen den Nächsten ist der Mord die *größte :* « primum locum tenet inter peccata in proximum commissa » [4].

3. Gegen die **Gesellschaft.** Der Mord ist ein Vergehen gegen die Gemeinschaft, nicht nur, weil der Mörder der Gesellschaft ein wertvolles Glied raubt, sondern auch, weil er selbst mit und durch den Mord ein *staatsgefährliches* Individuum wird [5]. So verstehen wir es, wenn Aristoteles, der größte Staatslehrer des heidnischen Altertums, den Mord neben Diebstahl und Ehebruch zu den *immer* und an *sich schlechten* Taten rechnet [6]. Der Mord gehört auch darum zu den *streng naturrechtlichen Verbrechen,* weil seine Verworfenheit von jedermann ohne weiteres erkannt wird : « Quaedam enim sunt, quae *statim per se* ratio naturalis *cuiuslibet* hominis diiudicat esse facienda vel non facienda, sicut : honora patrem et matrem et *non occides* . . . et hujusmodi sunt *absolute* de lege naturae. » [7]

Ist dem so, dann ist aber jede Mordart streng verboten, also auch der *Abortus,* insofern er als direkt oder indirekt gewollte Abtreibung einer belebten menschlichen Leibesfrucht gefaßt wird [8]. Bekanntlich haben früher angesehene Protestanten, wie Melanchthon, den *Tyrannenmord* verteidigt [9]. Ebenso hat einst P. Huerta S.J. (nicht die Gesellschaft Jesu)

[1] I q. 2 a. 3 ; I. C. G. 13.
[2] II-II 64, 5.
[3] I-II 100, 6.
[4] II-II 13, 3 ad 1.
[5] II-II 64, 6 u. 6 ; *Soto,* l. c. ; *Vitoria,* in II-II 64, 5.
[6] II. Eth. 6, 6 (Did. II 24, 23).
[7] I-II 100, 1.
[8] Vgl. *Billuart,* Summa S. Th., Tract. de iure et iust., Diss. 10 a. 7.
[9] Vgl. *Cathrein,* Moralphil. II 661 ff.

die Billigung des Tyrannenmordes auch dem Aquinaten zugeschrieben [1]. Das widerspräche direkt seinen Prinzipien: denn was an sich schlecht ist, kann nie erlaubt sein. Auch da ist wohl zu unterscheiden zwischen « Tyrannentötung » und « Tyrannenmord ». Wer den Tyrannen tötet, welcher gegen den Willen des Volkes mit Gewalt die Herrschaft an sich reißt — tyrannus usurpator, ist nach Thomas nicht bloß kein Mörder, sondern er verdient das Lob und den Dank des Vaterlandes [2]. Bezüglich des Tyrannen, der im rechtmäßigen Besitze der Macht ist — tyrannus regiminis, erwähnt Thomas den Fall der Tötung gar nicht [3]. Persönlich wage ich zu sagen — Gonzalez neigt zur gleichen Ansicht [4] — daß auch die Tötung eines tyrannischen Herrschers, der offenkundig auf den Ruin des Vaterlandes hinarbeitet und den keine irgendwie öffentliche Gewalt zu stürzen vermag, naturrechtlich erlaubt ist. Oder gibt es etwa nur ein Notrecht des Privaten, aber kein *Notrecht des Staates* und Volkes?

In Bezug auf das **Strafverfahren** betonen die großen Lehrer mit Thomas [5] und Soto [6] übereinstimmend, der Strafende müsse sich vor allem vor jeder *persönlichen Rache* hüten. Geradezu selbstverständlich dürfte es sein, daß bei allen Vergehen, besonders aber bei den schwersten, zu denen der Mord gehört, nur die *öffentliche Autorität* Strafen verhängen kann. Da das öffentliche Gemeinwohl die Strafe verlangt, kann nur *der* Strafen verhängen, dem die Sorge um das Gemeinwohl, das bonum commune, obliegt [7]. Nachdem die Notwehr selbst das öffentliche Wohl zum Gegenstande hat, ist indirekt auch da die öffentliche Autorität vorhanden, insofern die Notwehr zur Selbstwehr absolut notwendig ist [8]. Gott ist zwar allein Herr über Leben und Tod. Aber als *Stellvertreter Gottes* kommt jeder rechtmäßigen, höchsten irdischen Autorität als Ausführerin der göttlichen Vorsehung, wie Thomas so schön sagt [9], Straf-

[1] Vgl. *Gonzalez*, Die Philosophie des hl. Thomas von Aquin (Übersetzung von Nolte). Regensburg 1885, Bd. III 345 ff.

[2] II. Sent. d. 44 q. 2 a. 2 ad 5.

[3] Er lehrt zwar, daß auch in diesem Falle dem Tyrannen nicht zu gehorchen sei, wenn er Ungerechtes befiehlt, sagt aber nichts von Tötung. II. Sent. d. 44 q. 2 a. 2; II-II 104, 6 u. ad 3; II-II 10, 10.

[4] Die Philosophie des hl. Thomas, III 354.

[5] II-II 64, 7; Ep. ad Romanos, c. XII lect. 3; III. C. G. 146.

[6] l. c. a. 8.

[7] II-II 64, 3; *Soto*, De iust. et iure, l. V q. 1 a. 2 u. ff.; *Vitoria*, in II-II 64 a. 2.

[8] II-II 64, 7.

[9] III. C. G. 146.

gewalt zu. Wie es mit der Autorität jener steht, die Gott und jedes Naturrecht leugnen, mögen manche, besonders in der heutigen sturmvollen, rechtlosen und rechtsbrecherischen Zeit, überlegen und zu Ende denken!

Der rechtmäßigen irdischen Autorität kommt also als *Vertreterin Gottes* wirkliche Strafgewalt zu. Sie kann strafen durch Entzug äußerer und innerer Lebensgüter, durch Gefängnis, Entehrung, Verbannung, selbst durch körperliche Pein [1]. Kann sie dem Menschen auch das *Leben* entziehen? Das berührt die Berechtigung der *Todesstrafe*, die in unserer hochphilantropischen (!) Zeit bekanntlich, wenigstens theoretisch, zahlreiche und heftigste Gegner gefunden hat.

[1] II-II 108, 3.

Art. 3.

Die Todesstrafe.

Selten hat die Geschichte ein Problem zugleich *verdunkelt* und *geklärt* wie die Frage nach der Berechtigung der Todesstrafe. Wir werden hier zuerst die beiden angedeuteten Momente abklären, um dann die Hauptfrage: die *Berechtigung der Todesstrafe*, aber auch das Recht der *Begnadigung*, zu erörtern.

1. Die Geschichte hat das Problem verdunkelt.

In geschichtlichen Entwicklungen verbindet sich häufig mit dem Richtigen das Sachwidrige und verdunkelt dann das erstere. So ist es bei der Todesstrafe, bzw. ihrer Berechtigung. Die vielfach *barbarischen* Hinrichtungsarten früherer Zeiten haben ohne Zweifel die öffentliche Meinung stark gegen die Todesstrafe beeinflußt. Darauf hat ein Anhänger derselben, der Mediziner Dr. Surbled, hingewiesen [1]. Die Tötung unter den Qualen der *Geißelung* oder auf der *Folterbank* ist glücklicherweise nicht mehr gebräuchlich. Auch die Hinrichtung durch den schrecklichen *Feuertod* oder durch *Räderung* — Zerbrechen aller Knochen — oder *Steinigung* oder *Ertränkung* oder *Pfählung* — man durchstieß den Leib des Schuldigen mit einem spitzen Balken —, gehört der Vergangenheit an [2]. Alles das sind mehr oder weniger langsame und daher qualvolle Todesarten. Hieher gehört auch der Tod durch den *Strang*, — durch Ersticken. Sind treffsichere Soldaten vorhanden, ist der Tod durch *Erschießung* offenbar viel humaner. Dasselbe gilt von der *Enthauptung*. Die Hinrichtung durch das Fallbeil — *Guillotine*, deren Erfindung fälschlich Dr. Anton Louis und Dr. Guillotin († 1814)

[1] *G. Surbled*, Die Moral in ihren Beziehungen zur Medizin und Hygiene, Bd. I, Das organische Leben, 2. Aufl. Deutsche Übersetzung von A. Sleumer, Hildesheim 1918, S. 194 ff.

[2] Das. 195-197.

zugeschrieben wurde [1], ist offenbar die humanste und sogar dem Tode durch *Elektrizität* vorzuziehen. Die Furcht vor einem Justizmord bei Anwendung der Todesstrafe ist begründet, wenn nicht Eingeständnisse des Verbrechers oder sichere Aussagen von Augenzeugen des Vergehens vorhanden sind, weswegen nach manchen Straf-Codices in gewissen Fällen ein Geständnis des Verbrechers Vorbedingung für die Hinrichtung ist. Die großen Fehler, die auf diesem Gebiete begangen wurden, führten in weiten Kreisen zu gänzlicher Ablehnung der Todesstrafe. Von den barbarischen Hinrichtungsarten früherer Zeiten schloß man auf den barbarischen Charakter dieser Maßnahme überhaupt, die einer barbarischen Zeit angehört haben soll. Übrigens: Alles in allem betrachtet, hat unsere Zeit, in welcher Millionen von unschuldigen Zivilisten Frauen, Kindern und Greisen meuchlings getötet, vergast, andere sogar lebendig begraben wurden, nicht viel Grund, auf frühere « barbarische » Zeiten stolz zurückzuschauen!

2. Die Geschichte hat das Problem auch geklärt.

Die Geschichte hat das Problem der Todesstrafe nicht bloß verdunkelt, wie wir soeben sagten, sondern anderseits auch geklärt. Es gab zeitweilig heftige Strömungen gegen die Todesstrafe. Und doch führte die soziale Notwendigkeit immer und immer wieder zu ihrer Einführung. Wir führen hier für das Gesagte einige Tatsachen und Ereignisse an. Wir glauben nicht, daß das Altertum je allgemein an der Berechtigung der Todesstrafe gezweifelt hat. Die Stellung des *Alten Testamentes* und damit des jüdischen Volkes ist bekannt. Gegenströmungen von extrem humanitären Richtungen gab es schon beim *griechischen Volke*. Allein es hat dennoch den weisen Sokrates hinrichten lassen. Nicht anders stand es ursprünglich bei den *Römern*. Gerade ein bedeutender Jurist, Fritz Schulz, der sich quellenmäßig meist auf den großen Mommsen beruft, weist darauf hin, daß das Zwölftafelgesetz die Todesstrafe sogar auf den Diebstahl ausdehnte [2]. Die Zeiten nach den zwölf Tafeln, sagt derselbe Autor, schränkten zwar die Todesstrafe aus sog. humanitären Gründen wieder ein, ohne

[1] Die berühmte Guillotine wurde nicht von Dr. Guillotin erfunden, sondern von einem in Paris lebenden *deutschen* Mechaniker, Tobias Schmidt. Vgl. Dr. *Surbled*, l. c. 197 [2].

[2] Prinzipien des römischen Rechtes, München 1934, S. 137; *Mommsen*, Strafrecht 941.

sie aber formell zu beseitigen [1]. Nachher tritt man wieder entschiedener für sie ein. Das konsularisch-senatorische Strafgericht und das Kaisergericht haben nicht bloß auf Todesstrafe erkannt, sondern sie auch vollzogen [2]. Sie bestand sicher unter den Kaisern Trajan, Hadrian, Antoninus Pius und Marc Aurel, wurde aber seltener angewandt. Erst im 3. Jahrhundert wird die Todesstrafe die ordentliche Strafe für schwere Verbrechen [3]. Welch furchtbare Anwendung sie unter *Nero* und *Tiberius* fand, ist bekannt [4]. Hat nicht Volesus Messala noch unter Augustus an einem Tage 300 Menschen hinrichten lassen und sich dieser « Königstat » gerühmt? [5] Gegenströmungen traten freilich häufig auf. Aber die staatliche Sicherheit forderte sie immer wieder. In *Deutschland* wurde bis ins 18. Jahrhundert sogar der Diebstahl regelmäßig mit dem Tode bestraft [6]. Wo die Todesstrafe zeitweilig völlig abgeschafft wurde, traten gefährlichste Unordnungen auf. Ihrer Abschaffung im Königreich *Sachsen*, so berichtet Donoso Cortés, folgten blutige Kämpfe, die den Staat an den Rand des Unterganges führten [7]. Schon allein die Proklamation der Abschaffung der Todesstrafe im Frankfurter Parlament brachte unsägliches Elend über Deutschland [8]. Auf ihre Abschaffung durch die provisorische Regierung in *Frankreich* folgten die fürchterlichen Junitage [9]. Auch die *Schweiz* hat diesbezüglich Wandlungen durchgemacht. Die Bundesverfassung von 1874 schaffte die Todesstrafe ab. Allein, so sagt Professor Lampert zutreffend, infolge einer Reihe von Greueltaten erhob sich 1879 im Volke der Ruf nach Wiedereinführung, der dann in der Volksabstimmung vom 18. Mai auch durchdrang [10] und zur Folge hatte, daß sie wenigstens *fakultativ* für die Kantone wieder eingeführt wurde. Das neue schweiz. Strafgesetzbuch vom 3. Juli 1938 schaffte sie wieder ab und behielt sie nur für gewisse militärische Verbrechen bei [11]. Die jüngst vollzogenen Hinrichtungen

[1] Das.

[2] Das. 138; *Mommsen*, Strafrecht 942.

[3] *Fritz Schulz*, das. *Mommsen*, ib. 943.

[4] Unter Tiberius wurden sogar die Kinder von Verbrechern hingerichtet, was naturgemäß einen neuen Horror gegen die Todesstrafe erzeugen mußte. Vgl. *Fritz Schulz*, das. 138.

[5] *Fritz Schulz*, das.

[6] Das.

[7] *Donoso Cortés*, Der Staat Gottes (Übers. von Ludwig Fischer), 1933, S. 346.

[8] Das.

[9] Das.

[10] *U. Lampert*, Das schweiz. Bundesstaatsrecht, Zürich 1918, S. 81.

[11] Vgl. Schweiz. Strafgesetzbuch vom 3. Juli 1938, Art. 8, 9 u. 35.

von Landesverrätern waren heilsam und haben gezeigt, wie notwendig die gesetzlich festgelegte Todesstrafe auch bei uns ist; selbst einstige Gegner geben es zu: Caveant Consules!

Wie Cathrein [1] meint, war *Beccaria* der erste, der in seinem Werke «Dei delitti e delle pene» (1764) die Zulässigkeit der Todesstrafe wissenschaftlich bestritt. Eines ist sicher: Die Todesstrafe hatte zu allen Zeiten Gegner, bald viele, bald wenige. Aber die Sorge um die *soziale Sicherheit* und die öffentliche Ordnung zwang immer und immer wieder zu ihrer Annahme. Das ist's, wodurch die Geschichte das Problem der Todesstrafe klärt. Die *sozial-allgemeine Menschenvernunft spricht in Kriegs- und Friedenszeiten für sie.* Hören wir in diesem geschichtlichen Zeugnisse nicht die Stimme der sana ratio humana?

3. Die Berechtigung der Todesstrafe.

Nun zur Hauptfrage: Die juristische *Berechtigung der Todesstrafe.* Vorerst aber eine wichtige Bemerkung, die unsere *Stellung* markieren soll. Wir verteidigen die Todesstrafe nur als Strafe für die *allerschwersten Verbrechen,* das heißt für Mord und andere todeswürdige Verbrechen, wie Landesverrat. In diesem Sinne haben *Thomas* [2], *Dominicus Soto* [3], *Vitoria* [4], *Suarez* [5], *Lugo* [6], die beiden Kardinäle *Gonzalez* und *Zigliara, Cathrein,* die Todesstrafe gebilligt. Ihnen folgten darin mit vielen anderen *Hugo Grotius* [7], etwas zaghaft auch *Walter Burckhardt* [8], dann *A. Trendelenburg* [9]. *Duns Skotus* schon wollte die Todesstrafe auf einige in der Heiligen Schrift aufgezählte Fälle beschränkt wissen [10].

Die thomistische These stützt sich übrigens auf die Heilige Schrift: «Maleficos non patieris vivere.» [11] «In matutino interficiebam peccatores

[1] Moralphil. II 644.
[2] II-II 64, 2; 66, 6 ad 2; 108, 3 ad 2.
[3] De iust. et iure, l. V q. 1 a. 2.
[4] In II-II 64, 2.
[5] De legibus, l. II c. III n. 4.
[6] De iust. et iure, disp. 10 sect. 2 n. 50.
[7] De iure belli et pacis, l. I c. II § 5 u. § 10.
[8] Die Organisation der Rechtsgemeinschaft, II. Teil, S. 304.
[9] Naturrecht, § 70, S. 124.
[10] IV. Sent. d. 15 q. 3; vgl. dazu *Soto,* l. c.; *Vitoria,* l. c.
[11] Exod. 22, 18.

terrae.»[1] Beide Texte zitiert Thomas.[2] Schon Augustin hat im genannten Sinne die Todesstrafe verteidigt[3].

Drei Momente sind es, so scheint es uns, die zusammen die Berechtigung der Todesstrafe begründen. Erstens: der Mörder ist an sich rechtlos und für die soziale Ordnung ein gefährliches Subjekt; zweitens: die öffentliche Autorität hat die öffentliche Ordnung zu schützen; drittens: die Todesstrafe ist das wirksamste Mittel dazu.

a) Die Todesstrafe ist nur dann ungerecht, wenn mit und durch sie dem Mörder etwas genommen wird, worauf er ein Recht hat. Hat der Mörder, welcher einem oder sogar mehreren Mitmenschen das Leben raubte, noch ein Recht auf sein eigenes Leben? Scheint es nicht strikte gerecht zu sein, daß er dessen beraubt werde, was er andern geraubt hat? «Natura», sagt *Hugo Grotius*, «non iniquum est, ut quantum quisque fecit mali, tantundem patiatur.»[4] «Die Frage», so äußert sich *W. Burckhardt*, «ob die Todesstrafe nicht die gerechte Strafe sei, entsteht aber dann, wenn der Verbrecher seine Tat ebenso klar und vollabsichtlich begangen hat, wie der Staat eine Strafe verhängt, sofern das überhaupt vorkommt.»[5] Sehr gut bemerkt *A. Trendelenburg*: «Daher ist es weise, die Todesstrafe einzuschränken und zu erlassen, wo es geht. Aber wenn man die Todesstrafe durch ein Gesetz abschafft, so wird dem Verbrecher *ein Recht auf sein Leben zugesprochen, das er nicht mehr hat* und die Begriffe von Recht verwirren sich.»[6] Auf diesen Pfaden wandelten die großen Scholastiker mit Thomas, als sie für die Todesstrafe eintraten. Wer solch schwere Verbrechen begeht, so meint der Aquinate, verdient als *gemeingefährliches* Glied der Gemeinschaft getötet zu werden, und das im Interesse des Gemeinwohles: «et ideo si aliquis homo sit pericolosus communitati et corruptivus ipsius propter aliquod peccatum, laudabiliter et salubriter occiditur, ut bonum commune conservetur»[7]. Solche Subjekte sind, von der menschlichen Natur abfallend, zu *Bestien* geworden und können wie jene getötet werden, ohne daß dies Mord wäre: «Incidit quodammodo in servitutem bestiarum ... et ideo quamvis hominem in sua dignitatem

[1] Ps. 100, 8.
[2] II-II 64, 2.
[3] De Civ. Dei, I, c. 21 u. c. 26.
[4] De iure belli et pacis, l. I c. II § 5, 3.
[5] Die Organisation der Rechtsgemeinschaft, 304.
[6] Naturrecht, § 70, S. 124.
[7] II-II 64, 2; *Soto*, l. c.; *Vitoria*, l. c.

manentem occidere sit secundum se malum, tamen hominem peccatorem occidere potest esse bonum sicut occidere bestiam »[1]. Denn ein solcher Mensch ist schlechter und gefährlicher als das Tier, wie denn schon Aristoteles am Anfange seiner Staatslehre sagt: Das verbrecherischste und grausamste Lebewesen ist der Mensch ohne Tugend. « Peior est malus homo quam bestia et plus nocet, ut philosophus dicit in I. Pol. »[2] Das ist eine klare und scharfe Sprache über den Verbrecher und seine Rechtsunfähigkeit!

b) Das Verbrechen zu strafen, steht nur dem zu, dem die Sorge um das Gemeinwohl obliegt. Diese Sorge kommt aber nur der *staatlichen Obrigkeit zu*[3]. Diese hat die Gewalt zu strafen, insofern die Richter als *Stellvertreter Gottes* die Eintracht und Ordnung im Staate zu schützen und insofern sie als soziale *Ärzte* schädliche Glieder zu entfernen haben. « Iuste igitur et absque peccato rector civitatis homines *pestiferos* occidit, ne pax civitatis turbetur. »[4] Die Einwände: Gott hat im 5. Gebote die Tötung des Menschen verboten und man soll den Menschen leben lassen, damit er sich bessere, rechnet Thomas zu den « frivola »[5]. Den ersteren, weil es in der Heiligen Schrift auch gegenteilige Texte gibt. Den zweiten, weil die Gefahr, die der Gesellschaft von seiten der Verbrecher droht, sicherer ist als ihre Besserung, und schließlich können sie sich ja vor der Hinrichtung bessern[6].

c) Ist die Todesstrafe **wirksam**? Jedenfalls immer in dem Sinne, daß durch ihre Vollstreckung die Gesellschaft vor einem gefährlichen Individuum ein für allemal ganz sicher ist. Schon das hat doch gewiß eine Bedeutung, wenn man daran denkt, wie oft gefährliche Verbrecher ausbrechen, oder dann später wieder frei werden, und das zumeist in gefährlichsten Zeiten, in den Tagen von Revolution und Umsturz[7]. Aber die zweite, wichtigere Frage: Ist die Todesstrafe wirksam im

[1] II-II 64, 2 ad 3.
[2] Ib. Aristoteles I. Pol. c. 1 (Did. I 484, 18).
[3] II-II 64, 3; *Vitoria*, ib.
[4] III. C. G. 146.
[5] Ib.
[6] « Quod vero mali, quamdiu vivunt, emendari possunt, non prohibet quin iuste possint occidi, quia periculum quod de eorum vita imminet, est maius et certius, quam bonum quod de eorum emendatione expectatur. Habent etiam in ipso mortis articulo facultatem ut per poenitentiam convertantur ad Deum. » III. C. G. 146.
[7] III. C. G. 146; II-II 25, 6 ad 2.

Sinne der *Abschreckung*, sodaß sie die Zahl der greulichsten Vergehen vermindert aus Furcht vor einer Hinrichtung ? Unterscheiden wir hier die Tatsache und die Erklärung der Tatsache.

Die *Tatsache* scheint uns unleugbar zu sein. Die *Verbrecherstatistiken* beweisen sie reichlich. Die oben nur kurz geschilderte *Geschichte der Todesstrafe* ist ein unwiderlegbarer Beweis. Im Sinne der Todesstrafe sagt Trendelenburg : « Wenn im Leben der Gemeinschaft der schadhaften ... Stoffe viele sind, so muß der Gegendruck, um sie zu bezwingen, desto ernsthafter sein. »[1] Das Wort des Donoso Cortés : « Allüberall, wo die Todesstrafe abgeschafft wurde, hat die Gesellschaft aus allen Poren Blut geschwitzt »[2], ist, historisch gesehen, nicht übertrieben. Für die *Erklärung* der Tatsache gibt es offenbar nur einen einzigen Grund : die *Furcht vor dem drohenden Tode*[3]. Aber ist *die* so mächtig? Man hat es bestritten und sich über die Todesfurcht lustig gemacht. Eine Zeit lang mögen leichtfertige Lebemenschen dieser Auffassung huldigen. Aber auf die Dauer wird sie Lügen gestraft. Selbst ein *Epicur*, der behauptete, der Tod gehe ihn nichts an, bekannte, daß der Tod das entsetzlichste aller Übel sei[4]. Selbst *Fr. v. Holtzendorff*, wohl der bedeutendste Gegner der Todesstrafe, war überzeugt vom Vorhandensein der Todesfurcht, denn er sagt : « Die Scheu vor dem Tode, dem nächsten Selbsterhaltungstrieb entstammend, ist eine natürliche, menschliche und darum *unwiderlegbare Tatsache*, welche der Gesetzgeber unbedingt als feststehend anzunehmen hat. »[5] Auch den Tugendhaften, so meint der Aquinate, erfüllt der Tod mit Trauer beim Gedanken an den Verlust des größten irdischen Gutes[6]. Niemand weiß, was sterben ist, bis er selber stirbt. Tritt aber gedanklich dieser Abschied aller Abschiede, bei dem sich oft im Schwächsten noch der natürlichste Seins- und Lebensdrang aufbäumt, in *unmittelbar drohende Nähe*[7], und zwar

[1] Naturrecht, § 70, S. 124.

[2] Der Staat Gottes, S. 346.

[3] « Latro suspenditur, non ut ipse emendetur, sed propter alios, ut saltem *metu* poenae peccare desistant. » I-II 87, 3 ad 2.

[4] Vgl. *Diogenes Laertius*, l. X 125 ; *A. M. Weiß*, Apol. II 486.

[5] Das Verbrechen des Mordes und die Todesstrafe (1875), S. 16-17. Vgl. *Cathrein*, Moralphil. II 646.

[6] II-II 123, 8.

[7] Hierin liegt nach Thomas das *Hauptmoment* der Todesfurcht : « Dicendum, quod malum naturae, esti semper immineat, non tamen semper imminet de *propinquo*, et ideo non semper timetur » (I-II 42, 2 ad 2). « Dicendum, quod mors et alii defectus naturae proveniunt a natura universali, quibus tamen repugnat natura particularis, quantum potest ; et sic ex inclinatione particularis

in der Vorstellung: wenn ich dieses Verbrechen begehe, so werde ich *sicher* sehr bald schon einem *ehrlosen* Tode überliefert —, so ist dieser Gedanke stark genug, den Menschen vom Verbrechen zurückzuhalten. Das ist die Macht der *Todesfurcht*, die vor Verbrechen zu schützen vermag, und wohl auch die Macht, die so oft die unmenschlichsten Verbrecher im letzten Augenblicke zu *Reue und Buße* bewegte. Das ist die Wirkung der *drohenden imminenten* Todesstrafe!

So dürfte unsere Beweisführung für die Berechtigung der Todesstrafe stichhaltig sein. Sie stützt sich auf den Gedankengang: Der Mörder ist ein rechtloses, staatsgefährliches Subjekt, vor dem die öffentliche Autorität die Gesellschaft zu schützen hat; ein wirksamstes Mittel ist die gesetzlich festgelegte Todesstrafe; also ist die Todesstrafe berechtigt.

Man kann sich hier die Frage stellen: Zu welcher *Rechtssphäre* gehört die Todesstrafe: zur natürlichen oder positiven oder völkerrechtlichen? Meines Erachtens gehört sie zu dem alten *ius gentium*. Der Obersatz lautet: Friede und Eintracht der Bürger sind naturrechtlich notwendig. Die Minor: Wegen der verderbten menschlichen Natur ist die Sicherung dieser Güter ohne die gesetzliche Todesstrafe nicht möglich, eine Tatsache, die wir im peccatum originale begründet finden, die aber schon ein Plato erkannte. Somit steht die Notwendigkeit der Todesstrafe auf der gleichen Ebene wie die Notwendigkeit des Privateigentums. Damit ist es eo ipso auch unmöglich, im Sinne von *Duns Skotus* die Todesstrafe auf einige in der Heiligen Schrift erwähnte Fälle zu beschränken [1]. Sie hat *naturrechtliche* Grundlage, und was naturrechtlich ist, ist potenziell unendlich.

4. Das Begnadigungsrecht.

Damit ist auch das **Begnadigungsrecht** lichtvoll begründet. Was streng naturrechtlich ist, berührt das, was an sich böse und an sich gut ist. Es gehört zu der in der Dingwesenheit begründeten *metaphysischen* Ordnung. Folglich sind Taten nach streng naturrechtlichen Gesetzen negativ und positiv immer verboten. So der Mord, die Lüge, die Gotteslästerung. Die Anwendung der Todesstrafe gehört in die *Tatsachenordnung*, denn ihre Berechtigung ergibt sich, wie oben bemerkt, aus der

naturae est *dolor* et *tristitia* de huiusmodi malis, cum sint *praesentia*; et *timor*, si *immineant* in futurum.» Ib. ad 3.

[1] Vgl. *Soto*, De iure et iust. l. V q. 1 a. 2. *Vitoria*, in II-II 64 a. 2.

allgemein anerkannten Tatsache, daß es Menschen gibt, welche durch ihre Vergehen den Frieden und die öffentliche Ordnung bedrohen. Aber nicht jeder Fehltritt bedroht schon die *öffentliche Ordnung*. Das kann man auch nicht von jeder Todsünde behaupten, trotzdem Gott, sofern sie nicht gesühnt wird, sie mit dem Verlust des ewigen Lebens strafen wird. Hier auf Erden, sagt Thomas, ist indessen die Tendenz der *Barmherzigkeit*, der heilenden Ordnung, des « ordo medicinalis » vorherrschend [1]. Dagegen gibt es tatsächlich Vergehen, welche *verpestend* auf die *Massen des Volkes* einwirken [2] und durch ihre *scheußliche Verworfenheit der menschlichen Gemeinschaft* ganz *irreparablen Schaden* zufügen. Nur für diese schwersten Vergehen soll die Todesstrafe angewendet werden : « Solum pro illis, quae inferunt *irreparabile nocumentum vel* . . . quae habent aliquam *horribilem deformitatem.* » [3]

Merkwürdigerweise stimmen sogar Hotzendorf [4] und Beccaria [5] diesem letzteren thomistischen Standpunkte wieder zu, freilich im krassen Widerspruch zu ihrer Grundthese.

Es gibt also ein *wohlbegründetes Begnadigungsrecht*, ganz abgesehen von Fällen, in welchen der Richter durch den Zwang des Buchstabengesetzes die Todesstrafe aussprechen muß, wo er sie lieber nicht aussprechen würde. Wann und wie das Begnadigungsrecht ausgeübt werden soll und wann nicht, das haben im Einzelfall nur *gerechte, weise* und *tapfere* Staatsbehörden zu entscheiden.

[1] II-II 108, 3 ad 2 ; III. C. G. 146.

[2] « Vita autem quorundam *pestiferorum* impedit commune bonum, quod est concordia societatis humanae. Subtrahendi igitur sunt huiusmodi homines per *mortem* ab hominum societate . . . quando timetur periculum, *ne mali multos bonos* post se trahant. » III. C. G. 146 ; *Soto*, l. c. ; *Vitoria*, l. c.

[3] II-II 66, 6 ad 2.

[4] Zitat bei *Cathrein*, II 648 [3].

[5] Das.

Art. 4.

Die Notwehr.

« Notwehr » ist nicht identisch mit « Notrecht », wie von P. Weiß[1] und Cathrein[2] zutreffend hervorgehoben wurde. Die Notwehr bezieht sich auf das Recht der Verteidigung gegenüber einem frevelhaften Angreifer auf Leben und Hab und Gut. Unter « Notrecht » versteht man gewöhnlich das Recht, in extrema necessitate das zu nehmen, was zum Lebensunterhalt absolut notwendig ist. Es setzt naturrechtlich die These voraus, daß bei höchstem zeitlichem Mangel an äußeren Lebensmitteln jeder das Recht hat, das zu nehmen, was ihm absolut notwendig ist, kraft des Satzes, daß in extrema necessitate alle äußeren Lebensgüter wieder allen Menschen gemein sind. Es ist somit eine *naturrechtliche Einschränkung des Privateigentums*[3]. Notwehr hingegen ist *die berechtigte Abwehr eines gegenwärtigen, widerrechtlichen Angriffes auf Leben oder Lebensgüter.* Das bringt das Wort « Notwehr » : « wehren », « eine Not abwehren », trefflich zum Ausdruck.

Präzisieren wir die gegebene Definition noch etwas genauer. Wir möchten bei der Notwehr zwei ganz wichtige Momente markieren. Erstens : Die Notwehr bezieht sich offenbar auf einen Zusammenstoß zwischen *Privatem* und *Privatem.* Zweitens : Es handelt sich bei ihr nur um eine *augenblicklich drohende* Gefahr ; denn nur dann ist wirklich « Not » da. In allen übrigen Fällen hat die Obrigkeit bzw. die richterliche Gewalt den Streit zu schlichten. Ist die Frage so präzisiert, entfaltet sie sich in die vier Unterfragen : 1. Was für ein Recht hat der plötzlich Angegriffene, wenn ein anderer ihn *zu töten* sucht ? 2. Welches Recht hat ein Angegriffener, wenn ein anderer ihm plötzlich *Geld und Gut* zu rauben, d. h. mit Gewalt zu nehmen sucht? 3. Welches Recht hat die Jungfrau, wenn ein Unhold ihr plötzlich mit Gewalt die *Jung-*

[1] Apol. IV 327.
[2] Moralphil. II 97.
[3] II-II 32, 7 ad 3 ; 66, 7 ; 110, 3 ad 4.

fräulichkeit zu rauben sucht? 4. Wie darf sich derjenige verteidigen, dem ein anderer *Ehre* und *guten Namen* zu rauben sucht? Alle diese vier Fragen werden heutzutage gestellt, während Thomas von Aquin nur die erste formell beantwortet hat [1]. Wir behandeln die erste Frage als Grundfrage besonders, um dann die drei andern als Folgerungen zusammen zu behandeln, betonen aber, daß der Standpunkt des *Rechtes* und der *Caritas* nicht immer derselbe sein muß.

1. Der Angriff auf das Leben.

Jedermann hat von Natur aus das Recht, einen Angriff auf sein Leben durch Tötung des Gegners abzuwehren. Erörtern wir hier zuerst zwei Bedingungen, von denen die Geltung der These absolut abhängig ist, um dann die *Begründung* derselben ins Auge zu fassen.

a) *Die Bedingungen.*

1. Dem Verteidiger liege nicht bloß jede persönliche Rache fern [2], sondern seine Absicht ziele nur auf die *Erhaltung des eigenen Lebens* ab. Andernfalls, d. h. wenn er direkt die Tötung des Gegners beabsichtigte, beginge er offenbar Mord, der als solcher innerlich schlecht und daher nie erlaubt ist, weil Gott allein der Herr des Lebens ist. Wir haben also in der Selbstwehr offenbar zwei Wirkungen, die da sind : der Tod des Gegners und die Erhaltung des Lebens des Angegriffenen.

α) Auf letztere hat der Verteidiger von Natur aus ein Recht gegenüber jedem Mitmenschen. Sie darf er also rechtlich *direkt* ins Auge fassen, ja rechtlich — ex parte iustitiae — *muß* er es sogar. Gegen *jedermann* ? Gegen jedermann hat er das Recht, auch Vater und Mutter gegenüber, auch wenn der Angreifer geistesschwach oder ein Irrsinniger ist [3] ; denn das ändert nichts an der Rechtslage des Verteidigers. Darf er auch den König, den Diktator töten? Rechtlich meines Erachtens, wohl, weil der Angreifer durch seine Tat sein Lebensrecht selbst verwirkt hat. Aber wenn der Angreifer für das öffentliche Wohl fast *unentbehrlich ist,* oder durch seine Tötung Wirrwarr und Unordnung verursacht wird ? Recht ist Recht. Und wie stände es mit dem

[1] II-II 64, 7.
[2] II-II 64, 7. *Vitoria,* in II-II 64, 7.
[3] *Billuart,* Summa S. Thomae, De iure et iustitia, d. 10 a. 5 § 2.

bonum commune und der öffentlichen Ordnung, wenn ein Tyrann morden könnte, ohne der Gefahr ausgesetzt zu sein, selbst getötet zu werden? Auch hier stellen wir die Frage : Gibt es nicht ein Notrecht des Staates und Volkes ? [1] Vom Standpunkt der *Caritas* aus kann man zu andern Lösungen kommen. Wer sich vom ungerechten Angreifer töten läßt, damit letzterer, da er im Stande der Todsünde ist, nicht ewig zugrunde gehe, bringt ein heroisches Opfer, zu dem ihn sicher niemand verpflichten kann [2], zumal es nicht einmal sicher ist, daß dadurch der Mörder sich bessere, und er ja schließlich selber schuld ist an seinem Seelenzustande. Wir sagen also nicht : Der Verteidiger « *muß* » den Angreifer töten, sondern er *darf* es tun [3].

β) Mit der Verteidigung gegen den Mörder ist also, da der Verteidiger immer nur seine eigene Erhaltung und nie den Tod des Gegners beabsichtigen darf, notwendig ein *voluntarium in causa* verbunden. Und das bereitet etwelche Schwierigkeiten. Scheinbar nähern wir uns hier dem Prinzip : « Der Zweck heiligt das Mittel. » Man kann ferner einwenden : Tötung des Menschen ist Mord. Die Tötung des Gegners ist Mittel meiner Selbstrettung, also ist der Mord erlaubt ! Auch sagen wir : Fornicatio und Ehebruch und Lüge, d. h. mala intrinseca, sind nie erlaubt, auch nicht zur Selbsterhaltung. Das ist richtig. Aber die Tötung ist an sich nicht ein malum intrinsecum, sondern, physisch betrachtet, eine indifferente Handlung. *Ursache* der Tötung ist in unserem Falle der Angreifer, gegen den der andere, um sein Leben zu retten, wozu er das Recht hat, sich verteidigen muß. Die Tötung ist also vom Verteidiger an sich gar nicht gewollt und folglich nur eine « physische » Tötung, nicht Mord. Sie ist voluntarium per accidens, wie im Falle, wo der Jäger, der auf den Hasen schießt, einen Menschen tötet. Kein Mensch wird jenen Fürsten, der seinen Sohn wegen eines Verbrechens aus Liebe zur Gerechtigkeit zum Tode verurteilte und ihn nachher weinend umarmte, eines Vergehens beschuldigen. Im Gegenteil, alle werden ihn loben und bewundern. Erste Bedingung der Tötung des Angreifers ist also, daß der Verteidiger den Tod des Gegners an sich nicht beabsichtige, sondern nur die eigene Rettung [1].

[1] Billuart hält die Tötung einer um die Öffentlichkeit hochverdienten Person nicht für erlaubt.

[2] *Vitoria*, in II-II 64, 7 ; *Soto*, De iure et iustitia, l. V a. 8.

[3] *Cajetan*, in II-II 64, 7 ; *Vitoria*, in II-II 64, 7 ; *Soto*, ib.

[1] II-II 64, 7 , *Cajetan*, in II-II 64, 7 ; *Soto*, De iure et iustitia, l. V q. 1 a. 8 ; *Vitoria*, in II-II, 64, 7.

2. Aber es ist noch eine zweite Bedingung zu erfüllen. Die Verteidigung sei *eine schuldlose Abwehr.* Das besagt der alte juristische Satz : « Moderamen inculpatae tutelae. »[2] Das ist der Fall, wenn der Angegriffene genau *so viel tut,* als zu seiner Sicherheit genügt, wenn also zwischen Angriff und Abwehr die richtige *Proportion* besteht, oder wenn die Abwehr wenigstens die Schärfe des Angriffes nicht übersteigt.

Praktisch ist die Erfüllung dieser Bedingung gewiß nicht immer leicht. Sicher aber ist die Abwehr durch Tötung unerlaubt, wenn sie erstens : aus persönlicher *Rachsucht* geschieht. Diese hat mit dem Selbstschutz nichts zu tun und die Rache des Vergehens ist, wie Innozenz III. betonte, nur Sache Gottes. Zweitens : Auch dann, wenn der Angreifer flieht oder durch Hilferufe oder bloße *Verwundung* in die Flucht geschlagen werden kann, ist die Tötung eine unproportionierte Tat. Fügen wir einen dritten Fall bei : Wenn der Angreifer nur durch *Drohungen* in Worten oder *Verleumdungen* oder *falsche Zeugenaussage,* oder *Verschwörung* jemand verfolgt, liegt überhaupt kein Anlaß zur Notwehr vor. Er muß den Angegriffenen *hic* et *nunc* mit *physischer Gewalt* bedrohen. Selbstverständlich braucht der Verteidiger nicht zu warten, bis der Angreifer die erste Kugel abschickt. Dann ist es für die Abwehr eventuell zu spät. Aber der ungerechte Angreifer muß *im gegenwärtigen Augenblick im Begriffe stehen,* jemanden *physisch* anzugreifen. Nur dann ist überhaupt Notwehr vorhanden [3].

Soll die Notwehr also wirkliche Notwehr sein, die gestattet, den Angreifer zu töten, dann muß der Angegriffene die moralische Überzeugung haben, daß der Gegner ihn augenblicklich töten will. Die augenblicklich drohende Gefahr erst schafft den Tatbestand der Not.

b) *Die Begründung.*

Die besprochenen Bedingungen vorausgesetzt, ist die These : Jedermann hat das Recht, den ungerechten Angreifer zu töten, unleugbar. Wie Billuart sagt, stimmen alle **großen Scholastiker** ihr zu : Thomas, Bonaventura, Cajetan, Soto, Vitoria, Suarez, Banes, Estius, Antonius, Natalis Alexander, Sylvius, Lugo, Tournely, Billuart und

[2] II-II 64, 7 ; *Soto,* ib. ; *Vitoria,* ib. Darüber sehr gut und ausführlich *Billuart,* Summa S. Thomae, Tr. de iure et iustitia. Diss. 10 a. 5 § 2.

[3] Vgl. *Billuart,* l. c. ; *Soto,* ib.

viele andere, während Gerson und einige andere gern Eigenwege gingen [1]. Aurelius Augustinus ist neben Ambrosius und Cyrillus ein entschiedener Anhänger der These [2].

Im gleichen Sinne statuiert das **kanonische Recht.** Schon die Klementinen statuierten in diesem Sinne [3]. Das neue Kirchenrecht läßt darüber keinen Zweifel: « Causa legitimae tutelae contra iniustum aggressorem, si debitum servetur moderamen, delictum omnino aufert. »[4] Das neue *Deutsche Bürgerliche Gesetzbuch* entscheidet im gleichen Sinne und es präzisiert zugleich sehr gut den Begriff der Notwehr: « Eine durch Notwehr gebotene Handlung ist nicht widerrechtlich. Notwehr ist diejenige Verteidigung, welche erforderlich ist, um einen *gegenwärtigen* rechtswidrigen Angriff von sich oder einem anderen abzuwenden. »[5] Im gleichen Sinne äußert sich unser *schweizerisches Strafrecht* [6].

Aber wichtiger als all das Gesagte ist, daß das Prinzip: Vim vi repellere licet, in die ausdrücklichen oder gewohnheitsmäßigen Rechtssatzungen *aller Völker* eingegangen ist. Diese Tatsache ist der offenkundigste Beweis seines **naturrechtlichen** Gepräges: Die sana ratio humana spricht dieses Grundrecht jeder menschlichen Person zu, umsomehr als deren schuldlose Erhaltung zugleich Voraussetzung des Gemeinwohles, des bonum commune ist.

Von diesem Standpunkt aus hat **Thomas** von Aquin die These zu begründen gesucht [7]. Er vollzieht die Begründung in 3 Stufen:

I. Die Tat, durch welche jemand den ungerechten Angreifer tötet, hat zwei Wirkungen: die *Tötung des Angreifers,* die nicht beabsichtigt wird und daher per accidens ist: « quod est praeter intentionem, cum sit per accidens »; die andere Wirkung: die *Erhaltung des eigenen Lebens,* die beabsichtigt wird und von der daher die *sittliche Güte* der Tätigkeit abhängt: « morales autem actus recipiunt speciem secundum id, quod intenditur ». Nun ist es aber naturrechtlich er-

[1] Vgl. *Billuart,* Summa S. Thomae, Tr. de iure et iustitia. Diss. 10 a. 5 § 1.

[2] Ib.

[3] « Si furiosus », l. V tit. 4. Vgl. *Billuart,* ib.

[4] Can. 2205 § 4.

[5] § 227.

[6] « Die Tat, die jemand begeht, um sein Gut, namentlich *Leben,* Leib, Freiheit, Ehre, Vermögen, aus einer unmittelbaren, nicht anders abwendbaren Gefahr zu erretten, ist *straflos.* » Schweiz. Strafgesetzbuch, Art. 34, 1.

[7] II-II 64, 7.

laubt, sein Leben zu erhalten ; also ist die Tötung des Angreifers erlaubt [1].

II. Unerlaubt wäre die Handlung, wenn zwischen Angriff und Abwehr nicht die richtige **Proportion** vorhanden wäre, wenn nämlich der Verteidiger zu seinem Schutze größere Gewalt anwendete, als nötig ist : « potest actus ... illicitus reddi, si non sit proportionatus fini ; et ideo si aliquis ad defendendam propriam vitam utatur maiori violentia, quam opportet, erit illicitum. » [2] Dem wird vorgebeugt, wenn sich der Verteidiger an das « cum moderamine inculpatae tutelae » erinnert [3]. Unter dieser Voraussetzung billigten alle Rechtsinstitutionen je und je die Tötung des Angreifers, nach dem Axiom : « Vim vi repellere licitum est » [4], denn jedem Menschen steht die Sorge für das eigene Leben offenbar näher als die für das fremde : « quia plus tenetur homo vitae suae providere, quam vitae alienae » [5].

III. Auch an der *öffentlichen Autorität,* die für das bonum commune zu sorgen hat, fehlt es in diesem Falle nicht, denn eine solche Verteidigung des eigenen Lebens, welche von allen Völkern naturrechtlich anerkannt ist, muß doch, wie der Kampf des Soldaten für das Vaterland und der Kampf des Richters gegen die Räuber, als im Interesse des öffentlichen Wohles liegend, « ad publicum bonum », gelten [6].

So finden wir in der gegebenen Argumentation alle wesentlichen Momente, welche für eine gerechte Abwehr erforderlich sind : die *naturrechtliche* durch die *Völkergeschichte* bestätigte Grundlage ; die zu wahrende *Proportion* zwischen Abwehr und Angriff und die notwendige *öffentliche Autorität.* In diesem Sinne haben auch Soto, Cajetan, Vitoria, Billuart mit unzähligen anderen die thomistische These interpretiert und verfochten [7].

[1] « Actus ergo huiusmodi ex hoc quod intenditur conservatio propriae vitae, non habet rationem illiciti, cum hoc sit cuilibet *naturale,* quod conservet se in esse, quantum potest. » Ib.

[2] Ib.

[3] Ib.

[4] « Si vero moderate violentiam repellat, erit licita : nam secundum *iura* vim vi repellere licet cum moderamine inculpatae tutelae. »

[5] Ib.

[6] Ib.

[7] *Cajetan,* in II-II 64, 7 ; *Soto,* De iust. et iure, l. V q. 1 a. 8 ; *Vitoria,* in II-II 64, 7. *Billuart,* l. c.

2. Der Schutz von Hab und Gut, Frauenehre, Ehre und gutem Namen.

Eine historisch-kritische Bemerkung sei hier vorausgeschickt. Wie schon Billuart betonte [1], ist in der Beantwortung der Frage : Ist Tötung zum Schutze von Hab und Gut, Frauenehre, Ehre und gutem Namen erlaubt ? im Laufe der Zeiten eine merkwürdige Wandlung eingetreten, sodaß man jetzt von einem *alten* und *neuen* Recht spricht. Früher wurde die Frage gemeiniglich bejaht [2], heute ist die Antwort ziemlich allgemein *negativ*. Die äußere Ursache dieser Wandlung mag in der kirchlichen Verurteilung diesbezüglicher Sätze liegen. Der tiefere Grund aber liegt unseres Erachtens in einer *klareren Erfassung* der Probleme. Auffallend ist es jedenfalls, daß der Aquinate zu seiner Zeit auf die Frage nicht einging. Vielleicht hat schon er — darauf spielt Billuart an — die frühere Lösung für sehr problematisch gehalten, da sie tatsächlich seinen Prinzipien über die « Proportion » von Verteidigung und Angriff, die wir oben betonten, nicht entsprach. Möglich ist es, daß auch staatspolitische Rücksichten ihn bewogen, über die Frage zu schweigen.

Bei allen drei Fragen dürfte es wohl am Platze sein, in Erwägung zu ziehen, was *an sich* und was *per accidens* Geltung hat. Dieser doppelte Gesichtspunkt ist für uns leitend. Auch wollen wir uns hier wieder erinnern, daß wir nur von *Notwehr*, also von einem augenblicklichen gewaltsamen Angriff auf Hab und Gut, Frauenehre und Ehre und gutem Namen handeln.

I. Jedermann weiß, welche Bedeutung **Hab und Gut** für das tägliche Leben und auch für eine angesehene soziale Stellung haben. Es ist daher auch klar, daß jedem das Recht zusteht, sie gegen einen ungerechten Angriff, gegen Dieb und Räuber — furtum et rapina — selbst mit Gewalt, z. B. durch Verwundung des Angreifers, zu verteidigen. Das ist klar. Aber daß *an sich* zwischen dem Tod des Gegners und dem Verlust von zeitlichen Gütern des Verteidigers *keine Proportion* besteht, ist ebenfalls klar. Die Tötung des Diebes und Räubers ist also an sich nicht erlaubt, weil das Axiom von dem moderamen inculpatae tutelae

[1] Summa S. Thomae, De iure et iustitia. Diss. 10 a. 6.

[2] So vertritt auch Cajetan noch den Schutz von Hab und Gut durch Tötung des Gegners. In II-II 64, 7.

nicht gewahrt bleibt. Wenn es *positive Gesetze* gibt oder gab, welche die Tötung gestatteten, so waren sie nur gerechtfertigt, sofern es Zeiten und Völker gab, wo der Staat Diebstahl und Raub für eine Gefahr der *öffentlichen Ordnung*, also des bonum commune, hielt oder halten mußte [1]. Das gehört dann übrigens nicht mehr zur Notwehr des Privaten, sondern zum Notrecht des Staates. Dem allem entspricht die *Verurteilung mehrerer Thesen*, nicht bloß jener: « Regulariter occidere possum furem pro conservatione unius aurei » [2], sondern auch anderer, welche die Tötung für jeden Angriff auf Hab und Gut, ja sogar auf jeden zukünftigen Besitz für erlaubt erklärten [3]. — Das alles gilt « an sich » für den Schutz von Hab und Gut.

Indes ist in diesem Leben das, was *per accidens* geschieht, fast häufiger als alles andere. So ist es möglich und tatsächlich häufig der Fall, daß der Dieb und Räuber den Eigentümer eher tötet, als daß er von seiner Beute abließe. Daher gibt es « Raubmörder ». Hat der Verteidiger die moralische Überzeugung, daß er vor einem solchen Angreifer steht, dann kann er selbstverständlich den Dieb oder Räuber töten, da die Proportio zwischen Verteidigung und Angriff in diesem Fall faktisch, aber per accidens, vorhanden ist [4]. Ähnliches wäre wohl auch zu sagen, wenn der Dieb dem Eigentümer das zu rauben suchte, was zum Leben absolut notwendig ist.

II. Schwieriger ist die Frage, wenn es sich um den Schutz der **Frauenehre** handelt. Jungfrauen, die das Leben opferten, um sich vor Schändung zu retten, wurden in Poesie und Prosa gefeiert. Selbstverständlich ist der Selbstmord auch in diesem Falle nicht gestattet [5]. Aber der Jungfräulichkeit wegen das eigene Leben zu opfern, ohne Hand an sich zu legen, ist offenbar erlaubt. Auch ist es erlaubt, sich mit allen Kräften gegen den Unhold zu wehren und selbst ihn zu verwunden, denn damit bleibt die Proportio zwischen Verteidigung und Abwehr gewahrt. Aber ist es an sich erlaubt, den Angreifer *zu töten*? Das ist die springende Frage.

[1] Vgl. *Billuart*, ib. Diss. 10 a. 6 § 1 (Denz. 1181).

[2] These 31 von Innozenz XI. verurteilt.

[3] « Non solum licitum est defendere defensione occisiva, quae actu possidemus, sed etiam, ad quae ius inchoatum habemus et quae nos possessuros speramus. » Thesis 32 von Innozenz XI. verurteilt (Denz. 1182). Vgl. *Lehmkuhl* S. J., Theol. mor. I n. 836. *Billuart*, ib. l. c.

[4] *Billuart*, ib.

[5] Das sagt Thomas ausdrücklich II-II 64, 5.

Die ältere Schule hält auch das für erlaubt. Cajetan bejaht die Frage kategorisch. In der Gefahr von *Schändung* oder auch von *Ehebruch* und *Sodomie* ist es nach ihm erlaubt, den Angreifer zu töten [1], und er lobt mit Cicero den jugendlichen Soldaten, welcher den Volkstribunen des Caius Marius tötete, weil er ihm Gewalt antun wollte (Sodomie) [2]. Und wer, wie Cajetan, die Tötung beim Angriff auf Hab und Gut für erlaubt hält, muß a fortiori die Tötung im vorliegenden Falle für erlaubt erklären [3]. Das ist logisch.

Wer aber, unabhängig von Gemüt und Zeiturteilen, die Frage rein objektiv ins Auge faßt und streng nach der *Proportion* zwischen Abwehr und Angriff urteilt, kommt auch hier zu einer anderen Entscheidung. Die Jungfräulichkeit, wie die Keuschheit überhaupt, ist wesentlich und daher formell Sache der Seele, also des inneren, vernünftigen Lebens und nur äußerlich-materiell des Leibes [4]. Die *innere Frauenehre* ist für äußere Angriffe selbstverständlich unerreichbar. Zwischen der äußeren körperlichen Unversehrtheit, die materiell zur Jungfräulichkeit gehört [5], und ihrer Verteidigung durch Tötung ist offenbar keine Proportion. Es fehlt das moderamen inculpatae tutelae. Folglich ist an sich die Abwehr gegen einen Angriff auf die Jungfräulichkeit oder die eheliche Treue usw. durch Tötung nicht erlaubt. Daß in diesem Falle, bei der hohen persönlichen und sozialen Bedeutung, die der Jungfräulichkeit zukommt, die bona fides von einer Schuld freisprechen kann, leugnen wir nicht. Aber auch den Einwand, daß bei diesem Angriff die Gefahr der *Zustimmung* zur Lust für die Jungfrau unüberwindlich sei, lassen wir nicht gelten. Der Wille ist Meister im Menschen gegen das niedere Begehren [6]. Und erfahrungsgemäß macht sich im unverdorbenen Weibe gegen solche Gewaltangriffe ein starker Widerwille geltend, der öfter zur Wut wird, wie Billuart zutreffend bemerkt [7].

Aber auch hier ist wohl zu unterscheiden zwischen dem, was « an sich » und was *per accidens* Geltung hat. Sehr oft lassen die Angreifer in dieser Materie das Opfer nicht los, ohne es zu töten, schon aus Rache wegen des Widerstandes, nicht selten auch aus Eifersucht gegen

[1] « Ex his autem patet solutio alterius quaestionis ... an liceat repellendo violentiam *stupri, adulterii sodomiae* et huiusmodi, occidere. Quoniam quando non potest aliter evadere quae tunc ad hoc infertur actualiter vim, licite potest, tuendo suorum membrorum libertatem, *occidere.* » In II-II 64, 7 ad 5.

[2] Ib. [3] Ib. [4] Th. II-II 152, 1

[5] Das. ad 2. [6] II-II 64, 5.

[7] *Billuart,* Summa S. Thomae, De iure et iustitia. Diss. 10 a. 6 § 2.

andere. Die Zahl der Lustmörder bestätigt das Gesagte. Hat die Angegriffene die Überzeugung, daß der Angreifer sie allenfalls töten will und wird, so hat sie selbstverständlich auch das Recht, ihn zu töten, denn dann besteht faktisch die Proportio. Doch ist das alles per accidens.

III. Die Frage, ob **Ehre** und **guter Name** durch Tötung des Verleumders verteidigt werden dürfen, falls kein anderes Mittel zu Gebote steht, werden wir ganz kurz streifen. Sie ist zu verneinen. Ehre — honor — zollt man der inneren seelischen *Tugendvorzüglichkeit* — excellentia — eines Menschen, die man äußerlich durch Worte oder Taten oder äußere Gaben anerkennt [1]. Damit zerfällt die Ehre von selbst in eine *innere* und eine *äußere*. Die innere Tugendvorzüglichkeit kann kein Fremder durch Verleumdung und irgendwelche Angriffe rauben. Um die handelt es sich also hier gar nicht. Die äußere Ehre, der gute Ruf, ist zwar unter den äußeren Lebensgütern das allervornehmste [2]. Aber weil der gute Ruf nur ein *äußeres* Lebensgut ist, wäre zwischen der Verteidigung und der Tötung des Verleumders, der das höchste innere Gut, nämlich das Leben, verlöre, wieder keine Proportio. Somit würde das moderamen inculpatae tutelae auch in diesem Falle nicht gewahrt. Der äußere Ruf ist übrigens ein so gebrechliches Gut, daß er wohl am wenigsten durch eine Tötung des Gegners hergestellt werden könnte, da vorausgesetzt ist, daß der Angegriffene seine Unschuld gar nicht äußerlich beweisen kann. Hier handelt es sich wohl kaum um Notwehr im eigentlichen Sinne, die einen physisch-gewaltsamen Angriff voraussetzt, der den Angegriffenen in eine augenblicklich drohende Not bringt.

Tötung des Gegners ist somit an sich weder bei einem Angriff auf *Hab und Gut* noch auf *Frauenehre*, noch auf *Ehre und guten Namen* erlaubt, sondern es gilt : Nur wer ungerecht das Leben eines anderen angreift und denselben augenblicklich in Lebensgefahr bringt, darf getötet werden. Nur in diesem Falle ist zwischen der Freveltat des Angreifers und der Verteidigung des Angegriffenen die rechtlich verlangte *Proportion* vorhanden. In diesem Falle darf sogar, nach allgemeiner Auffassung, jeder töten, dessen Vater oder Mutter oder Sohn oder Gattin in augenblicklicher Lebensgefahr von seiten eines Verbrechers ist [3]. Das wäre sogar eine herrliche Tat der Caritas.

[1] II-II 103, 1 ; 81, 4 ; ib. 129, 4.
[2] II-II 103, 1 ad 2. Vgl. *Billuart*, ib. Diss. 10 a. 6 § 3.
[3] *Billuart*, ib. Diss. 10 a. 5 § 4.

Art. 5.

Der Selbstmord.

Um die Unerlaubtheit des Selbstmordes darzulegen, wollen wir zwei Momente eingehender ins Auge fassen : Die Geschichte des Selbstmordes und das Grundsätzliche. Was grundsätzlich vom Selbstmord zu halten ist, würde ohne eine geschichtliche Illustration kaum im richtigen Sinne verstanden und gewertet. Deshalb schicken wir an erster Stelle einen geschichtlichen Überblick voraus, wobei es sich selbstverständlich nicht um eine « Geschichte » des Selbstmordes handelt, sondern nur um einige illustrierende Züge.

1. Geschichtliches.

Die Kirche nahm von jeher scharf Stellung gegen den Selbstmord. Für viele, auch Gläubige, ist dies ein Stein des Anstoßes. Nach kirchlicher Lehre gilt das 5. Gebot des Herrn : « Non occides » unbedingt auch für den Selbstmörder. Daran ist nicht zu rütteln. Sie behauptet zwar nie, daß jemand sicher der Hölle verfallen sei, auch nicht der Selbstmörder, wie man häufig behauptet hat, denn es ist allein Sache Gottes, über das jenseitige, ewige Los eines Menschen zu entscheiden. Aber sie verurteilt den Selbstmord und straft den freiwilligen Selbstmörder durch Entzug der *kirchlichen Bestattung :* « Ecclesiastica sepultura privantur qui se ipsi occiderint deliberato consilio. » [1] Damit sind auch alle kirchlichen Jahrzeiten für den Selbstmörder ausgeschlossen [2]. Das scheint auf den ersten Blick sehr hart zu sein.

Indes, schon das **Altertum** verurteilte den Selbstmord scharf. Schon in Griechenland beraubte die Gesetzgebung den Selbstmörder vielfach der Grabesehre [3]. *Aristoteles* bezeichnet den Selbstmord nicht bloß als

[1] Cod. iur. Can. Can. 1240 § 1, 3.
[2] Ib. can. 1241.
[3] Vgl. *Cathrein,* Moralphil. II 55 ; *Schmidt,* Die Ethik der Griechen, II 104.

ein Verbrechen gegen sich selbst, sondern auch gegen den Staat [1]. Schon er hielt den Selbstmord nicht für eine *tapfere* Tat, sondern eher für ein Zeichen der Schwäche [2]. Mit Recht zählt W. Schneider die hervorragenden Geistesführer der Griechen und Römer, wie : Pythagoras, die Pythagoreer, Sokrates, Plato, Homer, Euripides, Cicero und Virgil zu den Gegnern des Selbstmordes [3]. Für sie war der Selbstmord ein frevelhafter Eingriff in die Rechte der Gottheit. Schön ist der Ausspruch des *Pythagoras*, man dürfe ohne Geheiß des obersten Heerführers, d. h. Gottes, den Wachtposten des Lebens nicht verlassen [4]. *Sokrates* erklärt : Der Mensch ist Eigentum der Gottheit und Gegenstand der göttlichen Vorsehung und darf den ihm angewiesenen Lebensposten ebensowenig eigenmächtig verlassen, als der Sklave ohne den Willen seines Herrn sich selbst morden darf [5]. Ähnlich urteilten auch *Cicero* [6] und *Terentius Varro*. Wahre Seelengröße, meint der letztere, bewährt sich in der geduldigen Ergebung und Entsagung, nicht in dem eigenmächtigen Abschütteln drückender Sorgen [7]. Bekanntlich versetzte *Virgil* den Selbstmörder in den Orkus, wo er seine Tat zu bereuen habe [8]. *Euripides* erblickte im Selbstmordgedanken ein Anzeichen von Geistesschwäche und sittlicher Ohnmacht [9].

Indes kamen schon im Altertum mit dem religiös-sittlichen Zerfalle baldigst auch die leichtfertigsten Auffassungen über den Selbstmord zum Vorschein. Für P. Weiß — den Pessimisten (!), der die heutige furchtbare Katastrophe so getreulich vorausgesagt — war der *Massenselbstmord* die letzte Tat des Altertums [10]. Dafür hatte man theoretisch und praktisch tüchtig vorgearbeitet. So offenbar *Seneca*, der nicht bloß Selbstmörder mit Lobsprüchen überhäuft [11], sondern seine grundsätzliche Stellung mit folgenden Worten markiert : « Es steht gut um die Menschheit ; niemand ist unglücklich, es sei denn durch eigene Schuld. Behagt dir das Leben, so bleibe ; gefällt es dir nicht, so kannst

[1] V. Eth. c. 10 (Did. II 65, 22 ss.).

[2] III. Eth. c. 8 u. 9 (Did. II 33-35).

[3] Das andere Leben, Paderborn 1904, S. 68 (7. Aufl.).

[4] *Schneider*, das.

[5] *Plato*, Phaedon, c. 6 (Ed. Did. I 47, 35 ss.).

[6] De senectute, c. 20.

[7] *Schneider*, 67.

[8] Aen. VI, 434.

[9] *Schneider*, das.

[10] Die Entstehung des Christentums (Herder, 1891. Sonderabdruck der Apol.). VIII. 36 ff.

[11] Ep. 77, 6 ; *Weiß* O. P., das. 38.

du dahin zurückkehren, woher du gekommen. »[1] Nach Seneca wartet nur der elende Pöbel lange auf den Tod[2]. Große Geister bleiben überhaupt nicht gern lange in diesem Körper eingeschlossen[3]. Mit vollem Rechte entlasse sich einer aus dem Leben, wenn ihm etwas Unangenehmes begegnet[4]. — « Vergiß nie », mahnt *Epictet*, « daß das große Tor zur Freiheit als letzte Zuflucht offen steht. »[5] Ähnlichen Anschauungen huldigten *Marc Aurel*, *Plutarch* und manche Neuplatoniker[6]. Ich halte die Berichte eines Martial, Seneca, Tacitus, Lucian, Plinius für sehr betrübend, wonach in der alten heidnischen Welt nicht bloß Lebemenschen und Schlemmer, sondern Philosophen, hochangesehene Juristen, Geschichtschreiber freiwillig in den Tod gingen, nicht selten sogar die Gattin mit dem Gatten, die Tante mit dem Neffen, der Freund mit dem Freunde, und selbst die Mutter mit der blühenden Tochter des Hauses[7]. Noch vielsagender ist, was Masaryk, der Statistiker des Selbstmordes, berichtet, welche angesehene Männer des Altertums mit dem Selbstmorde endeten ; bei den *Griechen :* Charondas, Lykurg, Empedokles, Speusipp, Diogenes, Hegesias, Stilpo, Zeno, Kleanth, Isokrates, Arkesilaus, Karneades, Aristarch, Eratosthenes, Demosthenes, Themistokles, Kleomenes ; bei den *Römern :* Lucrez, Atticus, Silius Italicus, Petronius, Lucan, Scipio, Cato, Brutus, Cassius, Marc Anton, Nero, Otho, vielleicht Marc Aurel[8]. Mit Recht ruft P. Weiß aus : « Ein grauenhafter Zustand das ! So viel Zivilisation, so viel Glanz, so viel Macht und doch kein Interesse mehr am Leben. Die Menschheit, so reich an Geld, an Wissen, an Kunst und so arm an Tugend, an Verständnis dessen, was ihr zum Heile ist, an Hoffnung auf die Möglichkeit eines erträglichen Daseins, daß sie nicht mehr die Kraft in sich findet, auch nur die Arbeit des Lebens zu tragen. »[9] Es gab also im Altertum wirklich eine « Massenselbstmordpsychose » !

[1] Ep. 70, 13.

[2] Ep. 70, 16.

[3] Consolatio ad Marciam, 23.

[4] Ep. 70, 6 ; dazu *Weiß* O. P., das. 40.

[5] An. Diss. § 13 f., 24, 95 ff.

[6] Vgl. *Schneider*, das. 67.

[7] *Seneca*, Ep. 70, 10 ; Ep. 77, 6 ; Cons. ad Helviam, 10, 9 ; *Martial*, 3, 22 : *Tacitus*, Annal. 6, 26 u. 11, 36 ; *Lucian*, Demonax, 4, 65 ; *Plinius*, Ep. 3, 16 ; 6, 24. Vgl. *Weiß* O. P., das. 38-39.

[8] *Masaryk*, « Der Selbstmord », 150. Aristoteles zu den wahrscheinlichen Selbstmördern zu rechnen, ist meines Erachtens unhaltbar. Vgl. *Weiß* O. P., das. 37.

[9] *Weiß* O. P., das. 37.

Flechten wir hier in unsere Ausführungen etwas, wenn auch sehr Unvollständiges, aus der modernen **Statistik** des Selbstmordes ein. Diese Statistik führt auch eine furchtbare Sprache! Mayr hat berechnet, daß in Europa in den Jahren 1881-1893 jährlich 35 000 Menschen sich selbst das Leben nahmen. Die statistisch nachgewiesenen Selbstmorde auf der ganzen Welt betrugen von 1881-1891 454 689. Nach Dr. Rost, dem Herausgeber des Archivs für Bekämpfung des Selbstmordes, entfallen auf Europa, ohne Rußland, jährlich 50 000 Selbstmorde, auf die heutigen Kulturstaaten jährlich rund 100 000; also in 20 Jahren = 2 Millionen Selbstmorde! Derselbe Autor sagt: « Der Selbstmord ist eine 'Weltkrankheit' geworden. » Nach Masaryk sind es vor allem die Länder mit der sog. modernen Schulbildung, wie Dänemark, Deutschland und die Schweiz, die am meisten Selbstmorde haben [1].

Noch ergreifender ist vielleicht die Statistik der *jugendlichen* Selbstmörder. Medizinalrat Eulenburg in Berlin weist nach, daß von 100 000 Schülern in Preußen vom Jahre 1906 nicht weniger als 7,7 % im Alter von 15 Jahren, und 17,83 % im Alter von 15-20 Jahren Hand an das eigene Leben legten [2]. Welch ein Jammer für Eltern und Vaterland! Wie berechtigt die Strenge der Kirche!

In der **modernen Zeit** haben die Materialisten D. Hume, Bentham, Düring, Schopenhauer, auch Paulsen und Ziegler noch für gewisse Fälle den Selbstmord verteidigt [3]. Vielsagend ist es, daß nach aktenmäßigem Nachweis $^1/_8$ aller Selbstmorde an höheren Lehranstalten auf die Lektüre von Schopenhauer, Nietzsche, Düring, Darwin, Tolstoi, Ibsen, Zola und Haeckel zurückführbar sind [4]. « Seelennot », betont auch Dr. Rost, nicht leibliche Armut, ist die Hauptursache dieser Weltkrankheit. Und er meint, da müsse religiöse und karitative Fürsorge einsetzen.

Was tut der moderne Staat gegen dieses furchtbare Krebsübel? Von entehrenden Strafen finde ich weder im Schweizerischen noch im Deutschen Strafgesetzbuch etwas. Reden über dieses Problem wurden allerdings gehalten, mit Betonung des religiösen Hilfsmomentes. Als ein Abgeordneter der Württemberger Kammer am 28. Januar 1901 die Frage stellte, warum im Heere so viele Selbstmorde vorkämen, antwortete Kriegsminister Schott von Schottenstein, das einzige Mittel zur Bekämpfung des Selbstmordes liege in der Sorge für die Erhaltung

[1] « Der Selbstmord », 70; dazu *Cathrein*, das. II 55 [1].
[2] Lexikon der Pädag., « Schülerselbstmorde ».
[3] *Cathrein*, II 56.
[4] Lexikon der Pädag., das.

der *Gottesfurcht.* So berichtet der Apologet Dr. Anton Leinz und fügt ebenso freimütig als richtig die Warnung an die Soldaten bei : « Und zudem, meine lieben Kameraden, ist der Selbstmord nicht nur ein entsetzliches Verbrechen *gegen Gott, sich selbst,* seine Angehörigen und die *ganze bürgerliche Gesellschaft,* sondern auch eine *Feigheit,* deren am allerwenigsten ein Soldat sich schuldig machen sollte. »[1] Eigentlich steht unsere modernste Zeit beschämt vor dem großen Napoleon I., der, als er eines Tages hörte, daß von seinen Grenadieren ein gewisser Groblin sich ums Leben gebracht, am 22. März 1803 folgenden Armeebefehl erließ : « Ein Soldat muß auch Trübsinn und Traurigkeit zu überwinden verstehen ; muß wissen, daß ebensoviel Mut dazu gehört, die seelischen Leiden standhaft zu ertragen, als unter dem Geschützfeuer einer Batterie standzuhalten. Der Traurigkeit also sich widerstandslos überlassen und sich ihr durch Selbstmord entziehen, heißt das Schlachtfeld verlassen, ehe man gesiegt hat. »[2] Diese Sprache war des großen Napoleon würdig. Und Leinz konnte sich seiner Zeit noch auf Kaiser Wilhelm berufen, der dem Soldatenselbstmörder, ebenso wie die Kirche, die üblichen militärischen Ehrenbezeugungen bei der *Beerdigung* versagte [3]. Die Kirche war also mit ihrer Strenge in guter Gesellschaft, und, unsere Zeitverhältnisse ins Auge gefaßt, war Kaiser Wilhelms Mahnung an die Soldaten : « Vergesset euren Gott nicht und schämt euch des Gebetes nicht, das einst eure Mutter euch gelehrt hat »[4], geradezu eines Kaisers würdig !

2. Grundsätzliches.

Thomas von Aquin erörtert das Problem des Selbstmordes häufig [5]. Das ist ein Zeichen, daß er ihm große Bedeutung zuschrieb. Wir können dabei zwei Hauptpunkte erwägen : zuerst die *prinzipielle Entscheidung,* um dann an zweiter Stelle die *Folgerungen* aus derselben zu ziehen.

Die **prinzipielle Entscheidung** fällt er in II-II 64, 5 : « Utrum liceat alicui occidere seipsum. » Darnach ist der freiwillige Selbstmord ein

[1] *A. Leinz,* Apologetische Vorträge, 1907, 194 f.

[2] Das. 195-196.

[3] Das. 196.

[4] Das. 197.

[5] II-II 64, 5 ; ib. 59, 3 ad 2 ; II-II 124, 1 ad 2 ; III 47, 6 ad 3 ; IV. Sent. d. 49 q. 5 a. 3 ; ad Hebr. II lect. 7.

dreifaches Verbrechen: gegen sich selbst, gegen die Gesellschaft und gegen Gott.

I. Gegen *sich selbst.* Naturgemäß liebt ein jegliches Wesen sich selbst und sucht daher sich zu erhalten. Der Selbstmord ist also im Grunde gegen den *tiefsten Naturdrang*: « contra inclinationem naturalem » und deshalb gegen die Liebe: « contra caritatem »[1]. Ja, unter diesem Gesichtspunkte ist er das *größte* Vergehen, « maximum crimen », das *schwerste*: « gravissimum » und zugleich das *verhängnisvollste*: « periculosissimum », weil es die Pforte zur Buße verschließt[2].

II. Gegen die *Gesellschaft.* Denn jeder Mensch ist ein Glied der Gemeinschaft als Teil des Ganzen, dem er zugehörig ist, und dem folglich der Selbstmörder ein Unrecht zufügt, wie schon der Stagirite sagt: « Unde in hoc, quod seipsum interficit, iniuriam communitati facit, ut patet per philosophum in V. Ethic. »[3]

III. Gegen *Gott.* Denn das Leben ist ein Geschenk Gottes, dem allein an sich das Recht über Leben und Tod zusteht: « Ad solum enim Deum pertinet iudicium mortis et vitae. »[4]

Genau in diesem Sinne haben *Soto*[5], *Vitoria*[6], *Billuart*[7], *Lessius*[8], mit unzähligen andern die Freveltat des Selbstmordes verurteilt. Natürlich gilt all das Gesagte, wie Jaccoud scharf und mit Recht betont[9], nur von dem Selbstmorde, der *frei* und von dem *normal* eingestellten Menschen begangen wird. Auch ist aus dem Gesagten ersichtlich, daß jeder freiwillige Selbstmord ebensosehr scharf die *caritas* verletzt wie die *iustitia*[10].

Ziehen wir nun aus der obigen Auseinandersetzung einige **Folgerungen** für Fragen, die im Anschlusse an die prinzipielle Entscheidung häufig erörtert wurden und die sowohl für den einzelnen als die Gemeinschaft etwelche Bedeutung haben.

[1] II-II 64, 5.
[2] II-II 64, 5 ad 3.
[3] II-II 64, 5; V. Eth. c. 11 (Did. II 65, 29 ss.).
[4] Ib.
[5] De iure et iust. l. V q. 1 a. 5.
[6] In II-II q. 64 a. 5; Relectio X, « De homicidio ».
[7] Tr. De iure et iust. Diss. 10 a. 3.
[8] Tr. De iust. sect. 2 c. 9. Dubitatio VI.
[9] Droit nat. 108.
[10] II-II 64, 5 ad 1.

Ist der frei-absichtliche Selbstmord ein Frevel gegen Gott, sich selbst und die Gemeinschaft, dann ist er ein *malum in se*, eine in *sich schlechte Tat*, die nie gut und verdienstlich sein kann.

Hier begegnen wir bei den Verteidigern des Selbstmordes oft einer schwärmerischen Lobhudelei, die zum Teil schon Seneca begonnen hat [1]. Diese Anhänger des Selbstmordes werden sogar fast fromm. Sie weisen auf die Heiligen hin, die wünschten, aus *Liebe zu Gott und dem Nächsten zu sterben*, weisen auf die Sehnsucht der Martyrer nach dem *Martyrium* hin, oder rühmen die Seelengröße solcher, die zur *Vermeidung* oder *Sühne* einer Todsünde sterben wollten, loben den Heldentod des Soldaten, der fürs Vaterland selbst in den sicheren Heldentod geht. Mit einem Worte: für sie ist der Selbstmord eine *Heldentat!*

Alles das weist auf eine enorme *Begriffsverwirrung* hin. Ist der Selbstmord in sich und an sich ein Frevel, dann ist er nie ein Beweis für *Tugend*, sondern vom Gegenteil. Ist er ein Frevel gegen Gott und den Nächsten, schlimmer als Ehebruch und Hurerei [2], so kann er doch nie ein Beweis für *Gottes-* und *Nächstenliebe* sein. Die Heiligen wünschten wohl oft zu sterben, um Gott zu besitzen, aber nicht zu sterben durch Selbstmord, der eine schwere Beleidigung Gottes ist. Wie soll der Selbstmord eine *Sühne* für die Todsünde sein oder ein Mittel zur *Vermeidung* der Sünde, da er selbst eine der schwersten Sünden ist? Kein wahrer *Martyrer* wünschte den Martyrertod durch Selbstmord. Der Martyrertod ist die Hinopferung des Lebens für den Glauben, durch die *Feinde* des Glaubens vollzogen. Nicht der Selbstmord aus Liebe zum Vaterland ist eine Großtat. Das wäre ein Verbrechen gegen das Vaterland. Wohl aber ist die heldenmütige Opferung des Lebens bei der Verteidigung des Vaterlandes eine herrliche Tat, sofern der Tod von den Feinden verursacht wurde. Wenn unsere Soldaten aus Liebe zum Vaterlande sich selbst töteten, wie stünde es dann um den Schutz des Vaterlandes? Das wäre der Ruin der Heimat! Schon Aristoteles hat bestritten, daß der Selbstmord überhaupt ein Zeichen von *Heldenmut* sei. Er sei vielmehr ein Zeichen von Schwäche, meinte er. Wer des Lebens Elend, «λυπερά», mutig trägt, ist ein heldenmütiger Mann [3]; vor allem jener, welcher Wunden und den Tod, das größte irdische Übel, tapfer hinnimmt. Das ist des Menschen würdig und eine echte Tapferkeit [4]. So denkt

[1] Epist. 58 u. 70.
[2] II-II 64, 5.
[3] In III. Eth. c. 9 (Did. II 35, 18).
[4] Ib. (II 35, 18 ss.).

auch der Aquinate [1]. Und Aurelius Augustinus hielt den Selbstmord des Cato, Brutus, der Kleopatra und des Seneca eher für Feigheit als für einen Beweis des Heldenmutes [2]. So hat der Dichter Martial recht, der da sagt:

> Rebus in angustis facile est contemnere vitam.
> Fortiter ille facit, qui miser esse potest. [3]

Zur Klärung der ganzen Frage ist vor allem die *Unterscheidung* zwischen den drei Rechtssphären: der *göttlichen, staatlichen* und *individuellen* notwendig. Sie wird uns wenigstens einige Richtlinien für die Lösung von Schwierigkeiten an die Hand geben.

a) *Die göttliche Rechtssphäre.*

Auf diesem Gebiete gibt es an sich nur Rechte, keine Pflichten. Da Gott selbst das höchste Gut ist [4], muß alles kreatürlich Seiende und Gutseiende seine Ursache in Gott haben [5]. Folglich ist er auch die Ursache alles *Lebens*, das offenbar ein großes Gut ist, und damit der Herr und Meister über Tod und Leben [6]. Wem daher Gott befiehlt, auf irgendwelche Art aus dem Leben zu scheiden, der verübt, Gott gehorchend, keinen Selbstmord, noch überhaupt einen Mord, sondern eine « Selbsttötung ». So erzählt die Geschichte von mehreren heiligen Frauen, auch von der hl. Apollonia, sie hätten sich auf Grund einer göttlichen Inspiration getötet [7]. Und auch Samsons Tod wird von Augustin und Thomas in diesem Sinne interpretiert [8]. Auch hieraus ist wieder ersichtlich, wie wichtig es ist, zwischen « Tötung » und « Mord » gut zu unterscheiden.

b) *Die staatliche Rechtssphäre.*

Wer immer Inhaber der öffentlichen Autorität ist, kann zwar den Verbrecher töten. Aber deshalb ist er durchaus nicht berechtigt, Selbstmord zu begehen, und zwar auch nicht wegen irgend eines Verbrechens, das er selbst begangen hat, denn hier gilt das Axiom: Nemo iudex in causa sua. « Ille, qui habet publicam potestatem,

[1] Comm. in III. Eth. lect. 18; II-II 64, 5 ad 5.
[2] De civ. Dei, l. I c. 28.
[3] L. XI. Epist. 57.
[4] I 6, 2. [5] I 44, 1. [6] II-II 64, 5.
[7] *Vitoria*, in II-II 64, 5.
[8] *Augustin*, De civ. Dei, I 21; *Thomas*, II-II 64, 5 ad 4; ad Hebr. c. 11 lect. 7; *Vitoria*, ib.; *Soto*, ib.

potest licite malefactorem occidere per hoc quod potest de ipso iudicare; nullus autem est iudex sui ipsius; unde non licet habenti publicam potestatem seipsum occidere propter quodcumque peccatum.»[1] Und das alles gilt, trotzdem er sonst als Richter die Macht hat, andere zum Tode oder zur Verstümmelung[2] (mutilatio) und auch zu Freiheitsstrafen[3] zu verurteilen. Thomas berührt hier auch eine für unsere Zeit hochwichtige Frage, nämlich die *Sterilisation.* Darf sich jemand selbst entmannen, oder einen andern dazu verurteilen, um ein keusches Leben zu sichern? Schon das Nicaenum hat die Entmannung im angedeuteten Sinne verurteilt[4]. Thomas rechnet solche, die das tun, zu den Mördern und hält dafür, daß eine solche Tat weder *notwendig* noch *nützlich* ist. Nicht notwendig: weil der freie Mann durch den freien Willen imstande ist, die Leidenschaften zu besiegen. Nicht nützlich: weil dadurch die Leidenschaft nicht schwächer, wohl aber lästiger wird: «Neque concupiscentia mansuetior ita fit, sed molestior.»[5]

c) *Die individuelle Rechtssphäre.*

Kraft seiner Natur, die Gott dem Menschen gegeben und die jedermann lieben soll[6], also naturrechtlich, hat auch das Individuum seine Rechte und noch mehr Pflichten. Wir können hier den Menschen in einem doppelten Sinne ins Auge fassen: *aktiv* und *passiv.*

α) *Aktiv:* So gefaßt, hat jedermann das Recht und die Pflicht, seine Fähigkeiten, insoweit sie unter der Herrschaft seines Willens stehen, zu erhalten und auszubilden[7]. Die Erhaltung seiner selbst ist naturgeordnet, wenn das Niedere dem Höheren geopfert wird. Daher hat auch jeder Mensch das Recht, ein krankes Glied, z. B. Arm oder Bein, das den ganzen Organismus bedroht, entfernen zu lassen[8]. Niemals aber ist es, wie oben betont, erlaubt, sich selbst zu töten[9]. Auch darf die Frau, um ihre Ehre zu retten, niemals Selbstmord begehen. Überall gilt hier das Axiom: Der Zweck heiligt die Mittel nicht: «Non sunt facienda mala ut eveniant bona», selbst nicht um eine Sünde zu vermeiden[10]. Dagegen ist es dem zum Tode Verurteilten erlaubt, zu fliehen[11]. Auch ist der Kranke nicht verpflichtet, zur Rettung der Gesundheit *außerordentliche* Mittel und Medizinen zu nehmen[12]. Selbst-

[1] II-II 64, 5 ad 2. [2] Ib. 65, 1. [3] Ib. 3.
[4] Pars I, sect. 4, can. 1. [5] II-II 65, 1 ad 3.
[6] II-II 64, 6. [7] II-II 64, 5 ad 3.
[8] II-II 65, 1. [9] II-II 64, 5. [10] Ib. ad 3.
[11] Vgl. *Vitoria,* in II-II 64, 5. [12] Ib. *Billuart,* l. c.

verständlich verfehlen sich jene, die durch Trunksucht, Fraß und Völlerei usw. sich das Leben verkürzen.

β) *Passiv:* Der Mensch hat das Recht und sogar die Pflicht, sein Leben zu schützen, solange er es vernünftigerweise tun kann. Das ist ein affirmatives Gebot. Affirmative Gebote verpflichten aber, auch naturrechtlich, *nicht immer* und *überall*, wie wir oben sagten. Er kann das Leben aus *höheren* Gründen auch opfern, d. h. mit andern Worten, sich Gefahren gegenüber passiv verhalten. Hierin liegt überragende Größe. Sie bewährt sich herrlich, wenn jemand in größter Not das einzige Stücklein Brot, das ihm das Leben retten könnte, einem Mitbruder in gleicher Not verabreicht [1]. Das Gleiche ist der Fall, wenn jemand beim Schiffbruch das einzige Brett einem anderen zur Rettung zuschiebt. Das ist heroische Liebe und die Liebe ist auf Erden das Größte. In diesem Sinne haben die Martyrer, heldenmütige Glaubensboten, große Kämpfer der Wahrheit, Friedensengel in Pest und Kriegszeiten, so oft für Gott, Wahrheit und Recht ihr Leben in die Schanze geschlagen.

Das gibt mir Gelegenheit, das düstere Problem des Selbstmordes mit einem höheren, tröstlicheren Gedanken abzuschließen. Gott ist groß, weil er reine Aktualität (actus purus) ist. Die Kreatur ist, weil Kreatur, ihrem Wesen nach empfangenes, mögliches Sein und daher *passiv*, leidend. Deshalb offenbart sich ihre eminenteste Größe im *Leiden*, in der *Hinopferung* ihrer selbst für das Große. Der größte, erhabenste Mensch, der zugleich Gott war, hat durch sein Kreuzesopfer hiefür den unwiderlegbarsten Beweis geliefert. Und daher: nicht der Selbstmord kündet Größe, sondern die duldende *Selbsthinopferung!*

[1] *Vitoria*, in II-II 64, 5 u. Relectio X, « De homicidio ».

Art. 6.

Das Duell.

Die Geschichte des Duells ist ein düsteres Blatt in der Kulturgeschichte der europäischen Völker. Wie viel blühendes Leben das Duell, meist aus leichtfertigsten Gründen, vernichtet hat, wie viel Gram, Zwietracht und Haß es besonders in kulturell höherstehende Kreise trug, das ist unsagbar. Es gereicht den Griechen und Römern, wie überhaupt den Völkern des klassischen Altertums zur Ehre, daß sie das Duell im eigentlichen Sinne nicht kannten [1], wenngleich die römischen Gladiatorenkämpfe zur Belustigung des Volkes an Grausamkeit nichts zu wünschen übrig ließen. Das Duell war vor allem eine grausame Unsitte der *Gallier* und *Germanen*. Schon Diodor von Sizilien [2], Vellejus Paterculus [3] und Pomponius Mela [4] tun dessen Erwähnung. Der Burgunderkönig Gundobald schützte es gesetzlich [5]. Was für einen Kampf die Kirche gegen diese Unsitte führte, werden wir später speziell hervorheben.

Von den verheerenden Folgen dieser barbarischen Völkersitte sei nur die eine und andere Tatsache hervorgehoben. In einem Turnier, das 1403 wegen einer lächerlichen Ehrverletzung zwischen Hessen und Franken ausgetragen wurde, kamen 17 Franken und 9 Hessen ums Leben [6]. Es gab, wie P. Weiß [7] und Cathrein [8] sagen, Zeiten einer eigentlichen « Duellwut ». Um die Mitte des 17. Jahrhunderts fielen, wie Theoph. Baynaud berichtet, innerhalb 30 Jahren mehr Edelleute im Duell, als zur Bildung eines ganzen Heeres notwendig gewesen wären. In der einzigen Pfarrei St. Sulpice zählte man zeitweilig wöchentlich 20 Duelltote [9].

[1] Vgl. *Cathrein*, Moralphil. II 104 ; *Castelein*, Droit nat. 97.
[2] Biblioth. histor. l. V c. 28.
[3] Histor. Rom. II 118.
[4] De situ orbis, III 3.
[5] Mon. Germ. in 4°, Leg. sect. 1, tom. II, pars I, p. 75.
[6] Vgl. *Cathrein*, das. 106.
[7] Apol. II 385-386.
[8] Moralphil. II 106.
[9] *Cathrein*, das.

Indes, wie A. Scharnagl bemerkt [1], kennt die Geschichte verschiedene Arten des Zweikampfes : einen kriegerischen, einen gerichtlichen Zweikampf, dann das sog. Turnier und endlich eben das Duell.

1. Der **kriegerische** Zweikampf hatte den Zweck, an Stelle einer Schlacht den Krieg zweier Völker zu entscheiden. Dieser Zweikampf wurde von der *öffentlichen Autorität,* die das Recht hat, eventuell einen Krieg zu führen, angeordnet. Er konnte also erlaubt sein. Im Altertum fanden faktisch solche Zweikämpfe statt, wurden aber im Mittelalter abgeschafft.

2. Der **gerichtliche** Zweikampf sollte nach gegenseitiger Vereinbarung der Parteien in Geschlechterfehden durch ein Gottesurteil über Recht oder Unrecht entscheiden. Er war hauptsächlich bei den Germanen in Gebrauch. Von der Kirche allzeit bekämpft, wurde dieser Zweikampf im vierten Lateran-Konzil (1215) unter Strafe der Exkommunikation und des Entzuges der kirchlichen Beerdigung verboten und nach und nach auch von den weltlichen Behörden eingeschränkt, besonders durch Friedrich II. [2]

3. Das **Turnier** war seit dem 11. Jahrhundert in Frankreich und seit dem 12. Jahrhundert auch in Deutschland üblich. Die Kirche belegte es sowohl im zweiten (1139) als auch im dritten Lateran-Konzil (1179) mit Strafen. Trotzdem blieb es bis Mitte des 16. Jahrhunderts noch in Übung.

4. Endlich der Zweikampf als **Duell**, über dessen Begriff, sittliche Verworfenheit nach Wesen und Motiven wir hier weiteres zu sagen haben, um schlußendlich die Stellung von Kirche und Staat zu markieren.

1. Der Begriff des Duells.

Schon der Name : « monomachia » bezieht sich strikte nur auf das Duell. Welches sind die Wesensbedingungen desselben ?

1. Das Duell ist in erster Linie immer ein *Zweikampf.* Darin besteht sein Gattungsbegriff, worin es mit jedem anderen Zweikampfe übereinkommt. Wo *mehrere* Personen blutig miteinander kämpfen,

[1] Vgl. Lexikon für Theol. und Kirche, « Zweikampf ».

[2] Das.

haben wir kein Duell, wie Billuart treffend hervorhebt [1], sondern einen « Streit », eine « rixa » [2].

2. Das Duell ist ein ernstgemeinter Waffengang, der *ernste Folgen* haben soll, sei es, daß es Tötung oder wenigstens schwere Verwundung bezweckt [3].

3. Der Zweikampf muß die Folge einer formellen *Abmachung* sein : « ex condicto », die *Zeit*, *Ort* und *Waffengattung* bestimmt. So erklärten Gregor XIII. (1582) und Klemens VIII. in ihren Konstitutionen [4]. Dadurch unterscheidet sich das Duell von der *Notwehr*, die zwar auch ein Zweikampf sein kann, aber nur eine Abwehr gegen einen gegenwärtigen ungerechten Angriff ist. Alle zufälligen Zusammenstöße fallen also noch nicht unter die Zensur. Ob das Duell « mit » oder « ohne » äußere Feierlichkeit ausgetragen wird — duellum solemne oder simplex —, ist absolut indifferent.

4. Das *spezifische* Merkmal, das das Duell von jedem anderen Zweikampf unterscheidet, ist der *private* Charakter. Es muß eine Abmachung auf *Privatautorität* hin involvieren. Das gibt ihm seine sittliche Schlechtigkeit und unterscheidet es vom Kriegsduell [5].

Somit ist das Duell im eigentlichen Sinne *ein Zweikampf, der gefahrvoll ist und der auf Grund einer bestimmten Abmachung über Zeit, Ort und Waffen in privater Angelegenheit unter Privaten, gestützt auf Privatautorität, stattfindet.*

Unsere Auffassung deckt sich inhaltlich mit jener Casteleins, der das Duell prägnant also beschreibt : « Un combat entrepris *d'autorité privée* et pour une cause *privée*, en vertu d'une *convention* réglant le *temps*, le *lieu* et les *armes* avec le péril voulu de blessures graves et même de la mort. » [6]

2. Das Duell seinem Wesen nach verwerflich.

Wir reden auch hier nur vom Duell im strengen Sinne, wie wir dasselbe oben als Privatkampf genau bestimmt haben. So genommen, halten wir das Duell für eine *an sich schlechte Handlung*, die nie erlaubt ist. Und das aus folgender Erwägung.

[1] Tr. De Carit. Diss. 7 a. 5.
[2] II-II 41, 1.
[3] *Billuart*, das. ; *Scharnagl*, das. [4] Das.
[5] Vgl. *Gredt*, p. II ethic. spec. c. 1 § 2 n. 986 ; *Cathrein*, l. c.
[6] Droit nat. 97.

1. Jeder der beiden Duellanten setzt sich *freiwillig-aktiv*, weil ex condicto, der Gefahr des Mordes aus. Das ist *positive cooperatio* zu einer an sich schlechten Tat: sie ist ein selbstherrlicher Eingriff in die *Rechte Gottes*, der allein Herr über Leben und Tod ist.

2. Damit ist das Duell auch ein eminentes Vergehen *gegen sich selbst* und den *Nächsten*. Beide, sich selbst und den Nächsten, bringt der Duellant in Gefahr, das höchste irdische Gut zu verlieren. In welche *ewige* Gefahr er sich und den Nächsten absichtlich bringt, sei hier nur nebenbei erwähnt.

3. Das Duell ist auch ein eminentes Vergehen gegen die *öffentliche Ordnung*, da der Duellant ohne öffentliche Autorität die Gesellschaft in Gefahr bringt, eventuell sogar zwei Menschenleben zu verlieren. Die ganze sittliche Begriffsverwirrung und Verworfenheit, die für das Duell charakteristisch ist, hat der edle Adolf *Trendelenburg* trefflich und ironisch zum Ausdruck gebracht mit den Worten: « Es tritt das Unsittliche eines solchen Vertrages in der dem Zweikampf zugrunde liegenden Formel hervor, unter welcher er sich fassen läßt: Du darfst mich töten, unter der Bedingung, daß ich dich töten darf. » [1]

Unsere ganze Beweisführung setzt allerdings voraus, daß im Duell große Lebensgefahr liegt. Wer diese Gefahr geringschätzt, erinnere sich nochmals der Duellstatistik, die wir oben, wenn auch in sehr unvollständiger Weise, gaben. Wer übrigens diese Gefahr leicht nimmt, prahle doch nicht immer mit der großen « Heldentat », als welche die Duellanten allgemein diesen verworfenen Zweikampf betrachten!

Für unsere These: das Duell ist eine *innerlich schlechte* Tat, können wir übrigens eine namhafte Tradition ins Feld führen. Schon *Cajetan* hat das Duell als Gottesurteil abgelehnt, weil es eine an sich schlechte Tat sei [2]. Sehr entschieden verurteilt *Suarez* das Privatduell als eine an sich schlechte Handlung: « Dico secundo: omne *privatum* duellum ... est intrinsece malum. » Er bezeichnet diese Ansicht sogar als allgemeine Sentenz der Summisten [3]. In ähnlichem Sinne entscheidet *Becanus* [4]. Gleicher Ansicht ist *Lugo*: « Manet illa occisio semper *intrinsece* mala, cum sit occisio *privata* sine necessitate ad defensionem. » [5]

[1] Naturrecht, § 120, S. 230.

[2] In II-II 95, 8 ad 3.

[3] Tr. tertius « De caritate » disp. 13, sect. 9: « an privatum bellum sive duellum sit intrinsece malum ».

[4] Summa Theologiae schol. p. II tr. 1, « De virtutibus theol. » c. 26.

[5] De iust. et iure, disp. 10, sect. 8. Daß die *Notwehr* oder Eigenverteidigung kein Duell ist, wurde früher hervorgehoben.

3. Das Duell in seinen Motiven unhaltbar.

Man hat das Duell aus verschiedenen Gründen oder Motiven zu rechtfertigen versucht. Da das Privatduell eine an sich schlechte Handlung ist, die daher gar nie gerechtfertigt werden kann, ist es ohne weiteres klar, daß alle Motive von diesem allgemeinen Standpunkte aus als unhaltbar betrachtet werden müssen.

Doch wir wollen die Motive, welche zur Rechtfertigung des Duells vorgebracht wurden, *einzeln und in sich prüfen*, um zu sehen, ob sie stichhaltig sind. So hat *Cajetan* sechs Ursachen aufgezeigt [1], die schon in seiner Zeit zur Rechtfertigung des Duells angeführt wurden, wobei der scharfsinnige Kommentator allerdings nicht immer den Zweikampf im allgemeinen von dem Privat-Zweikampf unterschied. Da sie so ziemlich alles enthalten, was später zu Gunsten des Duells vorgebracht wurde, legen wir sie dem Leser der Reihe nach vor und fügen kritische Urteile aus späteren Zeiten bei.

1. Man hat das Duell als *Zeugen der göttlichen Wahrheit* oder des Rechts, « manifestatio veritatis », verteidigt. Man betrachtete es als « Gottesurteil ». Wer im Duell siegt, ist unschuldig, wer fällt, ist schuldig, lautete das Axiom. Allein das Duell ist ein *unzuverlässiger* Zeuge der Unschuld, denn es ist nachgewiesene Tatsache, daß im Duell öfter der Unschuldige fiel. Und wie soll es aus diesem Grunde erlaubt sein, den Nächsten zu verletzen oder gar zu morden [2]? So etwas ist nichts anderes als ein Gottversuchen, « tentatio Dei », eine Anmaßung göttlicher Rechte: « Et divini fit usurpatio iudicii » [3]. Im gleichen Sinne wie Cajetan urteilen auch *Suarez* [4] und *Becanus* [5]. Das Duell als Gottesgericht haben schon in den ältesten Zeiten Avitus von Vienne und Agobard von Lyon aufs entschiedenste bekämpft [6].

2. Für ebenso vernunftwidrig hält Cajetan die Ansicht jener, welche das Duell als *Kraftprobe* (« ostentatio virium ») erlauben wollen. Er weist hier auch auf die von Fürsten erlaubten *Offiziersturniere* hin

[1] Coment. in II-II 95, 8 ad 3.

[2] Thomas berührt das Duell unseres Wissens nur einmal als Mittel des Orakelspruches und verurteilt es als unerlaubt. II-II 95, 8 ad 3.

[3] Ib.

[4] Tr. tert. « De carit. disp. 8, sect. 9.

[5] Summa Theol. schol. p. II tr. 1 « De virt. thool. c. 20 q. 1.

[6] Vgl. *Scharnagl*, l. c.

die aus solch lächerlichen Gründen in teuflischer Weise Menschenleben in Gefahr bringen. Den Zweikampf zwischen David und Goliath führt er auf eine göttliche Inspiration zurück [1].

3. In studentischen Kreisen und bei Offizieren galt die Nichtannahme eines Duells in der modernen Zeit vor allem als Zeichen der Ehrlosigkeit, als *Schande*. Der Verweigerer des Duells wurde als Feigling betrachtet. So urteilte Freiherr von Radowitz mit tausend anderen [2]. Als ob Tapferkeit und Mannesehre nicht eine eminent *innere* Sache wäre, und die Nichtannahme des Duells nicht größeren Mut erforderte als das Gegenteil! Schon *Cajetan* berührt auch dieses Duellmotiv: « evitatio ignominiae ». Nur Idioten, meint er, urteilen so. Der Weise aber, welcher der recta ratio folgt, begeht aus diesem Grunde nicht ein Verbrechen, wie es das Duell ist [3]. Gleicher Ansicht sind auch Suarez [4], Becanus, Soto und Báñez, die sich auf Cajetan berufen [5].

4. Das Duell ist auch nicht als ein geeignetes *Entscheidungsmittel* in kriminellen und bürgerlichen Streitfragen anzusehen. Das könnte es nur sein, wenn es die Bedingungen eines gerechten Krieges erfüllte. Als Kampf zwischen zwei Männern ist es jedoch weder für einen Defensivkrieg noch für einen Strafkrieg, durch den erlittenes Unrecht gesühnt werden soll (bellum vindicativum), ein proportioniertes Mittel.

5. Selbst das sog. *Schonungsduell* — zwei Länder lassen einen Krieg durch ein Duell entscheiden, um die Bürger zu schonen (« indulgentia multitudinis ») — verurteilt Cajetan [6], weil das Duell an sich schlecht ist [7]. Nur in einem Falle billigt er das Duell, wenn ein Fürst voraussieht, daß er einen gerechten Krieg verlieren würde [8]. Diese Ausnahme macht auch Becanus: « quia in tali casu cessat malitia duelli » [9].

6. Merkwürdigerweise wird vielfach auch die *Selbstverteidigung* (« defensio sui ») zu den Duellmotiven gerechnet, auch von Cathrein [10]. Allein sie hat als « Notwehr » mit dem Duell gar nichts zu tun. Cajetan

[1] In II-II 95, 8 ad 3. Derselben Ansicht ist *Becanus*, l. c. q. 1.
[2] Vgl. *Cathrein*, Moralphil. II 106.
[3] In II-II 95, 8 ad 3.
[4] De carit. disp. 13, sect. 9.
[5] *Becanus*, Summa Theol. schol. De virt. theol. c. 26 q. 5.
[6] In II-II 95, 8 ad 3.
[7] Ib.
[8] Ib.
[9] Summa Theol. schol. l. c. q. 4.
[10] Moralphil. II 108.

erwähnt sie auch als « sexta causa », bemerkt aber sehr zutreffend, daß sie mit dem Duell nichts zu tun habe[1].

Nicht alles ist logisch, was über die sittliche Tragweite des Duells gesagt wurde. Da es als positive Abmachung — ex condicto — zu Mord oder Verwundung eine *in sich schlechte Handlung ist,* weil es nur auf *Privatautorität hin* geschieht, ist es immer eine positive Cooperatio ad malum intrinsecum, also *nie erlaubt.* Ist dem so, dann hat es nie eine Hinordnung ad bonum commune, und darum darf auch der es nicht annehmen, der voraussieht, daß er ohne Duell unschuldig sterben muß. Hierin irrt unseres Erachtens Becanus[2], und Suarez hat recht, wenn er gegen Cajetan es für unerlaubt erklärt, daß der zum Tode Verurteilte sich noch durch ein Duell retten dürfe[3]. Eine cooperatio positiva ad malum intrinsecum ist schlechterdings und immer unerlaubt!

4. Das Duell im Verhältnis zu Staat und Kirche.

Vor dem Tridentinum (1545-63) war der Wirrwarr der Ansichten über den sittlichen Charakter des Duells groß. Laien und Kleriker duellierten. Es gab, wie schon bemerkt, Zeiten der « Duellwut ». Indessen haben die Päpste zu allen Zeiten konstant das Duell verurteilt. Dr. *Bernhard Schwentener* hat seine gründlichen Untersuchungen über die Stellung der Kirche zum Duell bis zu den Dekretalen Gregor IX. mit folgenden Worten zum Abschluß gebracht: « Die Stellung der Päpste zum Zweikampf bis zur Mitte des 12. Jahrhunderts ist dahin zusammenzufassen: Sie verurteilen jeden Zweikampf, auch den unter Laien, besonders aber in kirchlichen Streitfragen und unter Klerikern, sei es, daß diese ihn selbst ausfochten, oder sich vertreten ließen. »[4] Noch im 13. Jahrhundert kam es zwischen Kirche und Staat häufig zu Konflikten, da die Kirche die Annahme des Duells verbot, der Staat aber die Nichtannahme bestrafte[5]. Sogar unter den Unsrigen gab es Männer, die, wie *Lessius*, *Laymann*, *Reiffenstuel* und *Sporer*, die Widerlegung des Duells durch bloße Vernunftgründe nicht für möglich hielten, eine Ansicht, die Benedikt XIV. verwarf[6].

[1] In II-II 95, 8 ad 3.
[2] Summa Theol. schol. l. c. q. 7.
[3] De carit. disp. 13, sect. 9 n. 7.
[4] Theol. Quartalschrift, 1930, S. 190-221.
[5] Das. 200.
[6] *Cathrein*, Moralphil., das.

In der Folgezeit hat auch der *Staat* das Duell bekämpft. Es gereicht Ludwig XIV. zur Ehre, daß er das Duell streng verboten hat [1]. Zwar haben, wie Scharnagl berichtet [2], England, Frankreich und Norwegen keine besonderen Strafbestimmungen. Das Duell fällt unter die allgemeinen Strafbestimmungen. Das Deutsche Reich bestraft in seinem Strafgesetzbuch, § 205, das Duell, falls tödliche Waffen verwendet werden, mit Festungshaft von 3 Monaten bis 5 Jahren. Auf der Herausforderung zum Duell und auf der Annahme liegt Festungshaft bis zu 6 Monaten. Nach der Praxis des Reichsgerichtes gelten diese Vorschriften auch für *Studentenmensuren*. Zur Zeit sind wieder Bestrebungen zur Milderung im Gange ! Zu den neueren Verteidigern des Duells gehören vor allem Freiherr *von Radowitz* [3], *Lasson* [4] und *Paulsen* [5].

Scharf und sich immer konstant hat vor allem die *Kirche* das Duell bekämpft. Nachdem frühere Lateran-Konzilien, den besonderen Zeitgefahren entsprechend, besondere Formen des Zweikampfes geächtet hatten, war die Verurteilung jedes Duells durch das Konzil von *Trient* entscheidend für alle Zeiten. In der Bulle «Pastoralis officii» vom 12. September 1891 vertrat Leo XIII. den gleichen Standpunkt. In dem Decretum « De reformatione generali », c. 19 [6], des genannten Konzils werden alle zeitlichen Herrscher : Kaiser, Könige, Führer, Fürsten usw., welche auf ihrem Gebiete Duelle gestatten, eo ipso exkommuniziert und ihrer Herrschaft verlustig erklärt : « Imperator, reges, duces, principes, marchiones, comites et quocumque alio nomine, domini temporales, qui locum ad monomachiam in terris suis inter christianos concesserint, eo ipso sint *excommunicati*, ac iurisdictione et dominio ... quod ab ecclesia obtinent, *privati*. » Die Duellanten selbst und ihre Sekundanten trifft dieselbe Strafe und sie sind des *Mordes* schuldig : « Qui vero pugnam commiserint et qui eorum *patrini* vocantur : excommunicationis ac omnium bonorum suorum proscriptionis ac perpetuae infamiae poenam incurrant et ut *homicidae* iuxta sacros canones puniri debeant. » Allen aber, die im Duell sterben, wird für immer die kirchliche Beerdigung versagt : « perpetuo careant ecclesiastica sepultura. » Selbst jene, welche durch theoretische oder praktische Ratschläge oder sonst irgendwie zum Duell beitragen, oder ihm auch nur als Zuschauer (« spectatores ») bei-

[1] Das.
[2] Vgl. Lexikon für Theologie und Kirche : « Zweikampf ».
[3] Vgl. *Cathrein*, das.
[4] System der Rechtsphil. 548.
[5] System der Eth. II 152.
[6] Sessio XXV.

wohnen, verfallen der Exkommunikation und dem immerwährenden Fluche: « excommunicationis ac perpetuae maledictionis vinculo teneantur. »

Fassen wir abschließend alle kirchlichen Strafen, die sich auf das Duell beziehen, zusammen: Ipso facto verfallen der dem Papste simpliciter reservierten Exkommunikation: 1. alle Duellanten selbst; 2. wer dazu fordert oder eine Forderung annimmt, auch wenn die Ausführung unterbleibt; 3. alle Mitwirkenden: Kartellträger, Sekundanten, Ärzte und all jene, welche durch Geld, Waffen, Ortsanweisung oder Wachestehen das Duell begünstigen; 4. wer als absichtlicher Zuschauer das Duell gutheißt; 5. alle weltlichen Behörden und Stellen, welche das Duell gestatten, obwohl sie es verhindern könnten [1]. Wer immer im Duell ohne Zeichen der Reue stirbt, oder auch nur an Wunden, die er dabei empfing, ist des kirchlichen Begräbnisses verlustig [2]. Nach der Entscheidung der Konzils-Kongregation vom 9. August 1890 und 10. Februar 1923 gelten diese Strafbestimmungen auch von Studentenmensuren, selbst dann, wenn das Duell nicht zu einer schweren Verwundung führt, wie dieselbe Kongregation am 3. Juli 1925 entschied [3].

Gewiß ist diese Stellung der Kirche zum Duell streng. Aber es gilt eben, einen *tiefeingewurzelten*, menschenmörderischen Unfug energisch zu unterdrücken. Und wer sich an den großen Daniel O'Connell erinnert, dem ein in der Jugend ausgetragenes Duell mit tödlichem Ausgang einen *düsteren Schatten* über das ganze Leben warf, begreift die kirchliche Strenge besser.

[1] « Duellum *perpetrantes* aut simpliciter ad illud *provocantes* vel ipsum *acceptantes* vel quamlibet *operam* aut *favorem* praebentes, nec non de industria *spectantes*, illudque *permittentes* vel quantum in ipsis est non *prohibentes*, cuiuscunque dignitates sint, subsunt *ipso* facto excommunicationi Sedi Apostolicae simpliciter reservatae. » Cod. iuris can. Can. 2351 § 1.

[2] « Ecclesiastica sepultura privantur nisi ante mortem aliqua dederint poenitentiae signa: mortui in duello aut ex vulnere inde relato ». Can. 1240 § 1, 4.

[3] Vgl. *Scharnagl*, l. c.

Art. 7.

Die Sklaverei.

Die persönliche Freiheit gehört zur Königskrone des Menschen. Weil Gott ihn von Ewigkeit her als vernünftig-freies Wesen gedacht, schuf er ihn in der Zeit nach seinem Urbilde : als *Mitherrscher* der sichtbaren Welt. Die älteste Urkunde des menschlichen Herrscheradels liegt in den Worten der Genesis : « Lasset uns den Menschen machen nach unserem Bild und Gleichnisse, der da herrsche über die Fische des Meeres und das Geflügel des Himmels und die Tiere und über die ganze Erde und alles Gewürm, das sich regt auf Erden. » [1] Der Psalmist hat diesen Herrscheradel besungen mit den Worten : « Du hast ihn nur wenig unter die Engel erniedrigt, mit Herrlichkeit und Ehre gekrönt und ihn gesetzt über die Werke deiner Hände. » [2] Nichts widerspricht diesem herrlichen Herrscheradel gröber und direkter als die *Sklaverei*.

Legen wir, der Klarheit halber, zuerst den *Begriff* der Sklaverei fest, dann die Stellung, die *Heidentum* und *Christentum* und das *Völkerrecht* ihr gegenüber einnahmen, um dann die naturrechtliche Verworfenheit derselben nach *Thomas von Aquin* kurz zu skizzieren.

1. Begriff der Sklaverei.

Herrschen und gehorchen, also dienen, sind dem Menschen naturgemäß, Sklaverei aber ist ihm naturwidrig. Ohne die beiden ersteren gäbe es keine Obern und Untergebenen, keine Ehe, keine Familie, keinen Staat. Die Sklaverei ruiniert alle drei : die Ehe, die Familie und den Staat. Wer diese Grundwahrheiten leugnet, widerspricht dem

[1] Gen. I 26.
[2] Ps. 8, 6-8.

Naturrechte. Warum? Im Innersten jedes Menschen gibt es zwei Sphären, die eine betrifft sein eigenes Sein und daher seine Seele, seinen Leib als Mitkonstituenten, also seine *Natur* oder Wesenheit und damit seine Tätigkeitsprinzipien und sein Ziel. Alles das ist ihm von einem anderen gegeben, er kann es nicht ändern. Hier muß er also gehorchen, dienen, kann nicht herrschen. Daher ist er nicht ein absoluter Herrscher wie Gott. Dagegen herrscht er über den *Gebrauch* der Fähigkeiten und Tätigkeiten, und hier liegt die zweite naturgemäß gegebene Sphäre. Über allem aber steht die *Person*, die als höchste Trägerin alles Seins, aller Fähigkeiten und Tätigkeiten, kraft ihrer rationalen Natur, Subjekt aller Rechte und Pflichten und daher sui iuris ist [1]. Wer immer also die Person eines Menschen unterjocht, vergewaltigt den *Menschen als solchen* und den menschlichen Herrscheradel. Damit haben wir die Unterlage für den Begriff der Sklaverei.

Historisch unterschied man eine doppelte Sklaverei: Sklaverei im strengen und in einem weiteren Sinne [2].

a) Die Sklaverei im **strengen Sinne:** Sie legte die eiserne Herrscherhand auf die *Person* des Mitmenschen und damit auf den Menschen als *solchen* und folglich den *ganzen Menschen*, den sie mit Seele und Leib, Natur und Ziel als Eigentum und beliebigen *Handelsartikel* betrachtet. Hier vindizierte sich der Sklavenhändler das Recht auf Sein, Leben und Tod des Sklaven. Das war die Sklaverei des alten Heidentums, der Griechen, Römer und anderer Völker. Sie war eine grauenhafte *Völkergeißel!*

b) Die Sklaverei im **weiteren Sinne,** wie die Leibeigenschaft, suchte die wesentlichen Menschenrechte zu wahren. Aber als Ersatz für den Lebensunterhalt gehörte die ganze äußere Nutztätigkeit des Sklaven dem Sklavenbesitzer, sei es infolge *freiwilliger Abmachung*, oder eines *Deliktes*, oder des *Sklavenkaufes*, oder des *Kriegsrechtes*, oder auch der *Geburt.* An sich lag in dieser Sklaverei weder ein Vergehen gegen das Naturrecht, noch gegen das göttliche Gebot. Die Arbeit für den Lebensunterhalt ist naturgemäß und daher auch *käuflich* und *verkäuflich*, wie jedes Dienstverhältnis beweist. A fortiori kann die Frucht

[1] I 29, 1.

[2] II-II 104, 5, 6 ad 1; *Soto*, De iust et iure, l. IV q. 2 a. 2; *Gredt*, Eth. spec. p. II c. 2 (991); *Zigliara*, Ius. nat. l. II c. 1 a. 7 (48); *F. Keller*, « Sklaverei », Lexikon für Theologie und Kirche.

der Arbeit auch freiwillig dauernd abgetreten werden. Wegen eines *Verbrechens* kann, wie jedermann weiß, der Mensch auch lebenslänglich jeder äußeren Freiheit und jedes Verdienstes beraubt werden. Nach dem alten *Kriegsrecht* war der Besiegte sogar völliges Eigentum des Siegers. Das verstieß gegen das Naturrecht und wurde später völkerrechtlich verurteilt. Aber das Recht auf die Arbeit und den Dienst des Besiegten könnte naturrechtlich kaum bestritten werden. Etwelche Schwierigkeiten bereitet die *Geburt* als Titel der Leibeigenschaft. Aber deshalb ist die Leibeigenschaft im Prinzip sicher nicht strittig, da sie andere Titel für sich hat. Auch das *göttliche Recht* hat die Sklaverei im weiteren Sinne an sich nie verboten. Redet doch gerade Moses von « *hausgeborenen* » Knechten, gegen die sich kein Verbot richtet [1]. Also galt da sogar die Geburt als Erwerbstitel von Sklaven. Auch das Neue Testament schaffte die Knechtschaft nicht absolut ab, mahnt sogar die Knechte, treu den Herren zu dienen, selbst wenn letztere übelgesinnt sind [2].

Trotzdem war auch die Sklaverei im weiteren Sinne sicher nie ein *Idealzustand* der sozialen Ordnung. Die lebenslängliche Brotabhängigkeit von einem anderen, oft Launenhaften und Rücksichtslosen, Geizigen, war gewiß nichts Leichtes und Erhabenes ! Die Gefahr der Ausbeutung, der Übergriffe auf Wesensrechte, der Bedrückung der Schwachen, Wehrlosen, Leidenden, lag nahe genug. Auch die gemäßigte Sklaverei galt daher im Christentum stets als eine Folge der Sünde, als eine Folge eines gewissen wirtschaftlichen Zwanges, den zu heben man jahrhundertelang bestrebt war. Der Urzustand des geschaffenen Menschen hatte, das sahen sogar Heiden ein, mit ihr nichts zu tun [3]. Sie gehörte nicht zum eigentlichen Naturrechte, sondern zum alten Ius gentium, das die Tatsache des gefallenen und daher verdorbenen Menschen zur Voraussetzung hat [4].

2. Die Sklaverei und das Heidentum.

Die Sklaverei ist unleugbar *heidnischen* Ursprungs. « In » und « aus » dem Heidentum ist sie entstanden. Dort waren auch allzeit die Wurzeln ihrer Kraft und Macht. Doch hat das ganze Problem eine

[1] Gen. 14, 14 ; 17, 23 ; 17, 27. Exod. 21, 6.
[2] Petr. I 2, 18 ; Col. 3, 22 ; Ephes. 6, 5.
[3] IV. Sent. d. 36 q. 1 a. 1.
[4] II-II 57, 3 ad 2.

interessante historische Entwicklung durchgemacht. In und aus dem Heidentum in ihrer schärfsten Form entstanden, nahm die Sklaverei unter dem Einfluß des Christentums eine mildere Gestalt an, um nach hartem säkularem Kampfe, den das Christentum gegen sie geführt, endlich völkerrechtlich verboten zu werden. Wir sagen vorsichtig « völkerrechtlich », denn Sklaven gibt es auch heute noch. So verhängnisvoll war der Fluch der bösen Tat!

Wie wahr das Gesagte ist, zeigt uns die Geschichte des wichtigsten heidnischen Kulturvolkes, der **Griechen.** Und da stützen wir uns gerade auf den größten Staatslehrer, *Aristoteles.* Für den Stagiriten ist der Sklave nur ein Teil des Herrn und des Herrn ganz allein: « ὁ δὲ δοῦλος οὐ μόνον δεσπότου δοῦλός ἐστιν, ἀλλὰ καὶ ὅλως ἐκείνου ». [1] Er besitzt kein « Eigensein », sondern ist seiner Natur nach eine Sache des Herrn [2]. Er besitzt für sich keine Rechte [3], muß jede Schmach über sich ergehen lassen [4]. Er hat kein Anrecht auf Glückseligkeit [5]. Welch ein soziales Elend das alles bedeutete, erfaßt man, wenn man bedenkt, daß es zeitweilig allein in Athen 400 000 Sklaven gab, in Korinth 460 000, in Aegina 370 000 [6].

Nicht besser stand es mit dem Los der Sklaven bei den **Römern.** Auch für *Plutarch* war der Sklave völlig rechtlos [7]. Es ist bezeichnend, wenn *Seneca* meinte, der Herr könne dem Sklaven, wenn er aus Ungeschicklichkeit ein Gefäß zerbrochen, die Hände abhacken, ihn den Fischen zum Fraße vorwerfen, ihn ans Kreuz schlagen lassen [8]. Die Berichte von Plutarch [9], Juvenal [10], Tacitus [11], Martial [12] und Tertullian [13] sind eindrucksvoll genug: sie berichten von römischen Schauspielen, in welchen zahllose arme Sklaven zum allgemeinen Ergötzen des römischen Publikums in der Arena von Löwen zerrissen oder lebendig ans Kreuz genagelt wurden. Das elende Los der Sklavinnen

[1] I. Pol. c. 2 (Did. I 485, 24).
[2] Ib. (485, 28).
[3] V. Eth. c. 6 (Did. II 60, 25).
[4] V. Eth. c. 5 (II 57-58).
[5] X. Eth. c. 6 (II 123). III. Pol. c. 5 (I 529, 20).
[6] Vgl. *A. M. Weiß*, Apol. II 181.
[7] *Crassus*, 2, 7; *A. M. Weiß*, das. 182.
[8] *Seneca*, Ira 3, 40, 2.
[9] De vera vindicta 9.
[10] Sat. 1, 155 ss.
[11] Annal. 15, 44.
[12] Spectac. 9, 4, 5.
[13] Apolog. 15; vgl. *A. M. Weiß*, Apol. II 183.

in Rom und Griechenland ist unbeschreiblich. Die Sklaverei war vor allem das Unglück und der Ruin der Frau, auch der *Ehefrau.* Hat doch beispielsweise der jüngere Cato, der sonst etwas auf äußere Ehre gab, seine zweite Gattin durch förmlichen Vertrag dem Rhetor Hortensius vermietet [1]. Also sogar die Ehefrau wurde zur Sklavin! Das ist die niedrige Stellung der Frau bei vielen heidnischen Völkern: in China, Mexiko, in Australien und bei den Medern [2]. Gestützt auf die Forscherresultate der Ethnologen hat P. Weiß die Stellung des Sklaven also beschrieben: er war « ein menschenähnliches Wesen, ohne vernünftige Seele, ohne Gesetz, ohne Gewissen, ohne persönliche Freiheit, ohne Gott, ohne Recht, ohne Besitz, ohne Ehre, ohne Anspruch auf menschliche Würde » [3]. — Das Schlimmste aber war sicherlich, daß man im alten und modernen Heidentum dem Sklaven zumeist die *rationale Menschennatur* absprach, wie schon Aristoteles gelehrt. Damit wurde die Sklaverei, im strikten Sinne genommen, zu einem naturrechtlichen Postulate!

3. Die Sklaverei und das Christentum.

Zutreffend sagt F. Keller: « Das mosaische Gesetz kannte Sklaven mit Aberkennung der Menschenrechte nicht. » [4] Schon das A. T. trat für milde, menschenwürdige Behandlung der Sklaven ein, verbot jede Grausamkeit [5], gewährleiste den Sklaven Teilnahme an der Festtagsruhe [6], traf Bestimmungen über ihre Ehen [7] und veranlaßte teilweise Freilassung von Sklaven [8]. Das war wegweisend für die Zukunft.

Im N. T. waren die Briefe der beiden Apostelfürsten Petrus [9] und Paulus [10] bahnbrechend für die Sklavenfrage. Besonders prägnant sind Pauli Worte I. Cor. 7, 22-23: « Denn wer im Herrn berufen war als Knecht, ist ein Freigelassener des Herrn; desgleichen wer als Freier berufen war, ist ein Knecht Christi. Ihr seid teuer erkauft, werdet

[1] Cato minor 52; vgl. *A. M. Weiß*, Apol. I 422.
[2] Das. 424 ff.
[3] Das. II 182.
[4] « Sklaverei », Lexikon für Theologie und Kirche.
[5] Exod. 21, 20 ff.
[6] Exod. 20, 10.
[7] Exod. 21, 3-4.
[8] Exod. 21, 2-6.
[9] I. Petr. 2, 18.
[10] Gal. 3, 28; Col. 3, 11; I. Cor. 12, 1-31; Ephes. 6, 5-8; Tit. 2, 9.

nicht Knechte der Menschen.» Mit anderen Worten: von Gott und vor Gott sind alle gleich, zum gleichen höchsten Ziele berufen, weil durch Christus erlöste Menschen, also auch *naturgleich.* Das ist eigentlich die göttliche *Magna Charta der Erlösung* aller Menschen von der menschlichen *Wesenssklaverei!* Dennoch verurteilt auch Paulus nicht jede Art von Knechtschaft, denn er mahnt die Untergebenen zum Gehorsam gegen die Obern [1].

Und welche Stellung hat die *Kirche* zur Sklavenfrage eingenommen? Haben nicht Päpste wie Nikolaus V. (1452) und Alexander VI. (1493) den Portugiesen und Spaniern nach der Entdeckung der neuen Welt erlaubt, die Eingebornen zu Sklaven zu machen? Und hat nicht auch der verdienstvolle Barth. Las Casas O. P. (1517) die Einführung von Negersklaven an Stelle der Indianer befürwortet, was Karl V. auch durchführte? Sogar der sonst so objektive *Trendelenburg* berichtet, Paul III. habe die Sklaverei begünstigt und feiert den *protestantischen* Geist als Befreier vom Sklaventum mit den Worten: «Es ist eine Schande der Christenheit, daß in den nächsten Jahrhunderten ... die Greuel der Sklaverei in größerer Ausdehnung betrieben wurden, als je da gewesen. Erst im Bereich der *protestantischen* Bildung gelang es seit der Mitte des vorigen Jahrhunderts den preiswürdigen Anstrengungen, praktisch den Rechtsbegriff der Sklaverei zu erschüttern.» [2] Richtig betont er, daß es nur Überheblichkeit und Irrtum der weißen Rasse war, einen spezifischen Unterschied der Menschennatur im Neger und Weißen anzunehmen [3]. Noch letzthin las ich den Satz: «Die englischen Quäker vertraten als *Erste* die Überzeugung, daß ein solcher Menschenhandel nur auf Unrecht beruhen könne.» Ihnen seien dann die Methodisten gefolgt. Man hat vor allem auf den Kampf hingewiesen, den William *Wilberforce* (1759-1833) — von dem Ministerpräsidenten William *Pitt* unterstützt —, gegen die Sklaverei führte, dessen Ergebnis das Gesetz vom 31. Juli 1834 war, durch das im ganzen britischen Reiche die Sklaverei abgeschafft wurde.

Ohne Zweifel hat auch der *Protestantismus* im Kampfe gegen die Sklaverei große Verdienste, und das vor allem im protestantischen England, wo der Sklavenhandel unerhörte Dimensionen angenommen hatte. Zu jener Zeit wurden die Sklaven von ganz Afrika an der Küste zus-

[1] Ephes. 6, 5-8.
[2] Naturrecht § 96, S. 176.
[3] Das. S. 177.

sammengetrieben, auf Schiffen nach Westindien verfrachtet und dort, wenn sie nicht schon auf der Fahrt elendiglich starben, versteigert. Das war das Los von Hunderttausenden. Daß das mächtige Albion im Kampf gegen die Sklaverei seine besondere Aufgabe erkannte und anerkannte, gereicht ihm zur Ehre, und das umso mehr, als Staat und Private mit der Abschaffung der Sklaverei Riesenvermögen einbüßten.

Aber welche Rolle hat die *katholische Kirche* im Sklavenhandel gespielt? Absolut erwiesen ist, *daß sie weder direkt noch indirekt je die Sklaverei im strengen Sinne, die Wesenssklaverei, gebilligt, oder auch nur begünstigt hat.* War es nicht gerade *Paul III.*, der, wie Pastor nachgewiesen hat, in zwei aufeinanderfolgenden Bullen : der vom 29. Mai 1537 an den Kardinal von Toledo, und der vom 2. Juni 1537, sogar durch Androhung der Exkommunikation die Indianersklaven in Schutz nahm [1] und *Karl V.* veranlaßte, ähnliche Schutzmaßregeln zu ergreifen? [2] Auch *Las Casas* O.P. wurde zu Unrecht als Urheber des Negersklavenhandels hingestellt, wie Illgen und andere nachweisen. Er war es bekanntlich, der im Interesse der Indianer sieben Mal über den Ozean reiste [3]. Wenn er 1520 Kaiser Karl V. den Vorschlag machte, den Handel mit Negersklaven zu dulden, damit die Eingebornen Amerikas nicht ausgerottet würden, so trat er für das kleinere Übel ein, was vielleicht unklug, aber naturrechtlich nicht unerlaubt war [4].

Da die Sklaverei im *weiteren Sinne* kein malum intrinsecum ist, weil weder dem göttlichen noch dem Naturrecht zuwider, konnte sie unter Umständen als kleineres Übel gestattet werden. Das war Jahrhunderte lang am Platze. Eine *plötzliche absolute* Aufhebung der Sklaverei durch die Kirche wäre gleichbedeutend gewesen mit einem *wirtschaftlichen Umsturz.* Zutreffend sagt diesbezüglich *F. Keller :* « Als Produktionsmittel waren Sklaven so unentbehrlich geworden, daß Sein oder Nichtsein der wirtschaftlichen und industriellen Betriebe von der Einrichtung der Sklaven abhing. » [5] Um es kurz zu sagen : Jahrhunderte lang lag es weder in der Macht, noch war es Pflicht der Kirche, die Sklaverei gänzlich abzuschaffen. Nicht *Pflicht :* denn die Sklaverei im milderen Sinne ist, wie gesagt, kein malum intrinsecum.

[1] Geschichte der Päpste, Geschichte Pauls III. (Herder) 1925, S. 719-720.
[2] Das. 720 [2].
[3] *Pastor,* das. 719 ; *Brück,* Lehrbuch der Kirchengeschichte (4. Aufl.) 518 [5].
[4] Vgl. *Cathrein,* II 441.
[5] A. a. O.

Es lag nicht in der *Macht* der Kirche: weil der wirtschaftliche Ruin ein größeres Übel gewesen wäre. Also zog die Kirche das kleinere Übel vor.

Dennoch behielt sie die *völlige* Abschaffung der Sklaverei ständig im Auge. Das beweisen die Anti-Sklavenerlasse zahlreicher Päpste, eines Paul III., Pius II.[1], Urban VIII.[2], Benedikt XIV.[3], Gregor XVI.[4] und endlich Leo XIII.[5]. Längst vor dem Protestantismus haben zahlreiche Konzilien das Los der Sklaven zu mildern gesucht. So die Synoden von *Oran* (441), von *Orléans* (549), von *Paris* (614), von *Toledo* (675), von *London* (1102), und von *Armagh* in Irland (1171)[6]. Überall gingen Klöster und geistliche Grundbesitzer mit dem guten Beispiel der Freilassung der Sklaven voran, und das schon im 9. Jahrhundert. Zum Zwecke des Loskaufes von Christensklaven aus den Händen der Juden und Mohammedaner entstanden zu Anfang des 13. Jahrhunderts sogar zwei Orden: die Trinitarier und die Mercedarier. Man war bestrebt, sklavenlose Kolonialwirtschaft zu gründen, so die Jesuiten in Paraguay[7]. Und schließlich war es bekanntlich Kardinal *Lavigerie,* der, von Leo XIII. wirksam unterstützt, einen tapfern Feldzug gegen die Sklaverei führte, die europäischen Mächte auf dem Antisklaven-Kongreß von Brüssel zu bewegen vermochte, den Sklavenhandel *gesetzlich* zu bekämpfen. Die Kirche hat sich also im Bewußtsein ihrer hohen Verantwortung auch in der Sklavenfrage ein erstes und höchstes Verdienst erworben.

4. Die Sklavenfrage und das Völkerrecht.

Vom erwähnten Kongreß in Brüssel an, d. h. seit 1889, war die Sklavenfrage ein Problem des *Völkerrechts.* Zwar hatten sich schon frühere internationale Kongresse mit der Frage beschäftigt. So hatte der Wiener Kongreß durch eine Erklärung vom 8. Februar 1815 den Handel mit Negersklaven als eine Verletzung der Grundsätze der Menschlichkeit und der allgemeinen Moral bezeichnet. Weitere Vorstöße in diesem Sinne erfolgten auf den Kongressen in London 1817

[1] Ad Episc. Rubic in Guim. 7. Oktober 1462.
[2] 22. April 1639.
[3] Ad antist. Bras. 20. Dezember 1741.
[4] Encycl. « In Supremo ». 3. Dezember 1837.
[5] Encycl. « In plurimis ». 5. Mai 1888.
[6] Vgl. *Castelein,* Droit nat. 130.
[7] Vgl. Lexikon für Theologie und Glaube, « Sklaverei ».

und 1818, Aachen 1818, Verona 1822 und am 20. Dezember 1841, wobei England überall an der Spitze stand [1].

Durchschlagende Bedeutung hatte indes erst der erwähnte Kongreß von Brüssel im Jahre 1889. Er wurde in seinen Generalakten vom 2. Juli 1890 ratifiziert [2]. Folgende Mächte stimmten ihm zu: *Deutschland, Österreich-Ungarn, Belgien, Dänemark, Spanien, Kongostaat, Vereinigte Staaten, Frankreich, Großbritannien, Italien, Niederlande, Persien, Portugal, Rußland, Schweden, Norwegen,* die *Türkei* und *Zanzibar.* Später traten auch *Liberia* und der *Oranje-Freistaat* noch bei [3].

Inhaltlich wird in der Vereinbarung, die 100 Artikel umfaßt, überall dem Sklavenhandel der schärfste Krieg angesagt und die Sklavenjagd zu Wasser und zu Land und im häuslichen Betrieb durch wirksame Mittel überwacht und bestraft. Die Seehafenplätze werden überall überwacht, die Kriegsschiffe haben das Recht, verdächtige Schiffe anzuhalten und zu untersuchen, Fehlende zu bestrafen, Schiffe zu sequestrieren usw. Das alles konnte seine Wirkung nicht verfehlen [4].

In seiner Antisklaven-Enzyklika vom 5. Mai 1888 hat der große Leo XIII. auf den tiefsten Grundirrtum hingewiesen, aus dem diese schreckliche Gottesgeißel entstand: man hatte der *gemeinsamen Menschennatur und Menschenwürde und Gottebenbildlichkeit vergessen* [5].

5. Die Sklaverei und Thomas von Aquin.

Thomas berührt unser Problem wiederholt [6]. Klassisch ist indessen II-II 104 a. 5, wo er die Sklavenfrage eigentlich ex professo einer Prüfung unterzieht, zu der IV. Sent. d. 36 wichtige Ergänzungen gibt.

Wie faßt der Aquinate den Begriff der Sklaverei auf? Was fällt unter Menschen nie unter die Herrschaft des einen oder anderen? Welches ist der tiefste Grund des Kampfes gegen die Sklaverei? Worin liegt das Ideal der gesellschaftlichen Beziehungen unter den Einzel-

[1] Vgl. *F. von Liszt,* Das Völkerrecht (11. Aufl.) § 37, S. 255.

[2] Das. 256.

[3] Das.

[4] Das. 257-258.

[5] « Nulla ratione habita neque communis naturae, neque dignitatis humanae neque divinae impressae similitudinis. »

[6] I-II 94, 5 ad 3; II-II 10, 10; 104, 5-6; 81, 1 ad 3; 183, 4; IV. Sent. d. 36 q. 1 ss. In I. Cor. c. 7 lect. 4.

menschen ? Das sind die Fragen, die Thomas hauptsächlich in Erwägung zog. Sie behandeln die Sklavenfrage erschöpfend.

Voraussetzung zur Lösung all dieser Fragen sind für den Aquinaten die Thesen : der göttliche Wille ist oberste Regel alles sittlichen Handelns ; der menschliche ist ebenfalls ein Maßstab, aber ein sekundärer [1], weil dem ersteren in allem unterworfen [2], da Gott Urheber und Herr von Leben und Tod ist [3].

I. **Begrifflich** ist sowohl das Leben des Sklaven wie das des Freien ein *bleibender Tätigkeitsstand,* kraft dessen der Sklave dauernd « so » oder « so » handeln oder tätig sein muß. Daher der Begriff : « *Sklavenstand* ». Er berührt eminent die *Person,* weil der Sklave im Gegensatz zum Freien nicht sui iuris, sondern alieni iuris ist, nicht Eigenrecht hat, sondern « fremdrechtlich » ist [4]. Die Sklaverei greift also in jedem Falle in persönliche Rechte des Privaten ein. Aber in welchem Sinne ?

II. Das beantwortet die Frage über den **Gegenstand** oder die Materie der Sklaverei. Es gibt unter Privaten eine doppelte Klasse von persönlichen Rechten :

a) Ein Privater kann auf die *äußeren* Tätigkeiten eines anderen Privaten dauernde Rechte erwerben : « in his, quae exterius per corpus sunt agenda. » [5] Ein solches Recht erwirbt er nie aus dem bloßen Naturrecht. Ein solcher Rechtszustand ist an sich immer das Resultat *positiven* Rechtes : « est de iure positivo » [6]. Das ist die Sklaverei, wie sie, des Nutzens wegen, von der *Menschenvernunft* bei den Völkern eingeführt wurde [7]. Sie ist nach Thomas die einzig erlaubte Sklaverei, die bekanntlich zum alten Ius gentium gehörte [8].

b) Unter den persönlichen Rechten aber gibt es solche, *die naturrechtlich absolut unveräußerlich* sind, die ein Privater einem anderen

[1] II-II 104, 1.

[2] II-II 104, 3.

[3] II-II 104, 4 ad 2-3.

[4] « Id videtur ad statum hominis pertinere, quod respicit obligationem personae hominis prout sc. aliquis est *sui iuris* vel *alieni,* et hoc non ex aliqua causa levi vel de facili mutabili, sed ex aliquo permanenti ; et hoc est, quod pertinet ad rationem libertatis vel *servitutis ;* unde status pertinet proprie ad libertatem vel *servitutem* in spiritualibus, sive civilibus. » II-II 183, 1 ; auch 183, 4.

[5] II-II 104, 5.

[6] IV. Sent. d. 36 q. 1 a. 1 ad 3.

[7] I-II 94, 5 ad 3.

[8] II-II 57, 3 ad 2.

Privaten nie entreißen darf, wo es also nie einen Sklavenzustand geben kann. Welches sind diese Rechte ? Kurz gesagt das Recht des Menschen auf sein *eigenes Sein* und die Selbsterhaltung [1]. Dieses Grundrecht, das jedes Sein primär intendiert — « prima intentio naturae », involviert eine Reihe von weiteren Rechten : erstens, das Recht auf die *Seele* als höheren Teil des Menschen [2] ; zweitens, auf den *Leib* als Wesensteil der menschlichen Natur [3] ; drittens das Recht auf alles, was zur *Erhaltung* des eigenen Seins gehört [4], wie essen und schlafen [5] ; viertens auch auf alles, was zur *Erhaltung des Menschengeschlechtes* (species) gehört, d.h. das Recht zu erzeugen [6]. Jeder Sklave hat daher auch das Recht zu heiraten, « wen » und « wie » er will, ohne den Herrn zu fragen [7].

Thomas von Aquin verdammt somit jede *Wesenssklaverei.* Sie ist widernatürlich, und jeder Eingriff eines Privaten auf diesem Gebiete in die Rechte eines anderen Privaten ist naturrechtlich unstatthaft, erklärt er. Es irrt daher jedermann, fährt er fort, der mit Seneca behauptet, daß es ein Eigentumsrecht auf den *ganzen* Menschen gebe [8]. Somit hat Thomas längst vor den *englischen Protestanten* die Sklaverei richtig erfaßt und scharf verurteilt.

III. Aber welches ist der tiefste **Grund,** warum es keine « Wesenssklaverei » geben darf ? Die allen Menschen *gemeinsame Menschennatur* und alles, was zur Natur gehört, die « naturalia ». Warum ? Etwas als Eigentum beanspruchen, heißt etwas *ausschließlich* für sich allein in Anspruch nehmen. Nun aber ist das Wesen, die Natur, allen Menschen *gemeinsam,* also kann sie mit allem, was zu ihr gehört, nie Eigentum eines anderen werden : « sed quantum ad naturalia omnes sunt pares. » [9] Daher gibt es auch bezüglich des körperlichen Wesens keine Unterjochung, kein Dienstverhältnis ; denn jeder hat das unabdingbare Recht, sich *zu erhalten, Nachkommenschaft zu erzeugen,* eine *Ehe* zu schließen oder *Jungfräulichkeit zu geloben :* « quia omnes homines na-

[1] II-II 104, 5.
[2] Ib. ; 122, 4 ad 3.
[3] II-II 104, 5.
[4] II-II 104, 5.
[5] IV. Sent. d. 36 q. 1 a. 2.
[6] Ib.
[7] Ib. u. II-II 104, 5.
[8] Ib.
[9] « Dicendum quod servus est res domini, quantum ad ea, quae naturalibus *superadduntur ;* sed quantum ad *naturalia* omnes sunt *pares.* » IV. Sent. d. 36 a. 2 ad 1.

tura sunt pares. »[1] Sind alle Menschen ihrer Natur nach gleichberechtigt, so kann kein Privater dem anderen gegen seinen Willen dienstpflichtig sein!

Damit hat Thomas scharf den tiefsten Grund markiert, warum es naturrechtlich keine Sklaverei geben kann, die *wesentliche Menschenrechte* beeinträchtigt. Höchstens die Sklaverei im weiteren Sinne ist zulässig. Aber auch sie ist nur eine Folge der ersten Sünde.

IV. Das **Ideal** der gesellschaftlichen Ordnung wäre die Abschaffung und Unterdrückung *jeder Sklaverei*, denn in Christus sind, wie Paulus so oft betont, alle zur Freiheit berufen[2]. Ursprünglich, sagt Leo XIII. so schön, war der Mensch wohl berufen, über die unvernünftigen Lebewesen zu herrschen, nicht aber der Mensch über den Menschen[3].

Die Freiheit ist an sich das *Ideal* sowohl des natürlichen wie des übernatürlichen Menschen. So lehrte Thomas von Aquin schon im 13. Jahrhundert, und seine Stellungnahme wurzelte in einer säkulären Tradition früherer Zeiten.

[1] « Tenetur autem homo homini obedire in his quae exterius per corpus sunt agenda; in quibus tamen secundum ea, quae ad *naturam* corporis pertinent, homo homini obedire non tenetur sed solum Deo, quia omnes homines natura sunt pares, puta in his, quae pertinent ad corporis *sustentationem* et *prolis generationem* ... de *matrimonio* contrahendo vel *virginitate* servanda. » II-II 104, 5.

[2] In I. Cor. c. 7 lect. 4; IV. Sent. d. 36 q. 1 a. 2.

[3] « Noluit nisi irrationalibus dominari, non hominem homini, sed hominem pecori. » Encycl. 5. Mai 1888.

Art. 8.

Das Privateigentum.

Eines der wichtigsten naturrechtlich begründeten Individualrechte ist das Privateigentum. Kollektivbesitz ist immer nur Teilbesitz. Der Privatbesitz schließt jeden Mitbesitzer aus. Er macht das Individuum zum Herrscher über die materiell-zeitlichen Güter und gibt ihm seine Königswürde. Denn nachdem es vernünftig-freie Menschen gibt, gibt es eine zeitliche Herrschergewalt, die auch der Staat zu respektieren hat, weil die Individualrechte naturrechtlich älter sind als die sozialen und die letzteren von den ersteren abhangen ; ohne Individuum gäbe es weder Staaten noch Familien.

Deshalb unterschätzen wir die soziale Bedeutung des Gemeinbesitzes durchaus nicht. Ausschließliches Privateigentum und ausschließliches Gemeineigentum sind zwei Extreme. Die Synthese beider : Privatbesitz und Gemeinbesitz, dürfte das Richtige sein. Der altgermanische Gedanke vom Gemeinbesitz, der in unsern schweizerischen Gemeinalpen, Gemeinkorporationen usw. fortlebt, hat auch sein Gutes. Er fördert den Gemeinsinn, ist Schutzmauer gegen Pauperismus und Kapitalismus. Mäßiger Privatbesitz und Gemeinbesitz miteinander verbunden, dürfte das Ideal der Wirtschaftsform darstellen. Das entspricht genau der menschlichen Doppelnatur, die sowohl *persönlich-individuell* wie auch *sozial* ist [1].

Damit haben wir auch den zutiefst naturrechtlichen Gedanken berührt, der Grundlage unserer weiteren Erörterungen sein wird, und der für die Lösung des Problems leider sehr selten in Betracht gezogen wird.

Die Rechtfertigung des Privateigentums ist ein dornenreiches Unterfangen, zumal in unserer Zeit, in welcher hemmungsloser Großkapita-

[1] I 96, 4 ; II-II 109, 3 ad 1.

lismus erbarmungswürdiger Verarmung gegenübersteht. Wir wollen versuchen, folgende Punkte zu erörtern : die *Gegner* des Privateigentumsrechts, den *Begriff* desselben, seine *unantastbare Gültigkeit*, seine *äußeren Schranken* und endlich seine *Rechtfertigung*.

1. Die hauptsächlichsten Gegner des Privateigentumsrechts.

Zu den Gegnern des Eigentumsrechts rechnen wir zwei Klassen : solche, die das Eigentumsrecht schlecht begründen und andere, welche seine Berechtigung offen, direkt oder indirekt, leugnen. Jeder, der eine These schlecht begründet, ist eo ipso, wenigstens objektiv, ein Gegner derselben.

Es sind vorzüglich vier Lösungsversuche, die das Eigentumsrecht schlecht begründen :

I. Die *Persönlichkeitstheorie*. *H. Ahrens* [1], *J. Stahl* [2] und *Bluntschli* [3] betrachten das Eigentumsrecht einzig und allein als direkten Ausfluß der Persönlichkeit. Hier ist das Eigentum bloß eine notwendige Ergänzung der Persönlichkeit, gehört zu ihrer Entfaltung.

Indes vernachlässigt diese Auffassung die *soziale* Natur des Menschen und betont nur die individuelle. Die Person, ut sic, schließt sogar jede Beziehung zu andern aus.

II. Die *Vertragstheorie*. *Hugo Grotius* [4] und *Pufendorf* mit anderen führten die Berechtigung des Eigentums auf einen Vertrag zurück, den die Menschen in frühesten Zeiten, ausdrücklich oder stillschweigend, abgeschlossen haben sollen : einen Teil von Grund und Boden zu verteilen, also privatim zu besitzen, den übrigen dem zu überlassen, der zuerst Besitz davon ergriffe.

Allein, erstens haben wir absolut kein historisches Zeugnis von einem solchen Urvertrag. Es gab im Gegenteil immer Privateigentum. Sodann, woher hatten jene angeblichen ersten Kontrahenten das Recht, Verträge zu schließen und Güter als « eigene » zu verteilen ? Auch hier wird das Privateigentumsrecht schon vorausgesetzt.

[1] Naturrecht, II § 74 S. 134.

[2] Vgl. *Bernard Kälin* O. S. B., Ethik (Sarnen 1945) S. 182 ; *Cathrein*, Moralphil. II 1.

[3] Staatswörterbuch, « Eigentum ».

[4] De iure belli et pacis, II c. 2 § 2 n. 5.

III. Die sogenannte *Legaltheorie.* Sie wurde schon von *Hobbes*[1], später von *A. Wagner*[2] und *Montesquieu*[3] vertreten. Eigentlich waren alle Rechtspositivisten mit den Idealisten, wie Fichte und Kant, welche den Staatszwang zur Quelle jeglichen peremptorischen Rechts machten[4], Anhänger dieser Theorie. Für sie alle kann nur der Staat, der ja die Quelle jeden Rechts ist, auch Quelle des Eigentumsrechts sein. Das ist logisch. Allein in Wahrheit sind die Individuen, ohne die es keinen Staat gibt, früher als der Staat und folglich stehen auch die Individualrechte höher. Und woher hätte der Staat seine Rechte, wenn es keine soziale Menschennatur gäbe ? Die Legaltheorie setzt sowohl die individuelle als auch die Sozialnatur voraus.

IV. Die sogenannte *Arbeitstheorie,* die *John Locke*[5] schon verfochten hat. Sie baut das Eigentumsrecht auf den Satz auf : *Jeder hat das Recht auf die Frucht seiner Arbeit,* also auch auf Privateigentum. Aber hier ergibt sich die Frage : Warum hat jeder ein Recht auf die Frucht seiner Arbeit, wenn es keine ihm *gehörende* Arbeit gibt ? Und letzteres gibt es nur, wenn es eine *Individualmenschennatur* gibt. Auch da wird das Eigentumsrecht schon vorausgesetzt.

Aus dem soeben Gesagten erhellt, daß man ohne Anerkennung des Naturrechts die Berechtigung des Privateigentums nicht beweisen kann. Alle obigen Lösungsversuche sind Zirkelschlüsse, in denen das Recht auf Eigentum vorausgesetzt wird, um das Recht auf Eigentum zu begründen.

Der **prinzipielle Gegner** des Privateigentumsrechts ist der *Kommunismus.* Wer ist Kommunist ? Im strengsten Sinne des Wortes nur der, welcher *jedes Recht* auf Privateigentum bestreitet. Wer also das Recht auf Privateigentum nicht bestreitet, aber freiwillig auf dieses Recht verzichtet, wie es die ersten *Christen* und die Ordensgenossenschaften taten, ist durchaus nicht Kommunist. Der Kommunismus ist eine *Rechtsfrage. Christus* als Kommunisten zu bezeichnen, ist die größte Verleumdung, da er das siebente Gebot mit dem ganzen Dekalog bestätigte und einschärfte. Und die *Kirche* hat schon im Mittelalter die Albigenser und Fraticelli nur verurteilt, weil sie das *Recht* auf Privateigentum bestritten. Selbstverständlich und a fortiori sind

[1] Leviathan. c. 24.
[2] Grundlegung, 2. Teil § 102 (3. Aufl.).
[3] Esprit des lois, XXVI c. 15.
[4] Vgl. *Cathrein,* II 285.
[5] Das.

jene keine Kommunisten, die sowohl für das Recht auf Privateigentum als auch für Gemeinbesitz eintreten. Das ist auch unsere These.

Der Kommunismus hat im Laufe der Zeiten Wandlungen durchgemacht, indem er den Satz : Es gibt kein Recht auf Privateigentum, bald mehr, bald weniger entschieden verfocht. Dabei ist das Recht auf *Produktionsgüter :* Fabriken, Maschinen, Boden, Kraftwerke, Banken, von ausschlaggebender Bedeutung, da sie das *stabile* Privateigentum sichern [1]. *Plato* gilt als Vertreter des Kommunismus, insofern er dem Kriegerstand und dem Herrscherstand der Philosophen das Recht auf Privateigentum bestritt, dasselbe Recht aber dem Nährstand zusprach [2]. Ihn bekämpfte bekanntlich Aristoteles. Darauf werden wir zurückkommen. In der Folgezeit trat der Kommunismus in den verschiedensten Formen auf, die wir hier nur kurz streifen wollen. Der *negative* Kommunismus : Alles gehört allen und jedem, erwies sich sehr bald als absolut unhaltbar. Mehr Erfolg hoffte man mit dem *positiven* Kommunismus zu haben, der das Gemeinwesen ganz oder teilweise zum einzigen Träger der materiellen Güter macht [3]. Die ältern Kommunisten, wie *Owen* und *Cabet*, betrachteten das Gemeinwesen als Träger aller Güter und galten daher als *extreme* Kommunisten. Andere, gemäßigtere, bekämpften wenigstens den Privatbesitz von *Produktionsgütern*, nicht aber den von Genußgütern. So der Russe *Bakunin* († 1876). Man nannte diese Kommunisten auch « Anarchisten », weil sie, als Gegner jeder staatlichen Zentralregierung, die Gemeinde- und Arbeitergenossenschaften zu Trägern aller politischen und wirtschaftlichen Autorität machen wollten [4].

Dem Lehrinhalt nach kommunistisch ist auch der *Sozialismus*, der übrigens vom Kommunismus nicht so leicht zu unterscheiden ist. Nach Bernard Kälin will der Sozialismus im engern Sinne die Gütergemeinschaft nur auf die Produktionsgüter ausdehnen ; der Agrarsozialismus tritt noch für eine weitere Einschränkung ein, indem er von den Produktionsgütern nur den *Boden* sozialisieren möchte [5].

Jedenfalls erstrebt der Sozialismus die *Herrschaft* der demokratisch organisierten *Gesellschaft*, wie auch sein Name besagt. Kollektivistischer Massenbetrieb gilt als Devise für alle Unternehmungen, für Arbeitsweise,

[1] Vgl. *Cathrein*, II 123.
[2] Vgl. *Kälin*, Ethik, 167.
[3] Vgl. *Cathrein*, II 121.
[4] Das. 122.
[5] *Kälin*, Ethik, 166. Dazu auch *Cathrein*, II 123.

Organisation und Erfolge. Ein Moderner (Haushofer) hat den Sozialismus definiert als eine « Gesamtheit von Bestrebungen, die das wirtschaftliche Leben in der Hauptsache zu einer gemeinsam geregelten Tätigkeit des gesellschaftlichen Körpers machen will » [1]. Die Sozialisten bezeichnen häufig *Thomas Morus* als Vorkämpfer ihrer Ideen, da er in seiner « Utopia » (1515) von gemeinsamer Arbeit, Arbeitspflicht ohne Privateigentum und Geld, spricht. Tatsächlich ging es Morus nur um die Geißelung von Mißständen [2]. Ein Vorläufer des Sozialismus war *Campanella* mit seinen in der « Civitas solis » (1620) proklamierten Thesen : keine Ehe, kein Privateigentum, Kinderzüchtung, Gütergemeinschaft. Berühmt ist der Ausspruch von *P. J. Proudhon :* « Sondereigentum ist Diebstahl. » [3] Wesentlich auf dem gleichen Boden steht, obwohl sie es bestreitet, auch die sogenannte *Freiwirtschaftslehre* von *Silvio Gesell* und Prof. *Ude*, nach welchen sämtlicher Grund und Boden mit seinen Schätzen (Kohle, Erze, Wasserkräfte) dem Staate gehörten, « Freiland », von dem die Bauern Stücke pachten sollten [4].

Wir gehen hier auf die verschiedenen Formen des Sozialismus nicht ein, sondern nennen nur die Hauptführer : *Karl Marx, F. Lasalle, Louis Blanc, Bebel, F. Engels, W. Liebknecht, Kautsky, Vollmar, E. Bernstein ;* in Rußland : *Lenin, Trotzki, Stalin* [5].

2. Begriff des Eigentumsrechts.

Hier ist eine allgemeine Abklärung notwendig.

Unsere thomistische Weltanschauung ist *theozentrisch*, d. h. sie führt alles auf Gott zurück und begründet zwar alles aus der Sinneserfahrung, steigt aber vom Allgemeinen zum Besonderen herab. Die Lösung zweier Vorfragen wird zur Klärung der Begriffe beitragen. Ihr wollen wir dann die Definition des Privateigentumsrechtes anfügen.

1. Da das Privateigentumsrecht eine « Herrschaft » besagt, wie verhält sich der Eigentümer zum *Allherrscher* ?

2. Da die menschliche Privatrechtsherrschaft nur eine Unterart der menschlichen Herrschaftsrechte ist, wie verhält es sich zur menschlichen Herrschaft im *allgemeinen* ?

[1] « Der moderne Sozialismus », 1896, S. 3. Vgl. *Eisler*, « Sozialismus ».
[2] *Kälin*, Ethik, 168.
[3] Vgl. *Castelein*, Droit nat. 162 ff. ; *Cathrein*, Moralphil. II 121.
[4] *Ude*, das. 188 ff. ; *Kälin*, das.
[5] Vgl. *Jos. Gredt*, Elementa phil. n. 993.

Die **tiefste Wurzel** aller menschlichen Herrschaftsrechte, so sagt Thomas [1], ist die *Gottebenbildlichkeit* der menschlichen Natur. Daraus ergibt sich die Beziehung des Menschen zum Allherrscher. Weil der Mensch als vernünftiges, freies Wesen dem *Urbild* des Allherrschers in besonderer Weise nachgebildet ist, ist er « mit » und « durch » seine Freiheit auch Herrscher, nimmt teil an der Allherrschaft Gottes [2]. Leugnet man die Gottebenbildlichkeit des Menschen, so ist das ganze menschliche Herrscherrecht seiner Grundlage beraubt. Wir betonen schon hier : Die rationale, freie Menschennatur hat zwei Seiten : eine *individuelle*, weil sie immer in einer Person, sui iuris et alteri incommunicabilis real existiert ; dadurch ist die Person im Menschen Träger aller Herrscherrechte. Sie ist aber auch *sozial*, weil unsere Natur kraft ihrer Vernünftigkeit das Allgemeine (universale) nicht nur erkennt, sondern auch will. Sie ist also gleichzeitig auf das *Privatwohl* wie auch auf das *Gemeinwohl* hingeordnet [3]. Es muß demnach zwischen beiden Interessensphären eine Harmonie gefunden werden. Das ist von grundlegender Bedeutung.

Damit haben wir auch schon die zweite Frage über das *allgemeine Herrscherrecht* des Menschen umgrenzt. Es reicht so weit, als die vernünftig-freie Menschennatur reicht, die den Menschen vom Tiere unterscheidet, wie Cajetan gesagt ; denn das Tier genießt zwar auch äußere Lebensgüter, beherrscht sie aber nicht [4]. Indes, bestimmen wir das allgemein menschliche Herrscherrecht noch etwas genauer, und zwar sowohl nach seiner subjektiven als auch objektiven Seite. Doch stellen wir zuerst die Frage *negativ:* über was herrscht der Mensch nie ? und dann *positiv:* was steht in seiner Macht ?

a) *Negativ.* Der Mensch besitzt kein unbeschränktes Herrscherrecht über sein eigenes *Sein* [5]. Was will das sagen? Er hat keine Gewalt über seine Wesenheit und seine Tätigkeitsprinzipien. Verstand, Wille und Leben sind ihm von Gott, dem Allherrscher, gegeben. Daran kann er nichts ändern. Auch das höchste objektive *Ziel* ist ihm gegeben, denn er strebt naturnotwendig nach der Glückseligkeit, dem bonum

[1] II-II 66, 1.
[2] Dazu *Alex. Horváth* O. P., Das Eigentumsrecht nach dem hl. Thomas von Aquin (Graz 1929) S. 55.
[3] De Regimine princ. l. I c. 1.
[4] *Cajetan*, Comm. in II-II 66, 1.
[5] II-II 66, 1 u. ad 3 ; III. C. G. 23 ; *Cajetan*, ib.

commune [1]. Hier überall gibt es für ihn keine Freiheit und Herrschergewalt.

b) *Positiv*. Die menschliche Herrschergewalt erstreckt sich somit auf die *Tätigkeitsordnung*, und zwar :

α) Nach der *subjektiven* Seite herrscht der Mensch durch Verstand und Wille über seine inneren Tätigkeiten, insofern sie *überlegte, freie* Akte sind, die er nach Gutdünken ändert, und über die äußern, soweit der Wille durchdringt [2].

β) Nach der *objektiven* Seite trifft der Mensch selbständig und eigenmächtig die Wahl seines konkreten Zieles [3] : er entscheidet sich für Gott, Reichtümer [4] oder andere Güter und wählt die Mittel zum gesteckten Ziel [5].

Damit sind wir beim *Eigentumsrecht* angekommen. Eines, aber nur *eines* unter vielen andern *Mitteln* zum höchsten Ziel ist das Privateigentum : der freie Mensch erwirbt und besitzt *äußere materielle Güter*, um sein Ziel zu erreichen. Naturrechtlich ist der Besitz der materiellen Glücksgüter der Welt nicht *an sich erstrebenswert*, sondern nur als *nützliches Mittel zum Ziele*, dem bonum universale, das jedoch in ihnen nicht seine Erfüllung findet, weil sie nur Partialgüter sind. Diese Auffassung errichtet einen festen Damm gegen jeden *unersättlichen Kapitalismus*. So wagen wir es, dem Privateigentumsrecht folgende *Definition* zu geben : Es ist **eine Herrschervollmacht, kraft deren ein Einzelmensch ein zum wahren Ziele nützliches äußeres Gut erwerben, ausschließlich besitzen und voll und ganz nach Belieben verwalten kann.** Die Definition bedarf einer genauern Erklärung.

1. Das Privateigentumsrecht ist eine wirkliche **Herrschervollmacht**. Der Aquinate nennt sie eine « facultas », eine « potestas » des Besitzenden über äußere Güter, die er beherrscht [6].

2. Der Grund der Herrschaft liegt in der *rationalen, freien* Menschennatur des **Einzelnen,** die *individuell* in jeder Person als Träger existiert, aber zugleich *sozial* ist, weil potenziell auf das « Universale » = Gemeinschaft, hingeordnet. Somit fließt das Eigentumsrecht tatsächlich aus

[1] I 82, 1 ; I-II 1, 2 ad 1.
[2] II. Sent. d. 24 q. 3 a. 2 ; I-II 1, 1 ; 6, 2 ad 2 ; De Verit. q. 26 a. 6 ; I-II 19, 8.
[3] III. Sent. d. 33 q. 2 a. 3.
[4] I-II q. 2 a. 1-8.
[5] III. Sent. d. 33 q. 2 a. 3.
[6] II. Sent. d. 24 q. 1 a. 1 ad 2.

der *Natur* des Menschen, ist *naturrechtlich* begründet. Alles Eigentum, das gegen das Naturrecht verstößt, ist also überhaupt kein Eigentum, weil nicht rechtlich begründet. Auch der *Staat* ist an dieses Grundgesetz gebunden. Ist doch sein Existenzrecht in der Sozialnatur des Einzelmenschen begründet. Zwar bedarf der Einzelmensch des Staates [1]; aber die Individualrechte stehen höher als die des Staates, und ohne Individuen gäbe es überhaupt keinen Staat.

3. Wir redeten in der Definition von einem **« zum wahren Ziele nützlichen Gute »**. Da die äußern materiellen Güter nicht an sich erstrebenswert sind, sondern einzig als *nützliches, notwendiges Mittel* zum Ziele, so haben sie nur Wert, insofern sie *wirklich zum Ziele führen.* Es gilt hier der Satz : Die Wahl der Mittel sei zielentsprechend, « servato ordine finis » [2]. Geht also Privatbesitz über die Grenzen des Notwendigen oder Nützlichen hinaus, dann entsteht sofort die *soziale* Pflicht andern gegenüber, sei es zum *Almosen* [3] oder andern sozialen Werken. *Wem* und *wie* der Besitzer den Besitz zuwenden will, ist zwar seine Sache, vorausgesetzt, daß nicht jemand in größter Not ist oder die öffentliche Autorität Vermögensabgaben usw. vorschreibt. Alles *zweckwidrige Eigentum ist ungerecht.* Verfolgen wir diesen Gedanken noch weiter. Weil die Menschennatur zwei Seiten hat, eine individuelle und eine soziale, gibt es auch ein Doppelziel des Privateigentums : das *Privatwohl* und das *soziale Wohl.* Sie widersprechen einander nicht, wenn die richtige Unterordnung stattfindet. An sich steht das bonum commune höher als das bonum privatum, wenn es sich um Güter *gleicher Ordnung* handelt [4]. Wo immer also das öffentliche Wohl die Unterordnung des Persönlichen verlangt, soll es geschehen, denn das ist auch wieder im Interesse des Einzelnen [5]. So ist das wahre Ziel des Staates und des Individuums das Wohl aller [6]. Sozialwidriges Privateigentum ist eo ipso nicht gerecht, wie es auch zu verurteilen wäre, wenn der Staat unveräußerliche Rechte des Einzelbürgers antasten wollte. Auch das gehört zum Begriff des Privatbesitzes.

[1] De Regimine princ. I c. 1.

[2] « Unde, quod liberum arbitrium diversa eligere possit, servato ordine finis, hoc pertinet ad perfectionem libertatis eius ; sed quod eligat aliquid divertendo ab ordine finis, quod est peccare, hoc pertinet ad defectum libertatis. » I 62, 8 ad 3.

[3] II II 66, 2 ; 66, 7.

[4] II-II 152, 4 ad 3.

[5] II-II 47, 10 ad 2.

[6] II-II 58, 9 ad 3.

Der oft zitierte Grundsatz : « Privateigentum ist gerecht, wenn es die Schranken der Rechtsordnung nicht verletzt[1] » ist unklar und vieldeutig, weil man nie weiß, welche « Rechtsordnung » eigentlich gemeint ist, etwa die kommunistische oder materialistische usw.

4. Mit den Worten : **« erwerben, besitzen und voll und ganz nach Belieben verwalten »**, wollten wir den *Inhalt* des Eigentumsrechts bestimmen. Mit Ausschluß eines jeden andern hat der Eigentümer die tatsächliche Verfügungsmacht : Besitz, Gebrauch, Fruchtgenuß, Änderung, Trennung ; er kann das Eigentumsobjekt verkaufen, verschenken, verpachten, leihen usw. Thomas definiert das Eigentumsrecht als Macht, etwas zu erwerben und zu verwalten : « potestas procurandi et dispensandi »[2]. Anderwärts betont schon er scharf die *Unantastbarkeit* der Verfügungsfreiheit über die besessene Sache : « possidere est habere rem ad nutum ; et hoc est illud, in quo nullum defectum patitur »[3]. Sicherlich besagt jenes « ad nutum » nicht Willkür, denn « Willkür » ist kein Recht. Es unterliegt auch keinem Zweifel, daß nach Thomas das Eigentumsrecht ein wirkliches Herrscherrecht bedeutet. Aber ist es schrankenlos? Damit berühren wir eine berühmte Streitfrage.

3. Ist das Eigentumsrecht schrankenlos ?

Von jeher galt das Eigentum fast als eine « res sacra ». Selbst die berühmte Constituante vom 20. August 1789 proklamierte in ihrer « Déclaration des droits de l'homme et du citoyen » die Idee des Eigentums als etwas Heilig-Unantastbares, als eine Sache, über die man nach « Belieben » (à son gré) herrscht[4]. Das klingt wie das « ad nutum » des Aquinaten. Auch *A. Trendelenburg* sagt : « Aus dem Begriff des Eigentums folgt *unbeschränkter* Anspruch an der Sache, die Eigentum ist. »[5] Für *Castelein* ist das Recht auf Eigentum ein *angeborenes, nie verjährendes* Naturrecht : « un droit inné et imprescriptible »[6], und diese

[1] Dieser Formulierung bedienen sich viele, so *Cathrein*, Moralphil. I 114 ; auch *Eugen Huber*, « Recht und Rechtsverwirklichung », S. 75. Ebenfalls *E. Eigenmann*, « Die öffentlich-rechtliche Beschränkung im neuen schweiz. Agrarrecht », Freiburg 1944, S. 35-49.

[2] II-II 66, 2.

[3] De Verit. q. 7 a. 7 ; II. Sent. d. 24 q. 1 a. 1 ad 2.

[4] Vgl. *Konrad Fehr*, Grundfragen eines bäuerlichen Bodenrechts, Zürich 1943, S. 12 ; *Eigenmann*, l. c. S. 48.

[5] Naturrecht, § 95 S. 173.

[6] Droit nat. S. 127.

These vertraten nach ihm Leo XIII., der hl. Thomas, überhaupt alle großen Scholastiker, ein Soto, Lessius, Suarez [1].

Einige hervorragende Juristen kennen kein schrankenloses Privateigentumsrecht. So Prof. *Tuor* in seiner Einleitung zum schweiz. Zivilgesetzbuch. Doch verleiht auch nach ihm das Eigentum die vielseitigste und weitreichendste rechtliche Herrschaft, die über eine Sache überhaupt möglich ist. [2] Nach *Haab* hat auch das Privateigentumsrecht seine Grenzen. Zu Art. 641 des ZGB. schreibt er : « Wer Eigentümer einer Sache ist, kann in den Schranken der Rechtsordnung über sie nach seinem Belieben verfügen. » [3] Er protestiert daher gegen ein « absolutes » Eigentumsrecht. Doch ist es immerhin das « umfassendste » Herrschaftsrecht an einer Sache [4]. Für extrem individualistisch und daher schrankenlos hielt man das *Römische Recht* bezüglich des Eigentums. Dagegen hat *Fritz Schulz* protestiert, indem er aufzeigt, daß es Schranken gelten ließ. « Nicht der römische Eigentumsbegriff ist individualistisch gestaltet », so sagt er, « sondern die römische Eigentumsrechtsordnung. » [5] *Eugen Huber* verweist auf die beiden extremen Ansichten und brandmarkt die Ansicht jener, die da meinten, der Eigentümer könne sein Eigentum in den Bach werfen oder einem Hunde an den Schwanz binden, wenn es ihm beliebte [6]. *Franz Jenny* [7] bekämpft die Ansicht von Windscheid und Rabel, die behaupten, der römische Eigentumsbegriff sei absolut starr und schrankenlos gewesen. Dagegen haben seiner Ansicht nach schon Ihering und Dernburg mit Recht protestiert. Erst das 19. Jahrhundert hat den individualistisch-schrankenlosen Eigentumsbegriff geschaffen [8].

Wie ist diese juristische Streitfrage zu lösen ? Dazu sind wir offenbar wenig kompetent. Aber vielleicht ist die Frage im Grunde gar keine juristische, sondern eine eminent philosophische, sogar metaphysische ? *Franz Jenny* hat das angedeutet [9]. Wir erklären uns.

Daß man das Recht auf Privateigentum so außerordentlich scharf

[1] Das. 258-259. [2] ZGB. S. 448.

[3] Kommentar zum ZGB. IV, Sachenrecht, erste Lieferung (1929), S. 38.

[4] Das. 41-42.

[5] Prinzipien des Römischen Rechts. München-Leipzig 1934, S. 102-105.

[6] Recht und Rechtsverwirklichung, S. 140.

[7] Wandlungen des Eigentumsbegriffes. Zeitschrift für schweiz. Recht, Bd. 51 (1932), Heft 1, S. 30.

[8] Das. S. 32.

[9] L. c. S. 24. Jenny hat angedeutet, daß der Begriff « Eigentum » als *metaphysisch-unveränderlich* gefaßt werden könne.

betont, dafür sprechen in erster Linie *praktische* Gründe : vor allem die gewaltige Bedeutung des Privatbesitzes für die Erhaltung der Familie und des Staates ; die wuchtigen Anfeindungen der Kommunisten und Sozialisten ; das jedem Menschen angeborene Verlangen, *etwas sein eigen* nennen zu dürfen. Allein diese praktischen Gründe erklären die Kontroverse nicht restlos. Die Schrankenlosigkeit des Eigentumsrechts hat, wie angedeutet, einen *metaphysischen* Hintergrund. Jeder Begriff ist seinem « Wassein » nach, wenn er wahr ist, unbeschränkt, denn die Wesenheiten (essentiae rerum) sind negativ unendlich, also schrankenlos. Ich kann den Begriff Mensch als vernünftiges Sinneswesen ebenso wenig ändern wie die Zahl 2 und 3, etwa so, daß 2 = 3 wäre. Das betonen wir dem *Evolutionismus* gegenüber. Auch letzterer muß zugeben, daß « Leugnen » nicht « Nichtleugnen » ist, sonst leugnet er sich selbst. So ist « Recht » eben Recht und nie « Nichtrecht ». Und daher ist das Privateigentumsrecht negativ unendlich = schrankenlos. In diesem Sinne war schon der römische Rechtsbegriff « starr », weil metaphysisch unveränderlich. Jeder Rechtsbegriff muß also schrankenlos sein.

Darum bestreiten wir, daß es *immanente* Schranken des Eigentumsrechts oder irgend eines Rechtsbegriffes geben kann, wie einige Autoren behaupten [1]. Es gibt zwar *äußere* Schranken. Davon wird noch die Rede sein. Aber innere, d. h. immanente Schranken eines Begriffes gibt es nicht. Warum? *Weil die Schranke das, was beschränkt wird, also die Wesenheit, schon voraussetzt* [2]. Auch die Rechte Dritter sind keine *inneren* Schranken, denn Recht ist überhaupt nur Recht, wenn es die Rechte Dritter nicht verletzt.

Es ist interessant, daß alle schweiz. Kantone, außer Tessin, die Rechtsgültigkeit des Privateigentums ausdrücklich garantieren. So Zürich K. V. 4, Bern K. V. 89, Luzern K. V. 9, Uri K. V. 10, Schwyz K. V. 13, Nidwalden K. V. 15, Obwalden K. V. 7, Glarus K. V. 8, Zug K. V. 11, Freiburg K. V. 12, Solothurn K. V. 15, Baselstadt K. V. 5, Baselland K. V. 9, Schaffhausen K. V. 19, Appenzell A. Rh. K. V. 4, Appenzell I. Rh. K. V. 4, St. Gallen K. V. 31, Graubünden K. V. 9, Aargau K. V. 22, Thurgau K. V. 11, Waadt K. V. 6, Wallis K. V. 6, Neuenburg K. V. 8, Genf K. V. 6 [3].

[1] So *Ernst Eigenmann* in seiner sonst ganz vortrefflichen Diss. l. c. 13-14. Die Zweckverbindung des Eigentumsrechts ist keine Schranke. Sie gehört zum Wesensbegriff des Rechtes.

[2] IV. Sent. d. 22 q. 2 a. 3 ; De Pot. q. 9 a. 4.

[3] Vgl. *Eigenmann*, das. 16 [1].

Das geschah, um die absolute, unantastbare Rechtsgültigkeit des Privateigentums zu schützen und zu betonen. Und alles das, obwohl das Eigentumsrecht an sich schon natur- und völkerrechtlich garantiert ist!

4. Die wahren Schranken des Privateigentumsrechts.

Aus dem Gesagten geht hervor, daß es für das Privateigentumsrecht nur *äußere* Schranken gibt. Was will das besagen? Da *inhaltlich* jedes Recht unveränderlich dasselbe bleibt, denn Recht ist immer Recht, der Wesensbegriff bleibt immer uneingeschränkt derselbe, kann auch das Privateigentumsrecht nur *materiell*, d. h. von Seite seines *materiellen Objektes*, von Seite der *besessenen zeitlichen Güter*, d. h. in seiner *Anwendung* auf die äußern Glückgüter mehr oder weniger Beschränkungen unterworfen sein. Solcher Beschränkungen gibt es viele.

I. Materiell ist das Eigentumsrecht schon deshalb beschränkt, weil es unter verschiedenen menschlichen Herrschaftsrechten nur *eines* ist, nämlich das auf den Privatbesitz äußerer Güter. Diese Schranke ergibt sich somit allgemein aus der Natur des **Privatbesitzes**, der nie *geistige*, sondern nur materielle Güter betreffen kann. So stellt Thomas die Frage formell richtig: « utrum naturalis sit homini possessio *exteriorum rerum*. » [1]

II. Eine weitere materielle Einschränkung erfährt das Eigentumsrecht durch das absolute Herrschafts- und Eigentumsrecht Gottes, dem allein das « dominium altum » zukommt, während der Mensch vor Gott nur « Verwalter », « Lehensträger », und zwar *verantwortlicher* Verwalter ist, wie Thomas im Einklang mit den Kirchenvätern betont [2]. Das ist der gewaltigste Damm gegen jeden Mißbrauch zeitlicher Güter. Wie schlecht daher alle jene beraten waren, die ihren Einfluß geltend machten, um in weiten Kreisen den Glauben an Gott zu untergraben, ergibt sich von selbst. Sie haben den größten *Diebstahl am Volke* begangen und haben kein Recht, über den ungerechten Kapitalismus zu klagen. Unter den Schuldigen sind Regenten, Volkskammern, Volkserzieher und Arbeiter; sie zählen nach Hunderttausenden.

III. Eine andere materielle Beschränkung besteht darin, daß der Besitz von Gütern soweit berechtigt ist, als er zur Erreichung des

[1] II-II 66, 1.

[2] Ib.

wahren Zieles nützlich ist. Tritt also *Überfluß* ein, so erwachsen dem Besitzenden Pflichten gegenüber dem Gemeinwohl. Es gibt daher eine Verpflichtung zum *Almosen* [1], zu gemeinnützigen *öffentlichen Werken*, wie schon Leo XIII. betonte [2]. Das gibt dem Staate auch das Recht, *Steuern* zu erheben. Das berechtigt auch zu *Progressivsteuern*, begründet das individuelle und öffentliche *Notrecht* [3]. In Zeiten größter Not wird man dem Staate auch das Recht auf Vermögensabgaben nicht absprechen, nachdem Pius XII. von *Enteignungen* gesprochen hat [4].

IV. Zu der materiellen Beschränkung des Privateigentums gehört nicht bloß die ursprüngliche *Divisio bonorum* [6], sondern auch jede Beschränkung des Besitzes durch gerechte *positive Gesetze* und gerechte *Gerichtsurteile*, die sich auf die äußern materiellen Glücksgüter beziehen [5]. Alle diese positiven Entscheidungen setzen dem Besitze materieller Güter Schranken. Das war auch die Auffassung der Römer, die für das Grundeigentum und die Befugnisse des Sklaveneigentümers (die Sklaven waren bekanntlich für sie nur Ware) Beschränkungen festlegten [7]. Das Römische Recht war also nur inhaltlich, d. h. dem Begriffe nach starr und unveränderlich, wie jedes Recht es sein muß, nicht aber materiell, d. h. in der Anwendung auf die materiellen Güter, wie Schulz nachgewiesen hat.

V. Bezüglich eines und desselben Gutes sind verschiedene Beschränkungen des Eigentumsrechtes möglich. Das Eigentumsrecht variiert, je nachdem,

α) ob jemand ein Recht auf eine Sache hat, die er noch nicht besitzt (*ad rem*) oder auf etwas, das er schon besitzt (*in re*);

β) ob jemand nur auf das Ding, nicht aber auf den Nießbrauch ein Recht hat (*dominium imperfectum*) oder auf beides (*dominium perfectum*);

[1] II-II 62, 2.
[2] Encyclica « Rerum novarum ».
[3] II-II 31, 7; 66, 7.
[4] Radiobotschaft vom 1. Sept. 1944.
[5] I-II 94, 5 ad 3.
[6] I-II 105, 2.
[7] Vgl. *Schulz*, Prinzipien des *Römischen* Rechts, S. 103. Das Römische Recht gebraucht bekanntlich vom Eigentumsrecht die termini: « ius utendi et abutendi ». Wie *Sylvius* in seinem Kommentar in II-II 66 q. 1 sagt, bedeutet das « abuti » nicht « mißbrauchen », sondern « verbrauchen ». Dem Mitmenschen gegenüber hat der Mensch übrigens das volle Recht, zu tun, was er will. Gott gegenüber hat er überhaupt kein Recht, vor ihm ist er für jeden Mißbrauch strafbar!

γ) ob er kein Recht auf die Sache, sondern nur auf den *Gebrauch*, die Dienstbarkeit hat. Daraus entstehen dann unter anderem die vielen *Servitute:* Wohnungsrecht, Gartenrecht usw. [1]

Diese Teilrechte sind *wahre Rechte*, aber sie sind materiell, d. h. von Seite des Objektes, ex parte rei possessae, beschränkt. So bleibt auch hier die These bestehen : Inhaltlich, d. h. dem Rechtsbegriffe nach, ist das *Recht immer* unbeschränkt.

Gewiß, unsere ganze Argumentierung beruht auf der Voraussetzung, daß es metaphysisch-unveränderliche Begriffe gibt. Wer das leugnet, mit dem kann man nicht über das Recht auf Privateigentum disputieren. Eine solche Philosophie widerlegt sich allerdings selbst, weil für sie der Begriff « leugnen » ebenfalls wandelbar ist und dasselbe bedeuten kann wie « nicht leugnen ».

5. Die Begründung des Privateigentumsrechts.

Materieller Gegenstand des Privateigentumsrechts sind die äußeren Güter. Über sie hat der freie Einzelmensch Herrschermacht. Sie sind für ihn nützliche, ja notwendige Mittel zum wahren Ziele. Wenn der letztere Satz wahr ist, dann ist das Privateigentumsrecht begründet. Für die Begründung können *innere* und äußere, *historische* Gründe ins Feld geführt werden. Damit ist uns der Plan vorgezeichnet.

a) *Die inneren Gründe.*

Dem Menschen mit seinen Bedürfnissen, Gebrechen, Neigungen und Leidenschaften sind die materiellen Güter als Privatbesitz zur Erreichung seines Zieles nicht bloß nützlich, sondern notwendig. Wir gehen also von der tatsächlichen *Menschenatur* aus. Das ist *naturrechtliche* Argumentation. Es sind drei Momente, die für die erwähnte Notwendigkeit sprechen : die *Arbeit*, die soziale *Ordnung* und der *Friede* [2]. Das sind die drei Grundpfeiler des sozialen Wohles.

I. Die **Arbeit.** Ein Grundpfeiler des öffentlichen sozialen Wohles ist die Arbeit. Sie ist der natürliche Lebensquell für das Individuum, das durch Müßiggang verdirbt, für die Familie, die ohne sie verarmt, für die Gemeinde, die ohne sie verlottert, für Staaten und Völker, die

[1] Vgl. *Cathrein*, II 114 ff.

[2] II-II 66, 2.

mit ihr steigen und ohne sie unfehlbar dem wirtschaftlichen, sittlichen und politischen Untergang entgegengehen. Der Mensch hätte allerdings auch im Urzustande, ohne Sünde, arbeiten müssen, denn die Arbeit ist die natürliche Auswirkung seiner Kräfte. Aber seit der ersten Katastrophe ist die Arbeit für uns Last, Strafe und Opfer.

Schon Aristoteles macht im Kampfe gegen den platonischen Kommunismus auf die Bedeutung des Privateigentums für die Arbeit aufmerksam [1].

Vier Dinge sind es, die für den richtigen Arbeitsgeist notwendig sind : erstens ein starker **Ansporn** zur Arbeit, und den gibt dem Arbeiter das Bewußtsein, daß er in erster Linie *für sich selbst* arbeitet. Zweitens **Energie,** denn es ist dauernde Arbeit notwendig, und diese gibt ihm wieder die Hoffnung auf ein wachsendes Eigentum, starke Schutzmittel gegen Trägheit. « Wer nicht vorwärts schreitet, geht zurück. » Beim Gemeineigentum spielt dieses Moment keine Rolle. Drittens muß die Arbeit **haushälterisch** sein, haushälterisch in bezug auf die *Kräfte,* die herangezogen werden, denn viele Arbeiter arbeiten schlecht, wenn wenige genügen ; haushälterisch in bezug auf die *Zeit,* denn Zeit ist Geld ; haushälterisch in bezug auf die *Arbeitsmittel* und *Arbeitsstoffe,* um soweit als möglich jeder Verschleuderung und Vergeudung vorzubeugen. Alles das befördert das Privateigentum im Gegensatz zum Gemeinbesitz in hohem Maße. Woher die Erscheinung, daß Staatsbetriebe schlechter und teurer arbeiten als Privatbetriebe? Viertens muß die Arbeit **fürsorglichen** Charakter haben, indem sie dem Arbeiter soweit als möglich für sich und die Seinen die Zukunft sichert, ihm Beistand für Zeiten der Krankheit verspricht. Von größter Bedeutung ist das für die Familie bei der Sorge um den Unterhalt und die Ausbildung der Kinder. Nur das Privateigentum mit dem Rechte und der Hoffnung auf eigene Wohnung, Kleidung, Nahrung, mit der Aussicht auf Besitz, der für die Kinder über den Tod der Eltern hinausdauert, entspricht der tiefsten, natürlichen Elternliebe und fesselt die Kinder zugleich an Vater und Mutter, hält sie oft von Irrwegen ab. Und diese Liebe zum Eigenen ist, wie Aristoteles betont, nicht falsche Selbstsucht, sondern edle Selbstliebe, ganz in der Natur begründet : « ἔστι τοῦτο φυσικόν » [2].

[1] II. Pol. c. 2 (Ed. Did. I 500. 19 ff.) ; *Thomas,* in II. Pol. lect. 4. Die Kapitelanordnung ist bekanntlich in den verschiedenen Editionen verschieden.

[2] II. Pol. c. 2 (Ed. Did. II 501, 3).

II. Die **soziale Ordnung**[1]. Ebenso wichtig wie die Arbeit ist für die menschliche Gesellschaft die *Ordnung*. Kein Volk und kein Staat hat ohne dieselbe längeren Bestand. Voraussetzung der Ordnung ist aber Schutz der *Individualität, Arbeitsteilung* und *Güterunterordnung*. Alles das wird durch ausschließlichen Gemeinbesitz gefährdet und durch Privatbesitz gefördert. « Klein aber mein » ist ein Zauberwort! Jeder Mensch hat einen angeborenen Zug zur persönlichen Selbstbestimmung, Selbstentfaltung. Er liebt es von Natur aus, selbst Herr und Meister zu sein, eigene Wege zu gehen, Beruf, Plan und Richtung des Lebens selbst zu wählen und die Mittel selbst zu bestimmen, ohne von seinen Mitbürgern bemuttert zu werden. Das Sondereigentum schützt dieses Streben des Individuums; der Kommunismus zerstört es.

Nicht alles ist für jeden und nicht jeder ist für alles. Anlagen und Begabungen sind verschieden und deshalb auch die Berufsneigungen. Verschieden muß daher auch die *Arbeitsbestimmung, Arbeitsteilung* und der *Arbeitslohn* sein. Das Privateigentum leitet am natürlichsten und spontansten die verschiedensten Berufsanlagen und ihre natürliche Unterordnung jedem Naturell entsprechend. Man mag über die spezifische Gleichheit aller Menschen noch so viel Schönes sagen: tatsächlich sind sie individuell, d. h. in der Teilnahme an der allgemeinen Natur, doch sehr verschieden. Jeder ist eine kleine Welt für sich. Und eine richtige Arbeitsteilung ist nur mit dem Privateigentum vereinbar.

Aus dem Schutze der persönlichen Individualität ergibt sich daher auch allein eine einigermaßen natürliche *Güterunterordnung*. Für Kultur und Fortschritt ist vor allem die Pflege der *höheren Güter* von größter Bedeutung. Es ist eine unbestrittene, kulturhistorische Tatsache, daß die gewaltigen Werke auf dem Gebiete der Wissenschaft, Kunst und Menschenliebe, ja sogar auf dem Gebiete der modernen Technik und Verkehrwissenschaft ohne große Privatreichtümer und Privatstiftungen nie entstanden wären. Und selbst da, wo der Staat Großes geleistet hat, mußte er sich auf das Sondereigentum der Bürger stützen. Von der Kirche und ihren Kulturschöpfungen gilt das in noch höherem Maße.

III. Der **Friede**. Der dritte Grundpfeiler der sozialen Ordnung ist der Friede der Bürger[2]. Er wird auf Erden immer ein relativer sein. Gewiß führt auch das Mein und Dein zu manchem Hader. Aber eines ist sicher: mit sich und den Seinigen ist der Mensch immer noch

[1] II-II 66, 2; II. Pol. c. 2 (500, 34).
[2] II-II 66, 2; *Aristoteles*, II. Pol. c. 2.

am ehesten zufrieden. Was die Kommunität tut und anordnet, wird gewöhnlich sehr scharf kritisiert. Und nachdem im kommunistischen Staate die öffentliche Autorität mit ihrem Riesenbürokratismus absolut alles anzuordnen hätte, läßt sich ermessen, wie es da mit der Zufriedenheit der Bürger stehen müßte.

Ein zweites wichtiges Moment, das Cathrein hervorhebt, ist folgendes [1]: Die Streitigkeiten um das Mein und Dein wickeln sich in einer geordneten Gesellschaft in *geordneter Weise* ab, die weder die streitenden Parteien noch gar die übrigen Mitbürger in der Besorgung ihrer Angelegenheiten beeinträchtigt. Was wäre aber der Fall, wenn es überhaupt kein Mein und Dein gäbe, wenn allen dasselbe Recht auf den Gebrauch der äußeren Güter zustände? Wir hätten baldigst einen *Kampf aller gegen alle*, und zwar ohne daß eine objektive Norm zur Beilegung dieser Streitigkeiten vorhanden wäre.

Ein drittes Moment ist hier noch wichtiger: Der Friede ist nur die Frucht der *Ordnung* [2], die Frucht einer richtigen sozialen Unterscheidung der verschiedenen Individualitäten und Kräfte, der verschiedenen Arbeiten, Ansprüche, Bedürfnisse, Löhne und Güter. Das verbürgt aber nur das Privateigentum. Der Volksmund hat das, was wir über die innere Unmöglichkeit des Kommunismus sagten, treffend mit dem Worte ausgedrückt: «Gemeingut — Verdammtgut». Immer noch gilt das Schiller'sche Wort:

> Etwas muß er sein eigen nennen,
> Oder der Mensch wird morden und brennen.

Zutreffend hat schon Aristoteles darauf hingewiesen, daß nur das Privateigentum die beiden sozialen Tugenden: *Großmut* und *Freigebigkeit* ermöglicht, durch die so viele im Staate in Freundschaft und Liebe verbunden werden [3], ganz im Gegensatz zum Kommunismus, der nur eine Quelle von Streit, Anschuldigungen und gegenseitigem Hader sein müßte [4].

Welcher *Rechtsordnung* gehört das Privateigentumsrecht an: der naturrechtlichen oder völkerrechtlichen oder der rein positiven? Eine sehr delikate Frage, wo nicht alle einig gehen.

Kardinal Zigliara, dem del Prado hierin voll und ganz zustimmt,

[1] Moralphil. II 295.
[2] I-II 70, 3.
[3] II. Pol. c. 2 (Ed. Did. II 501, 7 ss.).
[4] II. Pol. c. 2 (500, 20 ss.; 501, 26 ss.).

unterscheidet zwei Aspekte : das *Recht* auf Eigentum ist im Naturrecht begründet ; die *Notwendigkeit* (necessitas) der Güterteilung geht aus dem Völkerrecht im Sinne des alten Ius gentium hervor, das die Erbsünde als Tatsache voraussetzt. Diese These vertreten auch wir.

α) Das **Recht** auf Eigentum ist streng naturrechtlich. Das ergibt sich direkt und unmittelbar aus der Naturordnung selbst, da die äußeren Dinge dazu da sind, daß der Mensch als Herrscherabbild Gottes durch Verstand und freien Willen sie beherrsche und als natürliche Mittel zum Ziele besitze [1]. Daher spricht der Aquinate mit Aristoteles von einem « dominium *naturale* » über die äußeren Dinge im gottebenbildlichen Menschen [2].

β) Die **Notwendigkeit** des Privateigentums ergab sich erst aus der Tatsache der *verdorbenen* Menschennatur, die auch Plato erkannte, also wegen des peccatum originale. Ohne Sünde hätte der Mensch auf jeden Fall mit seinen Nebenmenschen in Frieden leben können, mit und ohne Privatbesitz. Aber nach dem Sündenfall waren geregelte Arbeit, Ordnung und Friede ohne Privateigentum unmöglich. Die Güterteilung war daher notwendig, « necessarium ad humanam vitam » [3]. *L. Lessius* [4] und *Laymann* [5] haben diese Notwendigkeit allerdings etwas abgeschwächt, nennen bloß die Güterteilung angemessen. Aber mit Kardinal *de Lugo* [6] hat vor allem Leo XIII. in zwei Enzykliken diese Notwendigkeit wieder scharf betont [7], und diese Auffassung erhält in unserer Zeit eine eindrückliche Bestätigung.

Die Notwendigkeit des Privateigentums geht somit aus dem alten Ius Gentium [8] hervor, d. h. sie gehört zu jenen allgemeinen Überzeugungen, zu denen die menschliche Vernunft durch die Erfassung von der Verderbtheit der Menschennatur bei allen Völkern gelangt ist : Der Friede und die Ordnung sind den Völkern notwendig ; nun sind aber

[1] III. C. G. 127.

[2] « Et ex hac ratione Phil. probat in lib. I. Pol., quod possessio rerum exteriorum est homini *naturalis* ». II-II 66, 1. Dazu auch das. a. 2 und III. C. G. 127 und in II. Pol. lect 4.

[3] II-II 66, 2.

[4] De iust. et iure, c. 5 dub. 3.

[5] Theol. mor. l. III tr. 1 c. 5 n. 5 ; vgl. *Cathrein*, II 318.

[6] De iust. et iure, disp. 6.

[7] Encycl. « Quod apostolici », vom 28. Dez. 1878 und Encycl. « De conditione opificum », vom 15. Mai 1891.

[8] II-II 66, 2 ad 1.

Friede und Ordnung unter den Menschen, so wie sie sind, nicht möglich ohne Privateigentum ; also ist das Privateigentum sozial notwendig.

b) *Historische Bestätigung.*

Zwei Tatsachen sprechen eine besonders eindrückliche Sprache.

Die erste Tatsache : Überall, wo der Kommunismus Gelegenheit hatte, seine Theorien und Prinzipien praktisch in Anwendung zu bringen, hat er *sozial-wirtschaftlich* versagt. So in der französischen Revolution, so die Bestrebungen eines *Louis Blanc* in Frankreich. Bezüglich des russischen *Sowjet-Kommunismus* hüte man sich, auf offizielle Statistiken Rußlands abzustellen. Zuverlässig sind einzig und allein Bewohner Rußlands, die längere Zeit Augenzeugen der dortigen Ereignisse waren. Auf solche stützen wir uns. Die Tatsache, daß das kommunistische Regime gleich anfangs 10 Millionen Bauern und Bauersfrauen in Konzentrationslager stecken mußte, um sich durchzusetzen, ist vielsagend ! Wehe dem, der es wagte, gegen das System Stellung zu nehmen. Noch 1937 wurden ungefähr 37 000 Offiziere hingerichtet, ohne daß das Ausland etwas davon wissen durfte [1]. Die Tatsache, daß in den Monaten März, April, Mai 1935 täglich ein bis zwei Spezialzüge mit ungefähr 600 bis 700 Personen aus Leningrad in die Verbannung rollten, besagt genug. Auf bloße Verdächtigungen hin sind vor dem Kriege viele Tausende von Bürgern nach Sibirien verbannt worden. Wie es mit der *politischen* Freiheit in Rußland steht, ist bekannt : es werden nur *kommunistische Zeitungen* zugelassen ; alle *literarischen Publikationen* sind einer strengen Vorzensur unterworfen ; *Auslandsreisen* sind fast unmöglich ; es darf nur *eine politische Partei* geben, nämlich die kommunistische, welche 4 ½ Millionen Anhänger hat und unter Stalins Kommando das Riesenreich beherrscht ; die *sogenannten Wahlen* in den obersten Rat und Nationalrat werden im gleichen Sinne durchgeführt.

Auch die *ausländischen Zeitungen* wurden nach und nach verboten. Der Briefwechsel ins Ausland wird strengstens überwacht. Die Folgen eines solchen politisch-sozialen Regimes haben sich wenigstens zum Teil bereits gezeigt und sind uns auch nur zum Teil bekannt. Die Industrialisierung der Landwirtschaft hatte zeitweilig große *Arbeitslosigkeit* zur Folge. Gewiß hat man mit der kollektivistischen Massenarbeit auch große Bauten und einen riesigen Kriegsapparat geschaffen, aber bei *schlechten Löhnen* und *elendem Lebensunterhalt.*

[1] Das berichtet der General Krivitzky in seinem Buche : « Ich war in Stalins Dienst », das 1937 erschien.

Wo liegt der tiefere Grund dieses sozialen Elendes? Im Kommunismus als solchem, der einerseits eine riesige *Bürokratie* schafft und anderseits jede *persönliche Initiative* unterbindet. Ein heimgekehrter Rußland-Schweizer schreibt [1]: « Als einer der Hauptgründe der schlechten Wirtschaft des Landes ist zu erwähnen die Ausschaltung der *persönlichen Initiative* eines Angestellten, eines Beamten, eines Fachmannes. Die Sowjetunion hatte einen gewaltigen bürokratischen Verwaltungsapparat geschaffen, der sich mit keiner Staatsmaschinerie vergleichen ließ. »

Wie es mit dem *sozialen Frieden* in Rußland steht, beweisen die schweren Verfolgungen, die Kommunisten von Kommunisten — Anhänger Trotzkis von Stalins Parteigängern — zu erdulden hatten. Die Geschichte Rußlands in den letzten 30 Jahren ist noch nicht geschrieben, und wenn sie einstens objektiv geschrieben wird, wird sie Grauenhaftes offenbaren! Fast unerträglich ist seit 1936-38 die *Spionagemanie* und damit verbunden die *persönliche Unsicherheit;* fast täglich kommt es vor, daß Personen spurlos verschwinden. Von der *religiösen* Verfolgung reden wir hier gar nicht. Jedem Kenner der Verhältnisse ist klar, daß der Kommunismus in Rußland nur durch erbärmliche Tyrannei weiterbestehen kann.

Die zweite historische Tatsache ist nicht von geringerer Tragweite. Soweit die Nachrichten in das erste Dunkel der Geschichte zurückreichen, bestätigen sie uns, *daß es immer Privateigentum gab,* bei den alten *Ägyptern, Babyloniern, Asyriern, Griechen, Römern* und *Germanen.* Vom Volke Gottes, den Israeliten, bestätigt uns das älteste und ehrwürdigste Geschichtswerk, die Heilige Schrift, daß es schon zur Zeit Kains und Abels Privateigentum gab.

Auch hier liegt eine spontane Äußerung der menschlichen Vernunft vor, die den Völkern, ohne Abmachung, jene tiefsten, allgemeinsten sozialen Grundsätze offenbarte, die zur Erhaltung der Menschheit notwendig sind. Das sind die Grundlagen des alten « Ius gentium », von dem wir früher sprachen.

[1] « Ein Rußland-Schweizer über die Sowjet-Union », Neue Zürcher Nachrichten, « Christliche Kultur », 23. II., 2. III., 16. III. und 23. III. 1945.

Art. 9.

Die Erwerbstitel des Eigentums.

Mit der Feststellung des Rechtes auf Eigentum und seiner sozialen Notwendigkeit ist die Frage : *Wie erwirbt* der Mensch Eigentum in concreto? noch nicht gelöst. Es tritt die Frage an uns heran : Welches sind die Titel, auf Grund deren der Mensch im Anfange und in der Folgezeit im *Einzelfall,* also in concreto, dieses oder jenes Gut als Eigenbesitz erwerben konnte und noch kann? Wir werden dieses Problem nur ganz allgemein erörtern, insofern nur es sich auf das Naturrecht stützt, da gewisse Erwerbstitel, wie z. B. das Erbrecht, zu uferlosen Auseinandersetzungen führen müßten.

Die Unterscheidung zwischen dem ursprünglichsten, ersten Erwerbstitel und anderen, mehr *abgeleiteten* Erwerbstiteln, ist begründet und soll auch für uns hier wegweisend sein.

1. Der ursprünglichste Erwerbstitel.

Unter *ursprünglichstem* Erwerbstitel haben wir offenbar jenen Titel zu verstehen, kraft dessen einstens das *erste* Privateigentum entstand und kraft dessen auch später und heute noch herrenloses Gut Sondereigentum wird. Das setzt allerdings voraus, was auch wirklich der Fall war, daß im Anfange alle materiellen Güter in dem Sinne Gemeingüter waren, daß sie noch niemandem ausschließlich gehörten, aber für jedermann zur Erwerbung verfügbar waren.

Ehedem lag dieser Grundtitel der Erwerbung nach allgemeinster Auffassung in der sogenannten **prima occupatio**, d. h. ersten Besitzergreifung eines bestimmten Gutes durch einen Privaten. Auch Thomas von Aquin huldigte, wie es scheint, dieser Ansicht, da er sagt : « Quaedam sunt, quae nunquam fuerunt in bonis alicuius, sicut lapilli et gemmae, quae inveniuntur in litore maris, et talia *occupanti* conceduntur. »[1] Auf

[1] II-II 66, 5 ad 2.

diese Stelle haben schon Franz Walter [1] und Cathrein [2] aufmerksam gemacht. Die gleiche Stellung zugunsten der occupatio nahmen neben vielen andern *Jaccoud* [3], *Soto* [4], *Castelein* [5], *A. Trendelenburg* [6] und *Jos. Gredt* ein [7].

Gegner dieser These war indessen schon *Henry George* [8], der das Produkt der Arbeit zum Urtitel der Erwerbung machte, während noch ältere den Anfang des Privateigentums auf einen Beschluß Adams oder Noes zurückführten [9]. Neuestens hat vor allem *Alex. Horváth* O.P. [10], dem *Bernard Kälin* O. S. B. in seiner trefflichen Ethik folgte [11], die Arbeit zum Urtitel des Privaterwerbs gemacht, allerdings in einem ganz anderen Sinne als Henry George. Ein scharfer Gegner der Arbeitsthese ist Cathrein [12].

Prüfen wir diese verschiedenen Ansichten genauer.

Zur *Vertragstheorie* bemerkt Cathrein mit Recht : « Ein ursprünglicher Vertrag kann nicht der erste Erwerbstitel sein, weil er selbst schon Privateigentum eines Stammhalters, einer Familie oder eines Stammes ist und mithin auch einen früheren Erwerbstitel voraussetzt. » [13] Auch die Ansicht einer *ursprünglichen Abmachung* wird jetzt allgemein abgelehnt. Noch kann irgend ein *positives Gesetz* Urtitel der Erwerbung sein, da ein solches das Erwerbsrecht immer wieder voraussetzt. Aber die *Arbeit*? Für sie ist, wie bemerkt, Horváth in einer scharfsinnigen Untersuchung eingetreten, um sie an Stelle der Okkupation als ersten Erwerbstitel darzutun.

Auch uns scheint die Arbeit erster Erwerbstitel zu sein, aber nicht *an Stelle der Okkupation, nicht außer* der Okkupation, sondern **in der Okkupation.** Zur Begründung dieses Standpunktes Folgendes :

Jedermann muß die Okkupation eines herrenlosen Gutes als eine *Tätigkeit* auffassen. Also ist sie *Arbeit.* Und jedermann muß sie als

[1] Das Eigentum nach der Lehre des hl. Thomas, S. 168.
[2] Moralphil. II 301 [2].
[3] Droit nat. 127.
[4] De iust. et iure, IV q. 3 a. 1.
[5] Droit nat. 270.
[6] Naturrecht, § 93 S. 169.
[7] Ethic. spec. n. 999.
[8] Progress and Poverty, 247-248 ; vgl. *Cathrein*, das. II 304.
[9] *Cathrein*, das.
[10] Eigentumsrecht nach dem hl. Thomas von Aquin, S. 107 ff.
[11] L. c. 186 u. 188.
[12] Moralphil. II 302.
[13] Das. 302.

freie Tätigkeit ansehen, in der jemand ein äußeres Glücksgut, das herrenlos ist, als Mittel zu seinem Ziele wählt. Ohne das gibt es gar keine Herrschaft (dominium) und daher kein Privateigentum. Wir haben also in der Okkupation tatsächlich eine das Glücksgut *bearbeitende, beherrschende Arbeit.* Aber wie ist diese gestaltende Arbeit aufzufassen ? Hier liegt der springende Punkt. Es gibt eine doppelte Bearbeitung eines materiellen Gutes, eine physische und eine ethische.

a) Eine *physische* Bearbeitung liegt vor, wenn z. B. der Künstler den Marmorblock zu einer Statue des Sokrates gestaltet. Von dieser Gestaltung als ersten Erwerbstitel handeln wir hier offenbar nicht, denn manche materiellen Güter sind dieser Umgestaltung überhaupt nicht fähig, und kein Mensch wird behaupten, das Stück Marmor gehöre dem Künstler erst, wenn er es zur Statue des Sokrates umgestaltet hat. Dennoch hat Cathrein die Arbeit in diesem Sinne aufgefaßt und daher die Arbeitsthese bekämpft [1].

b) Die *ethische* Bearbeitung. Trotz des Sündenfalls übt der Mensch auch jetzt noch Herrschergewalt aus über die materiellen Güter. Denkend und frei wählend (Arbeit), also durch *Ideen* und höheres *Zielstreben,* ist ja der Mensch das Abbild des Allherrschers, beherrscht und gestaltet die materiellen Glücksgüter, die er besitzt, indem er ihnen ein höheres Ziel, das *sittliche* Ziel gibt, dem sie als Mittel dienen. Sie werden durch diese Gestaltung in die *sittliche Ordnung* erhoben. Das ist die erhabene Arbeit, die im Privatbesitz liegt. Das hat der edle Protestant und Aristoteliker Trendelenburg tiefsinnig gesagt : « Der Sieg der Person über die Sache und die Herrschaft über die gleichsam gefangene Sache machen den Besitz aus, der anerkannt Eigentum ist. » [2] Derselbe Autor : « Es ist wichtig, das *Sittliche* im Eigentum zu erkennen. » [3] Und wiederum : « Indem alle Art des über die Erde verbreiteten Eigentums als spezifiziertes Werkzeug des menschlichen *Willens* und *menschlicher Zwecke* erscheint, erhält darin die Welt der Sachen eine *sittliche* Bestimmung. » [4]

Damit ist nach Trendelenburg die Okkupation als ursprünglichster Erwerbstitel gegeben [5] ; denn mit der Besitzergreifung des herrenlosen Gutes hat das Eigentum überhaupt begonnen, ohne sie gäbe es kein Eigentum.

[1] Moralphil. II 303.

[2] Naturrecht, § 93 S. 167.

[3] Das. 168.

[4] Das. 169.

[5] Das.

Leider hat man, so scheint es uns, die Okkupation ganz irrig bloß als ein rein *äußerliches* Herantreten an ein Gut aufgefaßt [1]. In Wahrheit besteht sie in der *Absicht* und *dem Willen*, ein herrenloses Gut als zweckmäßiges Mittel zum Ziele *zu besitzen*, ein Sinn, den schon Cicero diesem Worte unterlegte und offenbar auch Thomas an der zitierten Stelle. Damit stimmt auch die Fassung des bürgerlichen Gesetzbuches des Deutschen Reiches überein : « Wer eine herrenlose, bewegliche Sache in Eigenbesitz nimmt, erwirbt das Eigentum der Sache. » [2]

So wie wir die Okkupation auffassen, ist sie als Erwerbstitel auch durchaus *naturrechtlichen* Charakters. Er liegt begründet in der *rational-freiheitlichen Menschennatur*, die naturgemäß darauf hingeordnet ist, die materiellen Mittel zum Ziele selbst zu bestimmen und daher das Eigentum, das Frucht der eigenen freien Tätigkeit ist, wie ein eigenes Kind betrachtet.

2. Die abgeleiteten Titel.

Die abgeleiteten Erwerbstitel setzen vorhandenes Eigentum schon voraus. Je nachdem sie den Wert des schon vorhandenen Eigentums nur *verändern* oder sogar den *Besitzer* wechseln, haben wir zwei Klassen. Überall hat hier vor allem das Römische Recht seinen Einfluß ausgeübt.

Zur *ersten* Klasse gehören :

1. Der *Zuwachs* (accessio) oder die Verbindung, wenn mit dem vorhandenen Eigentum als Hauptsache sich Fremdes als integrierender Bestandteil unzertrennlich verbindet. So z. B. bei Landanschwemmungen. Der Zuwachs gehört dem Besitzer der *Hauptsache*, nach dem naturrechtlich begründeten römischen Grundsatz : « Accessorium sequitur principale. » Damit stimmt sowohl das deutsche [3] als auch das schweizerische Recht überein [4].

2. Die *Vermischung* (confusio, commixtio). Bei untrennbarer Vermischung verschiedenen Eigentums behält jeder Eigentümer den proportionierten Anteil an der Mischung. Auch dieser naturrechtlich-

[1] Vgl. *Horváth*, l. c. 112.

[2] § 958.

[3] « Wird eine bewegliche Sache mit einem Grundstück dergestalt verbunden, daß sie wesentlicher Bestandteil des Grundstückes wird, so erstreckt sich das Eigentum an dem Grundstück auf diese Sache ». Bürgerl. Gesetzbuch, § 946.

[4] ZGB., Art. 725.

römischen Satzung folgt sowohl das schweizerische [1] wie das deutsche Recht [2].

3. Die *Verarbeitung* (specificatio). Verarbeitet jemand fremde Rohstoffe zu einem Gute *höheren* Wertes, so ist er Eigentümer. Naturrechtlich beruht dieser Titel auf dem Kausalprinzip : Wer an das Sein einer Sache mehr leistet, ist Herr derselben. Daher fügt sowohl das Schweiz. Zivilgesetzbuch als auch das Deutsche Bürgerliche Gesetzbuch die Klausel bei : « Wenn die Arbeit kostbarer ist als der Stoff » [3].

4. Der *Fruchterwerb* (fructificatio). Nach dem naturrechtlich-römischen Satze : « Res fructificat domino », gehört die Frucht einer Sache dem Eigentümer der Sache. So die Jungen von Tieren, die Früchte des Bodens und der Bäume [4].

Bei all diesen Titeln wird die *bona fides* vorausgesetzt [5].

Zur *zweiten* Klasse der Erwerbstitel, welche einen *Wechsel* des Eigentümers bedingen, gehören :

1. Die *Übertragung* (traditio). Eigentumsrechte werden von einem Besitzer auf den andern übertragen durch *Kauf* und *Verkauf*, *Tausch*, *Schenkung* usw. Rein naturrechtlich geht das Recht der Übertragung aus dem Vollbesitz des Eigentümers hervor, der über sein Eigentum verfügt, wie er will. Doch können die positiven Gesetzgeber der öffentlichen Ordnung wegen bestimmte Verordnungen erlassen, wie solches schon im Römischen Rechte geschah [6], und auch in der Schweiz der Fall ist [7].

2. Die *Ersitzung* (usucaptio), die im Römischen Rechte auch « praescriptio acquisitiva » genannt wird, während unser Wort « Verjährung », « praescriptio liberativa », nur die Tilgung einer Schuld besagt [8].

Hat jemand eine fremde Sache während einer vom Gesetz festgelegten Zeit *ununterbrochen* in *gutem Glauben* besessen, so gilt er als Eigentümer. Die Zeitfrist wird von den verschiedenen Gesetzgebern

[1] ZGB., Art. 727.
[2] Bürgerl. Gesetzbuch, § 947.
[3] ZGB., 726 ; Bürgerl. Gesetzbuch, § 950.
[4] ZGB., 643 ; Bürgerl. Gesetzbuch, § 955.
[5] ZGB.,726.
[6] Vgl. *Cathrein*, II 326.
[7] Vgl. ZGB., 656 ff.
[8] *Cathrein*, II 226.

je nach den verschiedenen Gegenständen — beweglichen und unbeweglichen — verschieden bestimmt. So bestimmt das schweiz. Zivilrecht für Grundstücke 10 Jahre [1].

Ist die Ersitzung oder Verjährung ein *naturrechtlicher* Erwerbstitel? Eine schwierige Frage. Wenn jener Schalk recht hätte, der da sagte, fast alles Privateigentum sei ursprünglich gestohlen worden, so müßte man, des bonum commune wegen, wenigstens der praescriptio *immemorabilis* — der Ersitzung seit undenklicher Zeit, irgendwie naturrechtlichen Charakter beimessen. Thomas bestreitet nicht, daß durch sie Eigenbesitz entstehen könne. Aber über den Rechtscharakter schweigt er [2]. Wir folgen seinem Beispiele.

3. Auch im *Erbrecht* handelt es sich um einen Wechsel des Eigentümers. Der Erblasser überläßt für den Fall seines Todes seine Gesamthinterlassenschaft an Gütern und Schulden seinen Kindern oder Angehörigen eines anderen Erbstammes [3]. Geschieht es durch eine ausdrückliche Willensäußerung, so haben wir ein *Testament* [4], wenn nicht, so tritt die *Intestaterbfolge* in Kraft, in der die Äußerung des letzten Willens nach den geltenden positiven Gesetzen vorausgesetzt wird. Auch kann die ganze Frage durch einen eigenen *Erbvertrag* geregelt werden.

Unter allen abgeleiteten Erwerbstiteln ist unzweifelhaft der Erbtitel der wichtigste. Der Zweck der Erbfolge ist offenbar die Erhaltung und der Schutz des Eigentums in der *Zukunft*, « in posterum », wie Thomas sagt [5], und zwar der Erhaltung in der *gleichen Familie* und im gleichen *Stamme*, sodaß das Erbrecht zugleich Familienschutz und eminent Gesellschaftsschutz bedeutet, wie A. M. Weiß O. P. betont [6].

Selbstverständlich sind die Sozialisten Gegner des *naturrechtlichen* Charakters des Erbrechts. So auch alle Rechtspositivisten; schon S. Pufendorf bestritt den naturrechtlichen Charakter wenigstens des Testamentes. Nur das positive Recht soll hier Geltung haben [7].

So kompliziert an sich das Erbrecht ist, seine *naturrechtliche* Grundlage ergibt sich von selbst aus der naturrechtlichen Stellung des *Eigentums*, dessen Schutz eben das Erbrecht ist. Die Kinder haben

[1] ZGB., 661. Dazu Deutsches Bürgerl. Gesetzbuch, § 927.
[2] In IV. Sent. d. 41 q. 1 a. 5 ad 2.
[3] Vgl. ZGB., 457-466.
[4] Vgl. III 78, 3 ad 3; Comm. in c. 4 ad Gal. lect. 8.
[5] Comm. in Ep. II ad Cor. c. 12.
[6] Apol. IV 336.
[7] Vgl. *A. M. Weiß*, Apol. IV 330; *Cathrein*, Moralphil. II 329.

zwar auch die Pflicht, im Notfall die Eltern zu unterstützen, wie der Aquinate betont [1]. Aber für die *Zukunft* — und das geht das Erbrecht an — haben Eltern und Erblasser für die Kinder und nahe Verwandte durch Güterreichtum zu sorgen. Sind doch die Kinder nach Thomas das « Gemeingut von Vater und Mutter » [2], und das alte römische Recht vertrat sogar den Satz : « Heres et defunctus habentur pro una persona. » [3] Das Erbrecht befördert das Wohl der Nachkommen : α) indem es die Arbeit der Eltern und Erblasser intensiver und sparsamer gestaltet ; sie arbeiten für « Eigene » ; β) indem sie beim Gedanken, für « Eigene » zu arbeiten, bestrebt sind, der Familie so viel Vermögen als möglich zurückzulassen ; γ) damit ermöglicht das Erbrecht jedem, zum materiellen und vor allem auch geistigen Wohl der *Gesellschaft* kraftvoll beizusteuern [4].

So teilt das Erbrecht das Los des Eigentumsrechts selbst, weil es seine mächtige Stütze ist. Und folglich gehört es auch der gleichen *Rechtssphäre* an. Die Sünde vorausgesetzt, ist das Erbrecht ebenso wie das Eigentum *sozial-notwendig*, gehört also zum alten « Ius gentium » [5].

4. Besondere Bedeutung unter den Erwerbstiteln, die einen Wechsel der Eigentümer bedeuten, hat der *Vertrag* (contractus). Als äußerlich-kundgegebene Willenseinigung zwischen zwei oder mehreren Personen über eine Sache, hat er eine erstaunliche Vielgestaltigkeit. Nicht diese Vielgestaltigkeit interessiert uns hier. Wir fragen hier nur nach dem *letzten, ursprünglichen Grund der Rechtskraft* aller Verträge, also des Vertrages als solchen.

Die Verlegenheit, welche der *Rechtspositivismus* bei der Lösung dieser Frage fühlt, ist offenkundig. Wie gewohnt, tanzt er im Kreise stets um den gleichen Brei herum : er erklärt das Gesetz aus dem Vertrag und den Vertrag aus dem Gesetz, oder beide aus der Staatsomnipotenz, die wieder Gesetz und Vertrag voraussetzen, oder alles aus

[1] « Dicendum est, quod ex praecepto tenentur filii ministrare et subvenire parentibus in *necessariis*, non autem congregare et thesaurizare eis. Nam thesaurizatio et congregatio fit in *posterum* ». Comm. in II. Ep. ad Cor. c. 12 lect. 5.

[2] « Unde de lege naturae est, quod parentes filiis thesaurizent et filii parentum *haeredes* sint ; et ideo cum proles sit *commune* bonum viri et uxoris, oportet eorum societatem perpetuo permanere indivisam secundum legis naturae dictamen. » IV. Sent. d. 33 q. 2 a. 1.

[3] Dig. 50. 17, l. 59.

[4] Vgl. dazu die ausgezeichnete Interpretation von *B. Kälin* O. S. B., Ethik, 190.

[5] IV. Sent. d. 33 q. 2 a. 2 ad 1.

der Volksgewohnheit, die ebenfalls positive Gesetze und Verträge zur Grundlage haben.

In Wirklichkeit setzen alle positiven Gesetze, Verträge, Volksgewohnheiten und Staatsrechte die Hinordnung auf die *Glückseligkeit*, also das bonum, das Wohl des Individuums und der Gesellschaft voraus [1], denn ohne das ist nichts « gut » und « recht ». Ohne das gibt es überhaupt kein Wollen und Tätigsein [2]. Das ist oberstes Naturrechtsprinzip [3]. Was aber individuell und sozial gut ist, erhellt aus der individuellen und sozialen *Menschennatur* [4].

So ergibt sich folgerichtig von selbst, daß alle positiven Rechte und Verträge und Gewohnheiten als Rechtsnormen vom Naturrecht abhangen [5].

R. von Iherings Ansicht, daß die bindende Rechtskraft der Verträge vom *gesellschaftlichen Wohle* abhange [6], ist richtig. Aber das ist schon Naturrecht, denn die soziale Natur des Menschen wird stillschweigend vorausgesetzt. Iherings Prinzip aber fußt auf anderen Prinzipien und kann daher nie der *letzte Grund* der vertraglichen Rechtskraft sein.

Somit setzen alle Erwerbstitel des Privateigentums, wie das Privateigentumsrecht selbst, das Naturrecht voraus. Und selbst die Leugner des Naturrechts setzen es zumeist in der Leugnung wieder voraus. Hierin liegt ein besonderer Triumph des Naturrechts.

[1] *Aristoteles*, I. Eth. c. 13 ; *Thomas*, I-II 94, 2.
[2] I 82, 1 u. 2 ; II. C. G. 25 ; De Verit. q. 25, 1 ad 6.
[3] I-II 94, 2 ; vgl. *Manser* O. P., Naturrecht, S. 82-83.
[4] I-II 94, 2 ; *Manser* O. P., das. S. 88.
[5] I-II 94, 3.
[6] Zweck und Recht, I 266 (2. Aufl.).

Art. 10.

Die Zinsfrage.

« Zins » (census) bedeutet ursprünglich eine « Abschätzung », dann, auf Vermögen bezogen, eine Schätzung des Besitztums, und endlich einen Geldtribut für Darlehen, « fenus ». Es besagt also auch hier eine Abschätzung, sei es in gerechtem oder ungerechtem Sinne, weshalb auch das Wort « usura » (Wucher) gebräuchlich ist.

Alles das zeigt an, daß die Zinsfrage mit dem *Eigentum* zu tun hat. Aber es sagt uns herzlich wenig über die Schwierigkeit des Problems, das in der modernen Wirtschaftslehre eine so große und teilweise verhängnisvolle Rolle spielt.

Das Problem wird uns klarer, wenn wir die *verschiedenen Ansichten* der Philosophen und Theologen prüfen, vor allem aber, wenn wir uns über die *Natur des Geldes* Rechenschaft geben, das als Tauschmittel an sich unfruchtbar ist, aber kraft *äußerer Faktoren* in der modernen Wirtschaft eine Riesenbedeutung erlangt hat. Es ist etwas kühn, wenn wir daraus zu beweisen suchen, daß die *Kirche* bezüglich der Zinsfrage *prinzipiell* immer die gleiche Stellung einnahm.

1. Verschiedene Ansichten über das Zinsnehmen.

Aus der Geschichte der Zinsfrage heben wir einige Hauptzüge hervor, auf die schon kompetente Autoren, wie A. Weiß [1], A. Castelein [2], Victor Cathrein [3] und K. Hilgenreiner [4] hinwiesen.

Sie weisen in erster Linie auf Zinsverbote und -Vorschriften der *Heiligen Schrift*, sowohl des Alten [5] als auch des Neuen Testamentes [6]

[1] Apol. IV 685 ff.

[2] Droit nat. 338 ff.

[3] Moralphil. II 349 ff.

[4] Lexikon für Theologie und Kirche, « Zins ».

[5] Vorzüglich: Deut. 15, 3; 23, 19; Exod. 22, 25; Lev. 25, 35; Ezech. 18, 8; 22, 18; Ps. 14; Eccles. 29, 4-13.

[6] Luc. 6, 34-35.

hin, die aber (selbstverständlich !) nicht alle von allen im gleichen Sinne interpretiert werden. Wir werden auf die eine und andere Stelle zurückkommen.

Unter den alten heidnischen Völkern hatten, wie Hilgenreiner betont, die *Ägypter* ein rigoroses Zinsverbot. Von den *griechischen* Philosophen ist schon *Plato* Gegner des Zinsnehmens [1]. *Aristoteles* hat den tiefsten Grund des Verbotes angegeben. Wer für Geld als solches, das seiner Natur nach unfruchtbar ist, weil nur Tauschmittel, Zins verlangt, macht gebären, was nicht gebären kann und verstößt so gegen das Naturgesetz « παρὰ φύσιν » [2]. Doch hebt auch er schon das Geld als Mittel der *Gütervermehrung* hervor, und hält offenbar den Zins auf Grund äußerer Faktoren für erlaubt [3]. Auch die ältesten *römischen* Philosophen, wie *Cato* [4], *Seneca* [5] und *Plutarch* [6] waren Gegner des Zinsnehmens. Zwar hatte das Zweitafelrecht einen kleinen Zins erlaubt, was aber 339 v. Chr. wieder verboten wurde [7]. A. M. Weiß betont mit Recht [8], daß sich das Römische Recht beim Zinsverbot mit Vorliebe auf das *Naturrecht* berief [9]. Fügen wir des unmittelbaren Zusammenhanges wegen gleich hier bei, daß sich die bedeutendsten *Scholastiker* beim Zinsverbot ebenfalls mit Vorliebe auf das Naturrecht beriefen. So *Thomas* [10], *Soto* [11], die *Salmantizenser* [12], *Billuart* [13], *Sylvius* [14], *Schmalzgrueber* [15], *Báñes* [16], *Sporer* [17], *Alphonsus* [18]. Es ist bekannt, welcher gewaltige Zinswucher später bei den Römern getrieben wurde. Wir dürfen jedoch nicht übersehen, daß eminente Romanisten, wie

[1] De leg. V 722.
[2] I. Pol. c. 3 (Did. I 492, 31 ss.).
[3] I. Pol. c. 4 (Did. I 493, 4 ss.). Offenbar widerspricht sich da Aristoteles gar nicht, wie Castelein meint. Droit nat. 341. Dazu besser *Cathrein*, l. c. 350.
[4] Bei *Cicero*, De offic. l. II c. 25.
[5] De benefic. VII 10.
[6] Vgl. *Cathrein*, Moralphil. II 350.
[7] Liv. VII 42. *Tacitus*, Annales VI 16.
[8] Apol. IV 705.
[9] Wichtigste Stellen : Dig. 2, 14 l. 17 ; 12, 1 l. 11 § 1 ; 19, 5 l. 24 ; 50, 16 l. 121 ; Cod. IV 32 l. 3.
[10] II-II 78, 1.
[11] De iust. et iure l. VI q. 1 a. 1.
[12] Mor. tr. 14 c. 3.
[13] De contract. dis. 4 a. 3, 3.
[14] In II-II 78, 1.
[15] 5, 19, 1.
[16] In II-II 78, 1.
[17] Decal. tr. 6 c. 4, 112.
[18] De contract. 759.

Dernburg, Windscheid, Sohm und Thibaut zugeben, das Recht des Zinsnehmens sei vor den Römern nicht in den *Darlehensvertrag* selbst verlegt worden [1].

Die alten *Germanen* kannten, wie Tacitus berichtet [2], den Zinswucher überhaupt nicht. In Frankreich hatte er größeren Einfluß, bis er 1789 durch Landesgesetz verboten wurde [3]. Auch die *Reformatoren Luther, Melanchton, Zwingli* waren Gegner des Zinsnehmens [4]. Dagegen räumte *Calvin* mit der alten Auffassung gründlich auf; er ist der Vater des modernen eisernen Wuchersystems [5].

Und die *katholische Kirche?* Ist bei ihr in dieser Frage nicht ein eigentlicher Krebsgang festzustellen? Haben nicht schon in alter Zeit Clemens Alexandrinus, Cyprian, Basilius, Gregorius von Nyssa, Johannes Chrysostomus, Hilarius, Ambrosius mit Augustinus und Hieronymus die Praxis des Zinswuchers und die Ausbeutung der Armen durch ihn einstimmig verurteilt? Das hat Castelein nachgewiesen [6]. Das Verbot des Zinsnehmens im strengen Sinne galt sogar als *Dogma* und nicht bloß als naturrechtlich begründet! Faktisch haben sogar eine ganze Reihe von Konzilien sich damit beschäftigt. Zwar verboten die Synoden von *Elvira* (um das Jahr 300) und jene von *Arles* (314), das *Nycaenum* (325) nur den Klerikern das Zinsgeschäft, allerdings unter Strafe der Exkommunikation und Degradation. Das Verbot wurde aber später auch auf die *Laien* ausgedehnt, und zwar unter schwersten Strafen, so auf dem 2. und 3. Laterankonzil (1139 und 1179). Das 5. Laterankonzil (1517) und später Benedikt XIV. (1775) erneuerten die früheren Zinsverbote im Sinne des bloßen Darlehensvertrages (mutui), während *Entschädigungen* für Handelsverluste und Gewinnabgang nicht verboten wurden [7].

Dann aber kam eine *Wandlung* in der Frage, wie der verdienstvolle *Cathrein* und andere darlegen. Beweis dafür sind die *apostolischen Entscheidungen* im letzten Jahrhundert, die besagen, das Zinsnehmen könne geduldet werden [8]. Zwar wollte man damit nicht einen Prinzipienwechsel vollziehen. Im Gegenteil: das Geld als solches und abstrakt genommen

[1] Vgl. *A. M. Weiß*, Apol. IV 706.
[2] Germania, c. 26.
[3] *Chéruel*, Dict. des institut. de la France, II 10, 14.
[4] Vgl. *A. M. Weiß*, das. 707.
[4] Das. 708.
[6] Droit nat. 339 [1]. Dazu auch *Hilgenreiner*, l. c.
[7] *Hilgenreiner*, das.
[8] *Cathrein*, Moralphil. II 350-351.

gilt immer noch als unfruchtbar [1]. Nach Calvin und Salmasius, die neue Wege wiesen [2], ist jedoch eine « *vollendete Wandlung* » eingetreten [3]. Die neuen wirtschaftlichen Verhältnisse haben dem Gelde « den *Charakter eines gewinnbringenden* Geschäftswerkzeuges verliehen » [4]. Das Geld « ist den *Produktionsgütern* gleichgeachtet » [5]. Der Gewinn haftet dem *Gelde selbst an* [6]. Das Geld selbst ist « als *Frucht bringend* anerkannt » [7]. Es ist eine « vollendete Umwandlung » eingetreten [8]. Im gleichen Sinne spricht auch *Lehmkuhl* von einer « quasi fertilitas » des Geldes in der modernen Zeit [9]. Auch Dr. *Gisler* äußerte sich ähnlich [10].

2. Die Natur des Geldes als Tauschmittel

« Geld », welch ein Zauberwort ! Um Geld ist alles feil, sagt Cathrein. Was kann man heutzutage nicht alles für Geld haben ! Nicht bloß Grundstücke, Häuser und Waren, sondern auch Menschen, Liebe, Krieg und Frieden !

Die Ursache hiefür liegt indes in einer irrigen Beurteilung : Man bringt der Pforte, die zu den erstrebten Gütern führt, die Wertschätzung entgegen, die den Gütern zukommt, nicht aber dem Mittel, das ihren Erwerb ermöglicht. Geld ist nur das unentbehrliche Tauschmittel, das den Zugang zu allen irdischen Gütern erschließt, wie *Nell-Breuning* [11] sagt. Folglich ist es nicht in sich wertvoll, sondern hat seine Bedeutung nur von den Dingen, die damit erworben werden können. Deshalb vertreten wir den Standpunkt, der so oft Anstoß erregte : *Das Geld ist an sich unfruchtbar.*

Damit beginnen wir die **Begründung** unserer Hauptthese, die da lautet : *Zinsnehmen für ein Darlehen als solches ist naturrechtlich und nach göttlichem Rechte unerlaubt, kann aber kraft äußerer Faktoren gestattet werden.*

[1] Das. 359-360.
[2] Das. 352.
[3] Das. 360.
[4] Das.
[5] Das. 356.
[6] Das. 357.
[7] Das. 358.
[8] Das. 360.
[9] Theol. mor. I n. 110, 5, 2.
[10] Schweiz. Rundschau (1919-20), S. 12 u. 16.
[11] Lexikon für Theologie und Kirche, « Geldwirtschaft ».

Vorläufig beschäftigt uns hier nur der erste Teil. Doch müssen wir der Begründung eine *Unterscheidung* vorausschicken, die nicht immer genügend in Betracht gezogen wurde. Schon *Aristoteles* hat den Zins in einem doppelten Sinne ins Auge gefaßt : als Geldvergütung für ein Darlehen als solches, und als Vergütung im Hinblick auf äußere Faktoren, d. h. auf die Güter, die für Geld eingetauscht werden können. Cathrein betrachtet diese Unterscheidung als einen Streit um Worte [1]. Das ist unseres Erachtens irrig. Schon A. M. Weiß hat diesen Unterschied kräftig markiert [2].

a) Verlange ich eine Geldvergütung für ein Darlehen als solches, so ist sie unberechtigt, weil weder in den vermittelten Gütern noch in meiner Arbeit um dieselben begründet. Sie ist also nur ein *persönlicher Anspruch* [2].

b) Verlange ich aber eine Geldvergütung im Hinblick auf das, was ich mit dem geliehenen Gelde hätte an *Gütern* verdienen können, so entspricht der Vergütung etwas, was in den Gütern selbst liegt : sie ist *sachlich* begründet [4]. Diese Unterscheidung ist also nicht ein bloßer Wortstreit, wie Cathrein behauptete. Sie ist sehr wichtig und wurde schon von Aristoteles angedeutet und von Thomas ausdrücklich verteidigt [5], so wie auch Benedikt XIV. innere und äußere Früchte unterscheidet [6]. Nun zur Begründung der Hauptthese selbst.

I. Daß man für ein Darlehen als solches keinen Zins nehmen dürfe, galt von jeher als *Dogma,* für das, wie oben betont, nicht bloß die *heiligen Väter*, sondern auch zahlreiche *Konzilien* sowie die großen *Scholastiker* eintraten. Es ist vor allem in der *Heiligen Schrift* an vielen Stellen verbürgt [7]. So heißt es z. B. bei Lukas [8] : « Wenn ihr nur denen leihet, von denen ihr wieder etwas zu bekommen hoffet, welcher Lohn gebührt euch ? Denn auch die Sünder leihen Sündern, um das

[1] Moralphil. II 355.

[2] Apol. IV 767.

[3] Das.

[4] « Et ideo pecuniae usus non habet mensuram utilitatis ex ipsa pecunia, sed ex *rebus*, quae per pecuniam mensurantur. » III. Sent. d. 37 q. 1 a. 6. *A. M. Weiß*, das.

[5] II-II 78, 2 ad 1.

[6] In « Vix pervenit », Constit. sc. I 117.

[7] 2. Mos. 22, 25 ; 3. Mos. 25, 36 ; 5. Mos. 23 Ps. 14, 5 ; Esdras 2, 5 ; Ezech. 18, 8 ; 22, 12 ; Jerem. 15, 10.

[8] 6, 34.

Gleiche wieder dafür zu erhalten.» In Deut. 23, 19 heißt es: «Du sollst deinem Bruder weder Geld noch Früchte noch irgend ein Ding auf Zinsen leihen, sondern einem Fremden.» Der Nachsatz: «sondern einem Fremden» bereitet Schwierigkeiten, denn wenn Zinsnehmen für das Darlehen als solches ein «malum per se» wäre, so könnte es auch Fremden gegenüber nie gestattet sein. Darauf antwortet der Aquinate: Auch Fremden gegenüber wurde es nur *toleriert* ad maius malum evitandum, wegen der Herzenshärte der Juden, was bekanntlich auch das Naturrecht gestattet [1]. Jedenfalls hat die Kirche durch mehrfache Konzilien, durch die Päpste Alexander III., Urban III., Leo Magnus und Benedikt XIV. und andere konstant im gleichen Sinn das Zinsnehmen für Darlehen als solche als dem göttlichen Rechte widersprechend taxiert [2]. Das Gleiche finden wir in dem berühmten Can. 1543 des neuen kirchlichen Rechtsbuches. Die Beurteilung der Frage hat also auch in der neuesten Zeit keine Wandlung durchgemacht.

II. Wie steht es jedoch, wenn die Sache **naturrechtlich** betrachtet wird? Alles hängt hier von der Frage ab: *Ist das Geld an und für sich unfruchtbar?* Ist es an sich unfruchtbar, so kann es auch heute noch nicht als Frucht Zins abwerfen. Prüfen wir die Frage genauer.

Man kann alles das, was irgendwie zum Gelde gehört, in einem dreifachen Sinne ins Auge fassen: physisch, als Tauschmittel, investiert in Gütern.

a) Rein **physisch**, oder, wie Cajetan sagt, die Natur dessen, was wir Geld nennen [3]. So genommen ist Geld entweder Papier oder Metall: Gold, Silber, Kupfer usw. Selbstverständlich ist unter diesem Gesichtspunkte der Gebrauch nicht zugleich «Verbrauch», denn dasselbe Silberstück kann jahrhundertlang durch tausend Hände gehen. So genommen ist das, was wir Geld nennen, noch gar nicht «Geld», sondern ein Fetzen Papier oder ein Klumpen Metall. Erst durch Prägung und autoritative Währung erhält Papier oder Metall «Kurswert», wird es Geld, d. h. Handelsmittel. Und selbst das reinste Gold hängt in seinem Kurswert von der Währung ab.

b) Das Geld als **Tauschmittel**. Durch Prägung und autoritative Anerkennung erst werden Papier und Metall gleichsam «sozial», d. h.

[1] II-II 78, 1 ad 2; De Malo, q. 13 a. 4 ad 1; I-II 105, 3 ad 3.

[2] Lateranense III c. 25; Nycaenum I 17; Lugdunense II c. 1, 2; Arelat. I 12.

[3] In II-II 78, 1.

Tauschmittel. Sie werden zur « *res fungibilis* », *stellvertretend,* « Ersatz », « Umsatzmittel » von Waren = Gütern [1]. Das ist die wichtigste Funktion des Geldes, wie Thomas sagt : « principaliter inventa est pecunia ad commutationes faciendas » [2]. Das Geld als Geld ist und war daher auch bei den Rechtslehrern stets eine *vertretbare* Sache : « Fungibiles res dicuntur apud iurisconsultos quarum una fungi potest *vice alterius* ut eae, quae constant numero, pondere et mensura. » [3] In diesem Sinne ist der « Gebrauch » des Geldes zugleich « Verbrauch » : « cuius usus est eiusdem consumptio » [4], denn im Darlehen geht der Besitz des Geliehenen dem Darleiher verloren und muß daher, soll die ausgleichende Gerechtigkeit [5] gewahrt werden, vom Empfänger quantitativ-qualitativ eiusdem generis zurückerstattet werden. Wer mehr verlangt, sündigt gegen die Gerechtigkeit. Wer also für Darlehen außer und neben der Rückerstattung der gleichguten, gleichgroßen, artgleichen Sache noch Zins verlangt, verletzt die natürliche Gerechtigkeit, wie der Aquinate sagt : « et hoc est manifeste contra rationem iustitiae naturalis » [6]. Der Darleiher verkauft ein und denselben Gebrauch der Sache, der mit dem Verbrauch identisch ist, zweimal : « usum bis vendis » [7].

All das Gesagte ist *naturrechtlich* begründet, denn es geht aus der Natur des Darlehens und des Geldes als Tauschmittel hervor. Diese Frage muß aus den unveränderlichen Wesenheiten von Darlehen und Geld gelöst werden. Zinsnehmen ratione mutui ist folglich etwas *an sich Unstatthaftes :* « peccatum secundum se », nicht bloß, weil positiv verboten, « quia prohibitum » [8], sondern eine naturrechtlich ungerechte Tat : « obligatio usuraria ... naturaliter iniusta » [9].

Aber hat nicht die ganze Frage in der modernen Wirtschaft eine tiefgreifende *Umwälzung* erlebt ? Welchen Einfluß hat heutzutage das

[1] Vgl. *Sleumer Alb.*, Kirchenlatein. Wörterbuch, Limburg 1926, S. 347 ; *Franz Zehentbauer,* Das Zinsproblem nach Moral und Recht. Wien 1920, S. 138.

[2] De Malo, q. 13 a. 4 ad 15 ; II-II 78, 1.

[3] Vgl. *Du Cange,* Glossarium med. et infimae latinitatis, t. III (1884), 631.

[4] II-II 78, 1 ; dazu *Landner Jos.*, Das kirchliche Zinsverbot und seine Bedeutung. Graz 1918, S. 79 ff.

[5] II-II 78, 1 ; *Soto,* De iust. et iure l. VI q. 1 a. 1.

[6] De Malo q. 13 a. 4.

[7] De 7º praecepto Decalogi c. 24.

[8] De Malo, q. 13 a. 4.

[9] Das. a. 4 ad 11. Selbstverständlich kann, wer ein Darlehen aufnimmt, dem Darleiher aus Güte und Freundschaft ein Geschenk machen (De Malo, q. 13 a. 4 ad 13), denn der Darleher ist nicht verpflichtet, Geld zu leihen (II-II 78, 1 ad 4 ; De Malo, q. 13 a. 4 ad 3). Wir reden hier nur von der *Rechtspflicht !*

Geld? Wie wir hörten, schreibt Cathrein dem heutigen Geld gewinnbringenden Charakter zu, redet von Gewinn, der dem Gelde selbst anhafte, anerkennt es als *fruchtbringend* in sich und achtet es daher den *Produktionsgütern* gleich. Er spricht sogar von einer *vollendeten Wandlung,* der auch die neuesten *apostolischen Entscheidungen* mit ihrer Toleranz Rechnung getragen haben sollen. Wie ist das zu erklären?

Auch heute noch ist das Geld als *Tauschmittel absolut unfruchtbar.* Das bestätigt *erstens* die Erfahrung. Auch mit einem Haufen geprägter, kursfähiger Banknoten oder Münzen kann ich ohne Arbeit und Tätigkeit kein Brötchen kaufen. Ich muß dabei verhungern. Daher hat *zweitens* das Geld an sich auch heute noch *keinen Eigenwert,* denn es hat allen Wert nur von den Gütern, die ich durch meine Tätigkeit eventuell mit ihm erwerben kann. *Drittens* sagen wir — und das ist kühn : es kann an sich gar keinen Wert haben, weil es eben Tauschmittel ist, denn das Tauschmittel als Tauschmittel ist immer « Zähl- » und « Umsatzmittel » für anderes, — für Güter — und Zähl- und Umsatzmittel sind innerlich notwendig verschieden *vom Gezählten* und dem, was *umgesetzt wird.* Es liegt ein innerer Widerspruch in dem Satze : das Geld als solches hat Eigenwert oder ist den Produktionsgütern gleich zu achten. Das alles bestätigt Cathrein, allerdings im Widerspruch mit sich selbst, wieder mit eigenen Worten, wenn er sagt, der Wert des Geldes als Tauschmittel « richtet sich nach dem Wert der Güter »[1]. Wenn das wahr ist, dann hat es als Tauschmittel keinen Eigenwert, ist also auch heute noch absolut unfruchtbar. Daher sind *viertens* alle Argumente, die Cathrein anderwärts für eine Quasi-Fruchtbarkeit des Geldes in der heutigen Zeit anführt, nur *äußeren* Faktoren — damnum emergens, lucrum cessans, periculum sortis etc. — zuzuschreiben[2] und beweisen nichts. *Fünftens:* Die Toleranz *apostolischer Entscheidungen* gegenüber staatlichen Wuchergesetzen der modernen Zeit beweist keine Wandlung der kirchlichen Auffassung vom Zinsnehmen, denn positive Naturrechtsvorschriften verpflichten nicht immer und überall. Um ein größeres Übel zu vermeiden, konnte man und konnte auch die Kirche allzeit schlechte Gesetze tolerieren. Das ist fürwahr keine neue Lehre in der katholischen Kirche, denn der Aquinate kannte und bekannte sie schon im 13. Jahrhundert und zwar präzis hinsichtlich des Wuchers[3]. Und wie konstant die Kirche, treu

[1] Moralphil. II 355.
[2] Vgl. das. 353-356.
[3] II-II 78, 1 ad 3.

ihrer früheren Tradition, auch in der modernsten Zeit die Unfruchtbarkeit des Geldes als solches betont und das Zinsnehmen ratione mutui verurteilt, beweist der Canon 1543 des neuen kirchlichen Gesetzbuches, kraft dessen auf Grund des Darlehensvertrages an sich auch heute noch jeder Zinsbezug verboten ist: « Si res fungibilis ita alicui detur ut eius fiat et post ea tandundem in eodem genere restituatur, nihil *lucri ratione ipsius contractus* percipi potest. » Dieser Canon konnte allerdings weder Cathrein noch Lehmkuhl bekannt sein, da er später ediert wurde. Und Franz Zehentbauer hebt zutreffend hervor: « Die res fungibilis als Darlehensobjekt läßt nur den Verbrauchswert zu. Und das gilt auch heute noch genau so wie zur Zeit der Scholastik: der Zins ist damals wie heute beim Darlehen nur erlaubt aus einem *äußeren*, dem Darlehen als solchem nicht wesentlichen Nebenumstand. »[1] Auf diese äußeren Nebenumstände, die das Zinsnehmen rechtfertigen und auf Grund derer auch der Canon 1543 einen mäßigen Zins erlaubt, werden wir im Folgenden zu sprechen kommen.

Aber hat in dieser Sache in der modernen Zeit gar keine *Wandlung* stattgefunden? Antwort: Nur eine rein *äußere-materielle*, mit der die Kirche an sich nichts zu tun hatte. Das Tauschmittel Geld hat in der modernen Wirtschaft als leichtes, allgemein zugängliches Instrument in Handel und Industrie ungeheure Bedeutung erlangt; man denke nur an die Aktiengesellschaften, an die Erfindung der Dampfmaschinen, der Eisenbahnen, der Banken, an Telegraph und Telephon. Es hat also eine größere **Anwendungssphäre**, einen rein *quantitativ-größeren* Wirkungskreis erhalten. Das ist etwas *Äußerlich-Materielles*, wie jede andere quantitative Vergrößerung einer Sache.

c) **Investiertes** Geld ist das Mittel, kraft dessen jemand ein bestimmtes Gut besitzt oder auch sichert. Es ist also ein Instrument der Bereicherung durch das Gut, das man besitzt. Nachdem diese Bereicherung vom Gute abhängt, hat das Geld auch in diesem Falle keinen Eigenwert.

Was wir über das Geld als Tauschmittel sagten, hat Thomas prägnant in folgende Worte gekleidet: « Et ideo pecuniae usus non habet mensuram *utilitatis* ex ipsa pecunia, sed *ex rebus*, quae per pecuniam mensurantur secundum differentiam eius qui pecuniam *ad res* transmutat. »[2]

[1] Das Zinsproblem nach Moral und Recht, S. 150.

[2] III. Sent. d. 37 q. 1 a. 6.

3. Zinsnehmen kraft äußerer Titel gestattet.

Wir sind also nicht Gegner jedes Zinsnehmens, sondern nur des Zinsnehmens für ein Darlehen als solches. Nur das letztere hat die Kirche je und je verdammt und mit ihr die katholischen Soziologen. Wir nennen *Franz Funk*[1], *O. Schilling*[2], *A. M. Weiß*[3] und *Anton Orel*[4]. Das gilt, wie oben dargetan, als Dogma. Auf dem gleichen Boden steht auch der bekannte Prof. *Ude*: Zinsnehmen vom Darlehen als solchem ist Wucher[5]. Hingegen geht Ude zu weit, wenn er jedes Zinsnehmen bekämpft. Zu dieser These kam er, da nach seiner Auffassung Entschädigungen aus äußeren Titeln überhaupt nicht als Zins im wahren Sinne des Wortes zu betrachten sind. « In Tat und Wahrheit sind aber diese Entschädigungen wirkliche Zinsen. » Schon Thomas nennt sie « Interesse »[6], was sich durchaus mit dem französischen « intérêt » deckt. *Titel* für solche Entschädigungen, also Zinsen, gibt es verschiedene, die nicht etwa erst in der modernen Wirtschaft ersonnen wurden, sondern schon im Mittelalter bekannt waren. Also auch da keine weltumwälzende Neuerung. Welches sind diese hauptsächlichsten Zinstitel?

1. Der Darleiher kann eine Entschädigung für das Darlehen verlangen kraft des Verlustes, sagen wir genauer, kraft des *Gewinnverlustes*, den er durch das Darlehen erleidet. Er hätte mit dem Gelde, das er auslieh, Güter erwerben können. Das ist nichts anderes als der alte Erwerbstitel: « *lucrum cessans* », den fürwahr schon das Mittelalter mit Thomas kannte[7]. Der Darleiher hätte Güter kaufen können, die Früchte eingebracht hätten. Auch da ist oder wäre also nicht das Geld als solches fruchtbar, sondern die *Güter*.

2. Der Darleiher kann durch das Darlehen einen besonderen *Schaden* erleiden, da er eine günstige Gelegenheit, Gewinn zu erlangen, versäumt.

[1] Geschichte des Zinsverbotes, S. 6. Vgl. Das Geld, sein Einfluß auf Gesellschaft, Wirtschaft und Kultur, nach Vorlesungen von Universitätsprofessor Dr. Joh. Ude.

[2] Christliche Gesellschaftslehre. Freiburg 1926, S. 60.

[3] Apol. IV 702. *A. M. Weiß* betont aber die Erlaubtheit des Zinsnehmens aus *äußeren* Titeln. Apol., das. 769.

[4] Oeconomia poronnis. Vgl. Das Geld, sein Einfluß auf die Gesellschaft, Wirtschaft und Kultur, S. 69.

[5] Das. 61.

[6] « Duplex est interesse ». De Malo, q. 13 a. 4 ad 14.

[7] II-II 78, 2 ad 5; *Soto*, De iust. et iur, l. IV q. 1 a. 3; *Cajetan* in II-II 78, 2 ad 1.

Dafür hat er ein Recht auf eine Entschädigung, also Zins. Auch dieser Titel war unter « *damnum ermergens* » bereits im Mittelalter bekannt [1].

3. Der Darleiher ist besonders in unserer Zeit der Gefahr ausgesetzt, das geliehene Geld nicht mehr zurückzubekommen. Es liegt somit im Darlehen die *Gefahr* oder das Risiko, das Geld zu verlieren. Auch das galt schon im Mittelalter als Titel der Entschädigung : « *periculum sortis* » [2].

4. Schon Thomas anerkannte die « *poena conventionalis* » als Rechtstitel des Zinses oder einer Entschädigung. Der Darleiher läuft Gefahr, daß ihm das Darlehen nicht zur bestimmten *vereinbarten Zeit*, « statuto termino » zurückerstattet werde, und dafür kann der Empfänger verpflichtet werden, eine Entschädigung, also Zins zu bezahlen : « et in tali casu ille, qui mutuum accepit, tenetur ad interesse » [3].

Bei dieser Sachlage fragt man sich ernstlich : Wann und wie hat also die Kirche bezüglich des Zinsnehmens in der modernen Zeit irgend einen « Krebsgang », irgend eine *innere Umstellung* vollzogen ? Sie hat allzeit mit den heiligen Vätern und den großen Scholastikern den Zins aus dem *Darlehen als solchem*, also den eigentlichen Wucherzins, als dem göttlichen und dem Naturrecht widersprechend bekämpft. Sie hat nie das *mäßige* Zinsnehmen aus *äußeren Gründen* verboten, sondern sogar die wichtigsten Titel dafür aufgezeigt. Und das alles bis auf den heutigen Tag, wo sie durch Canon 1543 des neuen Gesetzbuches wie ehedem nur den Wucherzins verbietet, Zinsnehmen auf Grund *äußerer Ursachen* aber billigt [4].

Fügen wir zum Schlusse nur noch die Bemerkung bei : Was in der modernen Wirtschaft den ungerechten Kapitalismus enorm gefördert hat, sind zwei Momente : erstens, daß man vom Darlehen *selbst* Zinsen bezog ; zweitens, daß man für das Risiko des Darlehens, also kraft der äußeren Titel, *zu hohe* Zinsen forderte. Beides ist Wucher, der zum Ruin des kleinen Mannes führt, jede gesunde Wirtschaft untergräbt. Beides ist von der Kirche je und je verurteilt worden. Eine wirksame Besserung vermögen nur *positive* Gesetze zu schaffen, die das Naturrecht respektieren. Damit haben wir uns aber hier nicht zu beschäftigen.

[1] II-II 78, 2 ad 1 ; De Malo, q. 13 a. 4 ad 14 ; *Soto*, ib. ; *Cajetan*, ib.

[2] De Malo, q. 13 a. 4 ad 15.

[3] De Malo, q. 13 a. 4 ad 14.

[4] « Sed in praestatione rei fungibilis non est per se illicitum de lucro legali pacisci, nisi constet ipsum esse immoderatum, aut etiam de lucro maiore, si iustus ac proportionatus titulus suffragetur. » Can. 1543.

Art. 11.

Die Ehe.

Unter den *sozial* naturrechtlich begründeten Rechten und Pflichten nimmt die Ehe den ersten Platz ein. «Wenn die Familie», sagt *Trendelenburg*, «die festeste Grundlage des Staates ist, wenn aus ihr der gesunde Nachwuchs seiner Bürger stammt, wenn sie wie ein Staat im Kleinen für den großen Staat bewußt und unbewußt erzieht, so ist die Ehe, der sittliche Ursprung der Familie, für ihn von der größten Bedeutung.»[1] *Eugen Huber* sagt: «Als von Natur gegebene Gemeinschaft ist vor allem die Gemeinschaft von Mann und Frau»[2] zu betrachten. «On peut dire», sagt *Jaccoud*, «que de tous les contrats, que l'homme est à même de passer, celui du mariage, qui donne naissance à la famille et reste à la base de sa constitution, est à la fois le plus ancien et le plus naturel.»[3]

Wir versuchen, diesen tief naturrechtlichen Charakter der Ehe zu erweisen: aus ihrem *Wesen*, ihrem *Ziele*, ihren *Eigenschaften*. Das alles gibt uns sodann gewisse Normen für die *Eheschließung* an die Hand.

1. Das Wesen der Ehe.

Auch die besten Definitionen einer Sache deuten oft den tieferen Sinn derselben nur an. Das ist auch bei jener berühmten justinianischen Definition des Römischen Rechts von der Ehe der Fall: *Die Ehe ist die Vereinigung eines Mannes und einer Frau zur unauflöslichen Lebensgemeinschaft.* Matrimonium est viri et mulieris coniunctio individuam consuetudinem vitae continens.[4] Abgesehen von verschiedenen Zusätzen, blieb diese Definition grundlegend. So bei Petrus Lombardus[5]

[1] Naturrecht, § 124, S. 239.
[2] Recht und Rechtsverwirklichung, S. 135.
[3] Droit nat. chap. 2, 167.
[4] Inst. I 9, De patria potestate, § 1.
[5] Er fügte die procreatio prolis als Ziel hinzu.

und bei Thomas von Aquin [1]. Der Römische Katechismus nennt sie sogar kurzerhand die Definition « ex communi Theologorum sententia » [2]. Allein, wie soll der naturrechtliche Charakter der Ehe aus dieser Definition ersichtlich werden ? Das leuchtet nicht so leicht ein. Untersuchen wie die Sache genauer.

Gleichheit von Mann und Frau.

Naturrechtlich ist alles, was von der menschlichen Natur ableitbar ist. Die menschliche Natur kann nun in einem doppelten Sinn gefaßt werden : in sich, als *spezifische Artnatur :* « uno modo secundum rationem speciei, sicut naturale est homini esse risibile » ; oder sie kann aufgefaßt werden, insofern sie sich in einem *Individuum* findet, z. B. inSokrates oder Plato [3]. Im ersteren Sinne gibt es zwischen Mann und Frau keine Gegensätze, denn beide sind *Menschen.* Da gilt das Axiom : « Natura speciei est tota in quolibet individuo. » [4] Und da jede Frau ebenso wie jeder Mann ein *menschliches* Individuum ist, so sind Mann und Frau einander spezifisch gleich. Eben darin besteht die Gleichheit von Mann und Frau, daß sie, trotz individuellem Unterschied, doch in *derselben menschlichen Natur* übereinkommen : « Per masculinum autem et femininum aliquod suppositum determinatur in *communi natura.* » Wenn also gefragt wird : *Was* sind sie ? lautet die Antwort : Sie sind Menschen [5]. Diese Gleichheit der Natur ist auch der Grund, warum Gatte und Gattin bezüglich des Geschlechtsverkehrs gleiche Rechte besitzen [6].

Ungleichheit von Mann und Frau.

Damit ist der Grund der Ungleichheit, ja des Gegensatzes von Mann und Frau auch schon angedeutet. Er liegt in der *Individualordnung,* in der verschiedenen Teilnahme an derselben Natur. Sie sind zwei ganz verschiedene Personen (supposita), die doch wieder zueinander hingeordnet sind. Worin besteht der Gegensatz und warum ist doch wieder Hinordnung da ?

a) Der **Gegensatz** liegt in dem geschlechtlichen Unterschiede. Der geschlechtliche Unterschied betrifft nicht bloß die sog. *Geschlechts-*

[1] *Thomas* erwähnt auch die sponsalia als Ursache. IV. Sent. d. 27 q. 1 a. 1.
[2] P. II, c. 8, 3.
[3] I-II 51, 1.
[4] III 52 a. 3.
[5] III 31, 2 ad 4 ; I 92, 2 ad 2 ; I 92, 4 ad 1. In *Arist.* De Anima, l. I lect. 8.
[6] II-II 32, 8 ad 2.

organe, welche in den Ordo der Accidentia (qualitas) gehören und alle übrigen Accidentia beeinflussen, wie Bernardin Krempel lichtvoll gezeigt [1], sondern er beherrscht, wie bereits angedeutet, die *ganze* individuelle Substanz des Mannes und der Frau, und zwar physiologisch und psychologisch. Mit Recht sagt P. *Creusen* S. J. : « La différence des sexes n'est pas seulement physique ; elle affecte toute la vie sensible, intellectuelle et morale. » [2] Ganz richtig sagt auch P. *Thiel* O. S. B. : « Obwohl der Unterschied der Geschlechter kein wesentlicher ist, muß er demnach doch im vollen Sinne des Wortes als ein *totaler* bezeichnet werden. » [3] Das ist wahr, weil der Gegensatz ein *persönlicher*, also ein transzendentaler ist, denn er ist im *Sein* begründet, nicht bloß in einem Akzidens, wie häufig behauptet wird : « Masculinum genus refertur ad hypostasim vel personam », sagt Thomas tiefsinnig [4]. Dem entspricht die thomistische These : Die Geschlechter sind bedingt durch die *Individualprinzipien* [5] und die Materia prima als Individuationsprinzip [6], welche stets körperlich-substanziell-verschiedene Dinge begründen.

Wie läßt sich dieser Totalgegensatz zwischen Mann und Frau noch näher charakterisieren ? Wir führen ihn auch heute noch, trotz Einsprache [7], auf den aristotelisch-thomistischen Satz zurück : Der Mann ist eminent **aktiv** (nicht ausschließlich), die Frau eminent **passiv** (nicht ausschließlich) [8]. Wir betonen : nicht ausschließlich, denn in allen kreatürlich aktiven Prinzipien ist auch Passives enthalten, und auch die passiven haben ihre Tätigkeit, involvieren also ebenfalls Aktives [9]. Wie richtig unsere Ansicht ist — mit ihr besagen wir noch gar nichts über die relative Vollkommenheit von Mann und Frau — ergibt sich aus den anatomisch-physiologisch-psychologischen Gegensätzen zwischen Mann und Frau, die moderne Naturforscher, wie *Marañon* [10] und *Ombrédane* [11], aufzeigen.

[1] Die Zweckfrage der Ehe in neuer Beleuchtung. Einsiedeln 1941, S. 144 ff.

[2] La Chasteté, Nouvelle Revue Théol. 1938, n. 2, p. 180.

[3] Divus Thomas, 1934, S. 14.

[4] III 52, 3 ; III. C. G. 125 ; I 31, 2 ad 4.

[5] Quaest. disp. De Anima, q. unica a. 12 ad 7.

[6] I 54, 3 ad 2.

[7] Auch Krempel hat gegenüber Thiel die alte These fallen gelassen, weil er die Relation zwischen Mann und Frau nicht transzendental auffaßte. Vgl. l. c. 141.

[8] I 98, 2 ; I 92, 2 ad 1.

[9] De Verit. q. 16 a. 1 ad 13. Nach der heutigen Biologie trägt auch das Weib tatsächlich aktiv zur Erzeugung bei.

[10] L'évolution de la séxualité, Paris 1931.

[11] Les Hermaphrodites et la Chirurgie, 1939. Vgl. *Krempel*, l. c. 130.

α) **Körperlich** : Mann überwiegend Schulterbau gegenüber Beckenbau der Frau. Mann im allgemeinen *hochgewachsener* und *kräftiger* als die Frau ; *Knochenbau* und Muskeln stärker entwickelt, in Bezug auf körperliche Anstrengung sowie sexuell leistungsfähiger als die Frau, wie auch Trendelenburg [1] und Castelein [2] betonen. So gilt der Mann als das « starke Geschlecht ».

β) **Seelisch** : Dem Manne ist der Drang nach *äußerer Kraftentfaltung* eigen, und er ist, wie schon Aristoteles betont, geeigneter für *spekulativ-schöpferisches* Denken [3]. Dagegen sind bei der Frau *Gefühl, Gemüt* und *zarte Güte* mächtiger. Daher das « zarte Geschlecht ». Es ist wahr, was Marañon sagt : Alles ist in der Frau auf das « Muttersein » hingeordnet. Trotzdem nach der modernen Biologie zur Zeugung auch die Frau wirkursächlich beiträgt, so leuchtet doch ein, daß auch da der Mann *aktiver* ist, nachdem er als erste Wirkursache die Frauentätigkeit auslöst. Selbstverständlich gibt es im Einzelfall Ausnahmen : Frauen, die dem Mann körperlich oder geistig überlegen sind, denn die Individualordnung kennt keine *innere* Notwendigkeit.

b) Eben dieser geschlechtliche Gegensatz zwischen Mann und Frau im Sinn von Akt und Potenz, diese Totalverschiedenheit der *Seinsrichtung nach,* erklärt uns, wie beide aus ihrer zutiefst verschiedenen Natur — also naturrechtlich — **zueinander hingeordnet sind,** wie Trendelenburg zutreffend sagt [4], da beide zur Erhaltung der Art einander bedürfen. Daher hat Pius XII. die Italienerinnen, welche bekanntlich das Stimmrecht besitzen, ermahnt, an die Urne zu gehen, um die *Eigenstellung* der Frau gegen falsche moderne Ansichten des Totalitarismus zu verteidigen [5]. Die Ehe ist ein *Contractus naturalis,* weil Mann und Weib aus ihrer gegensätzlichen und individuellen Natur heraus einander bedürfen : der Mann gibt der Frau, was sie nicht hat, aber als Weib haben möchte — Akt und Potenz — und die Frau gibt dem Manne, was er nicht hat und als Mann haben möchte — ebenfalls Akt und Potenz. So ist es klar, warum die Ehe durch Akt und Potenz eine von der Natur erstrebte *Abmachung,* d. h. ein Vertrag ist.

[1] Naturrecht, § 123, S. 133.

[2] Droit nat. 541 ff.

[3] Eth. ad Nic. VIII. 14 ; I. Pol. 13 ; *Thomas,* in I. Cor. 11 lect. 1 ; I 92, 1 ad 2 ; *Trendelenburg,* das.

[4] Naturrecht, das.

[5] Ansprache vom 21. Okt. 1945. Vgl. Schweizerische Kirchenzeitung vom 26. Okt. 1945, Nr. 45, S. 425 ff.

Das mißkannte Mittelalter.

Der edle protestantische Nervenarzt *Th. Bovet* in Zürich hat kürzlich der Öffentlichkeit ein Buch geschenkt, das reich an herrlichen Ratschlägen für Eheleute ist [1]. Kulturhistorisch steht es indessen, wie uns scheint, nicht auf der gleichen Höhe. Schon der Satz : « die asketische Verdammung der Geschlechtlichkeit » habe den völligen Sieg des Christentums paralysiert [2], wird manchem fraglich erscheinen. « Die alten Kirchenväter fragten sich allen Ernstes, ob die Frau auch eine Seele habe. » [3] Dieser Satz geht, wie uns scheint, nur einige von Philo von Alexandrien beeinflußte Schriftsteller an, die jedoch zumeist nicht « Kirchenväter » waren. Der Hauptangriff Bovets gilt indessen dem *Mittelalter*. Behauptungen wie die folgenden können nicht unwidersprochen bleiben : « Luther hat als erster die Ehrlichkeit gehabt, die Macht des Geschlechtstriebes mit aller Nüchternheit anzuerkennen. » [4] — « Das ist die eine Seite. Auf der anderen fährt Luther fort, *genau wie die mittelalterlichen Kirchenväter, diesen Geschlechtstrieb an und für sich als böse* zu erklären. » [5] Aber wer sind denn diese mittelalterlichen (!) Kirchenväter? Als einziger Beweis wird eine Stelle aus Thomas II-II 153, 2 angeführt und dazu noch aus einer Antwort auf eine Objektion (II-II 153, 2 ad 1), überdies nach Eicken [6] zitiert, wie er angibt, und dann folgt der Satz : « Wer vollkommen sein wollte, durfte nicht heiraten und wer verheiratet war, durfte keinen geschlechtlichen Verkehr üben. » [7] Offenbar hat Bovet *nie* selber einen Thomas gesehen, denn wenn er II-II 153, 2 gelesen hätte, würde er überrascht im Hauptteil des Artikels die These gefunden haben, daß die Ehe und der Sexualverkehr in derselben ein « bonum excellens » sei [8]. Das war bereits im finsteren Mittelalter *allgemeine* Lehre, sowie auch, daß, wie wir oben gezeigt, Mann und Frau der *Natur nach* einander gleich seien [9]. Schon im Mittelalter

[1] Die Ehe, ihre Krise und Neuwerdung. Bern 1946.
[2] Das. 39.
[3] Das. 107.
[4] Das. 41.
[5] Das. 42.
[6] Das. 39. Sperrtext von mir.
[7] Das.
[8] « Sicut autem est vere bonum, quod conservetur corporalis natura unius individui, ita etiam est quoddam bonum excellens, quod conservetur natura speciei. » II-II 153, 2.
[9] III 31, 2 ad 4.

galt als Grundsatz, daß *Sinnesfreuden* (« delectatio sensibilis ») an sich weder gut noch böse sind und daß ihr sittlicher Wert davon abhängt, ob sie von der recta ratio geleitet werden oder nicht [1]; das bezieht sich auch auf die sexuellen Leidenschaften [2]. Man hat also das Mittelalter verleumdet. Klingt es nicht wie eine Ironie, wenn man weiß, daß Thomas genau wie Th. Bovet [3] auf dem wichtigen Gebiete der *Erziehung* der Frau dem Manne gegenüber den *Primat* einräumt? [4] Ähnliche Ungerechtigkeiten gegen das Mittelalter hat einstens auch Dr. *Mitterer* begangen, als er Thomas von Aquin die These unterschob, nach ihm wäre jede Frauengeburt nur eine *Mißgeburt*, ein « occasionatum » [5]. Bis auf die heutige Stunde ist die Geschlechtsbestimmung bei der Zeugung ein ungelöstes Problem [6]. Unseres Erachtens ist folglich die Geburt eines männlichen oder weiblichen Wesens, vom Standpunkt der Eltern aus gesehen, *zufällig*. Aber objektiv, d. h. in der sachlichen Ordnung, ist die Geburt des Weibes tiefbegründet, wie schon Thomas hervorhob [7]. Neben und außer der Ordnung der Partikularursachen gibt es eine *Universalkausalität* der göttlichen Vorsehung. Da, erklärt er, ist die Frau in keinem Sinn etwas Zufälliges: « sed per comparationem ad naturam universalem femina non est aliquid occasionatum, sed est in intentione naturae ad opus generationis ordinata. » [8] So gefaßt, ist die Frau ebenso *gottgewollt* wie der Mann, wie denn auch im Urzustande, wo es überhaupt keine Mißgeburten gegeben hätte, Menschenzeugungen dagewesen wären, und zwar proportioniert gleich viele männliche und weibliche [9]. Gott hat im Anfange beide geschaffen, Mann und Weib, daß sie sich fortpflanzen [10]. Auch Mitterers Behauptung, nach Thomas wäre die Frau *nur* der Zeugung wegen da [11], ist eine Unwahrheit. Der Aquinate betont ausdrücklich das Gegenteil: « mas et femina coniunguntur in hominibus non solum propter necessitatem generationis ... sed etiam propter *domesticam* vitam, in qua

[1] I-II 31, 5 ad 3.
[2] II-II 153, 2; De Malo, q. 15, 2.
[3] Das. 151.
[4] IV. Sent. d. 27 q. 1 a. 1.
[5] Mann und Weib, nach dem biologischen Weltbild des hl. Thomas. Zeitschr. für kath. Theol. Innsbruck 1933, Bd. 57, S. 517, 521, 522.
[6] Vgl. *Landois*, Lehrb. der Physiologie des Menschen, 1916, II. 923-924.
[7] I 92, 1 ad 1.
[8] Ib.
[9] II. Sent. d. 20 q. 2 a. 1 ad 1.
[10] Ib.; I 92 a. 2 ad 1.
[11] *Mitterer*, das. 523.

sunt alia *opera* viri et feminae. »[1] Dasselbe betonte im gleichen Sinne Cajetan[2].

Zur Illustration der sozialen Stellung von Mann und Frau beim Aquinaten versuchen wir nun einen Gesamtüberblick über die sozialen Aufgaben der Frau in *Ehe, Erziehung* und auf *politischem* Gebiete zu geben.

Gesamtbild der sozialen Stellung der Frau.

a) Im **ehelichen** Leben. Selbstverständlich ist hier der Mann das Haupt und die Frau ihm, wie Paulus im 5. Kapitel des Epheserbriefes mahnt, unterworfen. Aber, warnt Thomas, die Unterwerfung sei keine *knechtische* (servilis)[3]. Der Gatte liebe die Frau wie sich selbst[4], wie Christus die Kirche liebte, für die er starb[5]. Zwischen den Gatten herrsche *vollkommene Freundschaft*[6]; richtig verstanden, ist die Ehe die *vollkommenste Freundschaft* auf Erden: « maxima amicitia »[7]. Daher sind Gattin und Gatte hinsichtlich des *Geschlechtsverkehrs* vollständig gleichberechtigt[8]. Das Höchste aber, an was beide sich stets erinnern sollen, ist, daß die Ehe nach Paulus ein « magnum sacramentum » und damit ein Abbild Christi und der Kirche ist[9].

Liegt in dieser Auffassung nicht eine wunderbare Größe der sozialethischen Aufgabe der Frau? Und das im Gegensatz zur Stellung der Frau im Altertum, wo sie Sklavendienst zu leisten hatte, und im Gegensatz zu gewissen Anspielungen Mitterers und anderer, wonach im Thomismus und Mittelalter die Frau als Sklavin aufgefaßt worden sei!

b) Die **erzieherische** Arbeit der Frau. Nach Thomas müssen auf diesem Gebiete Gatte und Gattin zusammenwirken. Die erwachenden Leidenschaften der Kinder und die Schwierigkeiten der Erziehungsarbeit in ihrer Orientierung auf das Leben hin, verlangen neben dem

[1] I 92, 2.
[2] Comment. in I 92, 1.
[3] I 92, 1 ad 2.
[4] In Ephes. V, lect. 8 u. 9.
[5] Ib. lect. 8.
[6] In Is. c. 4.
[7] III. C. G. 123; In I. Cor. c. 11, lect. 1.
[8] II-II 32, 8 ad 2.
[9] IV. Sent. d. 33 q. 1 a. 1; I-II 92, 1 u. 2; III. C. G. 123; IV. C. G. 78; I. Cor. c. 7.

Einfluß der Mutter den des zügelnden und eventuell strafenden Vaters [1]. Nach Mitterer hat Thomas dem Vater die Hauptrolle in der Erziehung zugeteilt, ja, auf Grund seiner mönchisch-mittelalterlichen Einstellung die Mutter ganz ausgeschaltet. Ihr Anteil sei eigentlich nur die Erzeugung. Das sei das Empörende [2]. Ist dem wirklich so?

Das Gegenteil ist wahr. Thomas bleibt sich immer konsequent. Nach der Akt-Potenzlehre ist die Frau dem Mann an Herz und Gemüt und daher an Opfersinn und Dulderkraft überlegen. Daher überträgt Thomas, genau im Gegensatz zu dem, was Mitterer sagt, den *Großteil der Erziehungsarbeit* der sonnigen Güte des an Opfersinn unübertroffenen Mutterherzens. **Die Hauptaufgabe bei der Kindererziehung hat die Mutter zu erfüllen:** « Potest etiam dici matrimonium, quasi matris munium, id est officium : quia **feminis maxime** incumbit officium educandae prolis. » [3] Und er fügt die geistreiche Bemerkung bei : « Quamvis pater sit dignior quam mater, tamen circa prolem *magis officiosa* est mater quam pater. » [4]. Wie konnte Mitterer diesen thomistischen Primat der Frau auf erzieherischem Gebiete einfach ignorieren? Auch Pius XII. hat am 21. Oktober 1945, ganz im Einklang mit Thomas, auf dieses erhabene Vorrecht der Mutter hingewiesen [5]. Der Zartsinn und das erzieherische Geschick, die grenzenlose Geduld und Opferhingabe einer guten Mutter wurden vom Aquinaten hoch geschätzt. Daher wäre es auch unseres Erachtens zu begrüßen, wenn die Frau in Schule und Erziehung aktiver mitzusprechen hätte.

c) Auf **politischem** Gebiete. Die wunderbare Auffassung von der Ehe als erhabenste Freundschaft ermöglicht jedenfalls auch nach Thomas in *politicis* « Stauffacherinnenberufe ». Vielleicht ist der moralische Einfluß der Frau auf den Mann, auch in politicis, so lange der größte und heilsamste, so lange sie kein politisches Stimmrecht besitzt ! Aber eines ist sicher : *Thomas war ein Gegner der politischen Gleichstellung der Frau mit dem Manne.* Auch steht, um es gleich zu sagen, der Papst grundsätzlich auf dem gleichen Boden. « Ein gewisses *totalitäres System* », so

[1] III. C. G. 122 u. 123.

[2] « In allen übrigen Arbeiten ist die Frau ebenso minderwertig. Für die Zeugungsarbeit ist sie notwendig. Für alle übrigen Arbeiten wäre sie nicht notwendig. » Das. 523. « Minderwertige biologische Kenntnis führte Thomas zu diesem Urteile. » Das. 524.

[3] IV. Sent. d. 27 q. 1 a. 1 ; q. 3 conclusio 2.

[4] Ib.

[5] Ansprache an kath. Frauenorganisationen. Vgl. Schweiz. Kirchenzeitung Nr. 45 ; 8. Nov. Nr. 46.

sagt der Papst, « läßt vor ihren Augen glänzende Versprechungen aufleuchten : *gleiche Rechte* mit den Männern. » Was wäre die Folge? Pius XII. antwortet klar : « Mit ihrer rechtlichen *Gleichstellung* mit dem Manne weist man die Frau aus dem *Hause, wo sie Königin ist*, vergißt man ihre *Würde* und verläßt man die soliden *Grundlagen ihres ganzen Rechtes*, das sich auf den *besonderen* Charakter ihrer weiblichen Natur ... aufbaut. »[1] Um das zu verhindern, sollen die Frauen Italiens, da sie nun einmal das Stimmrecht besitzen, zur Urne gehen[2]. Das stimmt grundsätzlich auch wieder mit *Thomas* überein. Die eheliche Unterwerfung der Frau unter den Mann ist nach ihm auch eine *bürgerliche*, weil in der individuellen Natur begründet[3]. Er stützt sich darin auf Paulus (I. Tim. 2, 12) : « Die Frauen sollen in den Versammlungen schweigen. » Auf Grund dieser Auffassung spricht Thomas der Frau den Titel des *Vollbürgers* ab : « mulieres quibus non competit simpliciter esse cives. »[4] Wie sehr er einem Weiber-Regime abhold war, besagen die Worte : « Corruptio regiminis est, quando regimen pervenit ad mulieres. »[5]

Mancher mag diese Stellung bedauern. Indes stehen unverheiratete Frauen, die sich der Jugenderziehung widmen, oder als Friedensengel am Krankenlager und auf dem Schlachtfelde in ihrer Lebensblüte dahinsinken, nicht etwa höher als der Vollblutpolitiker? Hier berühren wir das Problem der *Vollkommenheit* von Mann und Frau. Gewiß ist die politische Tätigkeit, im richtigen Sinn ausgeübt, verdienstlich und wertvoll. Aber auch der Politiker verneigt sich vor der Größe der Mutter, vor dem Erziehungswerk der Frau. Muß man nicht darin den erhabensten Primat der Frau in der natürlichen Ordnung sehen? Liegt es im Interesse des Vaterlands, daß man mit der politischen Gleichstellung der Frau die edle Hausmutter, die Priesterin des heimischen Herdes in das politische Tagesgezänk hineinzieht? Ist das nicht eine *Gefahr für die Völker?* Auf sie hat Pius XII. in der zitierten Ansprache immer und immer wieder hingewiesen. Und ist nicht zu befürchten, daß durch die politische Betätigung der Frau die Familienbande noch mehr gelockert würden? Wird dann wohl der heutige Ruf von der « sale

[1] Das. Nr. 45, 8. Nov., S. 487.
[2] Das.
[3] I 92, 1 ad 2 ; II-II 177, 2 ; III. Sent. d. 12 q. 3 a. 1.
[4] I-II 105, 3 ad 1.
[5] In IV. Pol. c. 2 lect. 3 ; dazu auch in I. Ep. ad Tim. c. 2 lect. 3.

politique », den wir durchaus nicht billigen, der aber so viele Junge von der Urne fernhält, verstummen ?

Aber, sagt man, bald wird die Schweiz mit der Verweigerung des politischen Frauenstimmrechtes ganz allein dastehen. Und wenn auch ! Wäre es ein Unglück, wenn sie als älteste Republik allein das *Vernünftigste* verteidigte und tapfer festhielte ?

2. Der Ehezweck.

Außer der Kindererzeugung gibt es bekanntlich noch andere berechtigte Eheziele. So die geistige und leibliche *Hilfeleistung* der Gatten in guten und bösen Tagen, das glückliche häusliche Zusammenleben, die freundschaftliche Vereinigung fürs ganze Leben. Darauf verweist Thomas häufig [1]. Weiter ist auch die geordnete *Befriedigung des Geschlechtstriebes* ein berechtigtes Motiv, in den Ehestand zu treten [2].

Der Versuch Bernardin Krempels, der inneren *ehelichen Lebensgemeinschaft* den Primat einzuräumen [3], auch vor der der procreatio prolis, war begreiflich, aber verfehlt. Warum *begreiflich* ? Schon der Catechismus Romanus schien diese Auffassung zu begünstigen [4]. Ferner hatte Pius XI. in seiner Ehe-Enzyklika : « Casti connubii » (1930), auf den Römischen Katechismus hinweisend, von jener inneren Lebensvereinigung gesagt : « etiam primaria matrimonii causa et ratio dici potest. » Doch hatte der Papst hinzugefügt : « si tamen matrimonium non pressius ... accipiatur. » [5] Warum war der Versuch *unhaltbar*? Das leuchtet ein : Der Hauptzweck der Ehe ist offenbar die procreatio prolis, weil die Ehe zur *Erhaltung des Menschengeschlechtes*, der species humana, eingesetzt wurde, die offenbar nur durch die Kindererzeugung verwirklicht werden kann. Die procreatio prolis ist deshalb das eigentliche Ziel, das bonum matrimonii [6]. Sodann folgt diese Lösung der Frage aus dem, was wir oben sagten : Da es der Geschlechtsunterschied st, der die Gatten naturgemäß zur Ehe treibt, muß *die Frucht der*

[1] III. C. G. 123 ; I 92, 2 ; II-II 164, 2 ; IV. Sent. d. 26 q. 1 a. 1.

[2] IV. Sent. d. 40 q. 1 a. 3 ; ib. d. 30 q. 1 a. 3.

[3] Die Zweckfrage der Ehe in neuer Beleuchtung. Einsiedeln 1941. S. 199 ff.

[4] « Sed quibus de causis vir et mulier coniungi debeant explicandum est. *Prima* igitur ratio est haec ipsa diversi sexus naturae instinctu expetita *societas.* » Pars II c. 8, 13.

[5] Vgl. *Denzinger*, Enchiridion, n. 2232.

[6] « Natura enim intendit prolem prout in ipso salvatur bonum speciei. » IV. Sent. d. 31 q. 2 a. 2 ad 1.

Geschlechtsverbindung, also das Kind, das erste Ziel der Ehe sein. Das hat niemand schärfer betont als der Aquinate ; er sagt ausdrücklich : Das *Allerwesentlichste* für die Ehe ist das Kind : « proles est essentialissimum in matrimonio »[1]. Mit anderen Worten : das, zu was die Natur selber in der Ehe in erster Linie tendiert, ist das *Kind*[2]. Ganz übereinstimmend mit dieser thomistischen Doktrin, erklärt das neue Kirchenrecht : « Matrimonii finis *primarius* est procreatio atque educatio prolis. »[3].

Damit haben wir bereits ein neues Problem berührt, die **Pflicht zur Eheschließung.** Ist die Ehe naturrechtlich begründet, so scheint die Eheschließung eine *Pflicht für alle* zu sein, denn das Naturrecht verpflichtet jedermann. Sind damit *Zölibat* und ewige *Jungfräulichkeit* verurteilt ?

Wir antworten erstens, was wir schon betonten : die Ehe gehört in die *individuelle Ordnung*, die überhaupt keine allgemeine innere Notwendigkeit kennt[4]. Zweitens : die Ehe ist nur naturrechtlich notwendig, aus zwei Gründen : für das **Individuum,** zur Zügelung der Leidenschaft. Diese ist nicht in allen Individuen gleich stark. Gibt es doch solche, die wegen Krankheit überhaupt nicht heiraten können. Wie nicht alle Bauern oder Baumeister werden können, die natürliche Neigung dazu haben, so gilt das auch von der Ehe. « Per diversos diversa complentur. »[5] Aber ist die Ehe für die **Kommunität** zur Erhaltung des Menschengeschlechtes notwendig? Gewiß ! Jedoch es kann jemand für das Gemeinwohl in weit höherem Sinne arbeiten, wenn er nicht heiratet, z. B. wenn ältere Geschwister ledig bleiben, um die Erziehung jüngerer zu ermöglichen. Überhaupt verpflichtet das Naturrecht nicht *positiv*, wenn das Gemeingut Höheres verlangt[6]. Das erfordert die Pflege der *höheren Güter.* War es nicht sozial von größter Bedeutung, daß Männer wie Basilius, Augustinus, Gregor der Große, Albert der Große, Thomas, Kopernikus und viele andere unvermählt blieben, um für Kirche, Wissenschaft und Vaterland zu arbeiten? Deshalb ist die *Jungfräulichkeit* nach Pauli Wort etwas Großes[7]. Gegen die Gefahr der *Volksverminderung* arbeiten schon andere. Übrigens :

[1] IV. Sent. d. 31 q. 1 a. 3.

[2] « Dicendum quod in bono prolis, secundum quod est de *prima intentione naturae*, intelligitur procreatio et nutritio. » IV. Sent. d. 33 a. 2 ad 1.

[3] Can. 1013, § 1.

[4] IV. Sent. d. 26 q. 1 a. 2 ad 4.

[5] IV. Sent. d. 26 q. 1 a. 2 ; III. C. G. c. 136 ; Suppl. q. 46 a. 2.

[6] II-II 152, 4 ad 3.

[7] I. Cor. 7. 32 ; *Thomas*, II-II 152, 1 u. 2.

die Naturkausalität wirkt stets ausgleichend. Wie fatal gewaltsame Eingriffe in dieselbe sind, haben nicht bloß Methoden wie jene eines Malthus bewiesen, sondern auch staatliche Gesetze, die einstens in Persien, Sparta, Rom und Preußen erlassen wurden, um die Volksvermehrung zu fördern, wie A. M. Weiß betonte [1].

Es gibt also individuelle und soziale Gründe, die von der Ehepflicht entheben, ganz nach dem thomistischen Axiom : « Bonum commune est potius privato, si sit eiusdem generis » [2].

3. Die Einheit der Ehe.

Die Ehe als Dauerzustand zwischen Mann und Weib hat immer und bei allen Völkern schon bestanden. So war sie von Gott eingesetzt [3]. Zwar hat schon der römische Dichter *Horaz* [4] von einer Urzeit gesprochen, wo Männer und Frauen sich regellos und zufällig geschlechtlich verbunden hätten (*Promiskuität* der Geschlechter), und wo sie als stumme Bestien mit Pfoten und Krallen sich die Frauen gegenseitig streitig gemacht hätten, worauf dann erst später die Ehe als Dauerzustand zwischen einem bestimmten Mann und einer bestimmten Frau entstanden wäre. Von einem solchen Urzustande träumten auch *Th. Hobbes* [5], *J. J. Rousseau* [6] und die Darwinisten *Herbert Spencer* [7], *J. Lubbock, L. Morgan, Lloss, Hellwald* [8] und andere. Wir sagten : « träumten », denn alles das war nur willkürliche Hypothese. Das bezeugen auch *Th. Bovet* [9], *Koppers* und *W. Wundt* [10]. Schließlich hat auch *Fr. von Hellwald* es zugeben müssen [11]. Und *E. Grosse* sagt : « Es gibt schlechterdings kein einziges primitives Volk, dessen Geschlechtsverhältnisse sich einem Zustande von Promiskuität näherten [12]. Das

[1] Apol. IV 450 ff.
[2] II-II 152, 4 ad 3.
[3] Genes. 1, 27.
[4] Satir. I 3.
[5] De cive, l. 6 c. 18.
[6] Nach Hobbes war der erste Mensch ein wildes Tier, nach Rousseau ein harmloses Wesen. Discours sur l'origine et les fondements de l'inégalité parmi les hommes, 1753.
[7] Vgl. *Cathrein*, Moralphil. II 382-383.
[8] Kulturgeschichte, I 81.
[9] Die Ehe und ihre Krise, S. 26.
[10] Das. 34-35.
[11] Kulturgeschichte, I 81.
[12] Die Formen der Familie und die Formen der Wirtschaft, 1896, S. 42.

unverdächtige Zeugnis von *R. Hildebrand* lautet: « Bei allen Völkern, welche sich noch auf der untersten wirtschaftlichen Stufe befinden, begegnen wir *niemals* und *nirgends* einem Zustande der Frauengemeinschaft oder Promiskuität. »[1] Bekanntlich hat Plato sie befürwortet und unter den Modernen Schopenhauer[2].

So kommen wir auf die *Einheit* oder *Monogamie*, d. h. die Ehe zwischen *einem* Mann und *einer* Frau zu sprechen. « Die Ehe ist wesentlich Monogamie », sagt der Protestant Trendelenburg[3], Verbindung « unius ad unam », wie Thomas sagt. Sie schließt sowohl die *Vielmännerei* (Polyandrie) als auch *Vielweiberei* (Polygamie) aus[4]. Thomas erörtert das Doppelproblem ex professo an zwei Stellen, aus denen wir die Hauptgedanken skizzieren werden[5].

1. Vorerst liegt es in der Natur begründet, daß die höheren Lebewesen nicht bloß in Nahrungsfragen, sondern vor allem bezüglich des Geschlechtsverkehrs eigenmächtig handeln und ausschließlich besitzen wollen. Das ist nur mit der Monogamie verträglich, nicht aber mit der Vielmännerei oder Vielweiberei[6].

2. Die *Vielmännerei* widerspricht dem Naturgesetze direkt und ist daher als malum intrinsecum nie erlaubt. Das ist so, weil sie dem Hauptziele der Ehe: der procreatio prolis und educatio hinderlich ist. Der « procreatio », da sie die *Fruchtbarkeit* der Frau wesentlich herabsetzt. Der « educatio » prolis, weil sie die *sichere Feststellung der Vaterschaft* (certitudo prolis) ausschließt[7].

3. Die *Vielweiberei* widerspricht zwar dem Hauptziele der Ehe nicht direkt und ist daher im Alten Testamente (ad maius malum evitandum) gestattet worden[8]. Sie hebt aber die *Gleichstellung der Frau* mit dem Manne auf: « nam, sicut libertas utendi femina tollitur a mare, si femina habeat alium, ita et eadem libertas a femina tollitur, si mas habeat plures. »[9] Im gegebenen Falle werden die verschiedenen Ehefrauen eigentlich zu « Mägden »: « plures uxores quasi ancillae haben-

[1] Recht und Sitte auf verschiedenen Kulturstufen, I 11 (1896).
[2] Parerga und Paralipomena, II 647 (1874).
[3] Naturrecht, § 123, S. 234.
[4] III. C. G. 124.
[5] III. C. G. 124; IV. Sent. d. 33 q. 1 a. 1-3.
[6] III. C. G. 124.
[7] Ib.
[8] IV. Sent. d. 33 q. 1 a. 2.
[9] III. C. G. 124; IV. Sent. d. 33 q. 1 a. 1.

tur. »[1] Sicher aber ist, daß bei der Vielweiberei weder eine gedeihliche *Sorge um die Kinder* (« sollicitudo de prole »), noch eine wahre *Freundschaft* unter den Gatten möglich ist, und daß der wünschbare *häusliche Friede* in hohem Maße gefährdet wird[2]. Auch fehlt hier jeder Vergleich der Ehe mit Christus und der Kirche[3].

4. Die Unauflöslichkeit der Ehe.

Das Problem der *Ehescheidung* ist alt, sehr alt. Doch spricht man von der Ehescheidung bekanntlich in einem doppelten Sinne: einmal versteht man darunter die Aufhebung des *äußeren Zusammenlebens* der Gatten, auch *seperatio quoad torum et cohabitationem* genannt. Sie hat mit einer eigentlichen Auflösung des Ehebandes nichts zu tun. Dagegen gab es von jeher auch Anhänger einer wirklichen *Auflösung der Ehe,* also einer separatio *quoad vinculum.* Davon ist hier die Rede. Ihr liegt ein säkularer Kampf zugrunde, den wir kurz berühren werden, um dann die Stellung Christi und des Aquinaten zu dieser Frage eingehender ins Auge zu fassen.

Der säkulare Kampf.

In Tat und Wahrheit hat die Kirche für die Unauflöslichkeit der Ehe einen Riesenkampf geführt, für den ihr, wie Böckenhoff nachweist, auch viele edle Protestanten nachträglich gedankt haben[4]. In diesem Kampf standen ihr sowohl innere als auch äußere Gegner gegenüber. *Innere* Gegner: In dieser Frage sind bekanntlich auch Provinzialsynoden Irrwege gewandelt[5]. *Äußere* Gegner: Vorerst führte sie den Kampf gegen die sehr lockere Eheauffassung der *Griechen* und *Römer.* Dann den 600jährigen Kampf gegen die Rechtsauffassungen der *Germanen,* bis sie unter Karl d. Gr. grundsätzlich siegte. Selbst Lothar von Lothringen und der deutsche König Heinrich IV., Philipp I. und Heinrich VIII. von England, die ihre Ehe lösen wollten, stellten nicht die Unauflöslichkeit der Ehe an sich in Frage, sondern erstrebten nur eine Nichtigkeitserklärung auf Grund von Ehehindernissen[6]. Den schwersten Kampf führte die Kirche gegen die *Reformation.* Im

[1] III. C. G. 124.
[2] Ib.
[3] IV. Sent. d. 33 q. 1 a. 1.
[4] Die Unauflöslichkeit der Ehe. München 1908, S. 93.
[5] Vgl. *Prümmer,* Manuale Theol. moralis, III n. 673.
[6] *Böckenhoff,* das. S. 5.

16. Jahrhundert wurde der verhängnisvollste Schlag gegen die Unauflöslichkeit der Ehe geführt : sie wurde **verweltlicht,** weil dem Staate ausgeliefert. Wir zitieren *Luthers* diesbezügliche Äußerung nach einem Protestanten (Th. Bovet) : « Darum wisse, daß die Ehe ein äußerlich, leiblich Ding ist, wie andere weltliche Hantierungen.. Wie ich nun mit einem Heiden, Juden, Türken, Ketzer essen, trinken, schlafen, gehen, reiten, kaufen, reden und handeln mag, also mag ich auch mit ihm ehelich werden und bleiben. »[1] Deshalb, so mahnt er im Anschluß an das Matthäus-Evangelium, soll man Ehesachen und Scheidungsfragen den Juristen befehlen, weil der Ehestand gar ein weltlich-äußerlich Ding sei[2]. Auch *Melanchthon* ruderte in gleichen Wassern. Man dürfe, so meint er, in Scheidungsfragen sich nicht zu ängstlich an den Wortlaut des Evangeliums halten, sondern müsse auf das Römische Recht zurückgreifen, das mildere Bestimmungen enthalte[3]. *Kants* Definition der Ehe « als Verbindung zweier Personen zum lebenslänglichen wechselseitigen Besitz ihrer Geschlechtseigenschaften » nennt auch *Bovet* die « spießbürgerlichste » und eine Auffassung, die zusammen mit Napoleons Code civil (1804) zur grundsätzlichen Möglichkeit der Ehescheidung führen mußte[4].

So verlor die Ehe den sakramentalen Charakter. Die modernen *Materialisten,* die für die freie Liebe eintraten, und vor allem die *Sozialisten,* wie *Bebel* (sein Buch von der Frau), *Engels, Stern* und *Liebknecht* trugen das Ihre zum weiteren Verfall bei. Dieser Geist spiegelt sich auch in der modernen *Romanliteratur.* Es ist typisch, was ein englischer Kritiker darüber schreibt. Von 80 modernen Romanen wird die Ehe in 17 als überlebte Institution lächerlich gemacht ; 11 Romane beloben die Nützlichkeit der Scheidung, 22 preisen die freie Liebe, 7 machen sich über die eheliche Treue lustig und 23 reden in geradezu skandalöser Weise über die Ehe[5].

Über die *Früchte* solch unwürdiger Eheauffassung orientiert uns die Statistik. Die traurigen Verhältnisse in *Frankreich* seit dem Scheidungsgesetze vom September 1792 beleuchten folgende Zahlen : In den Jahren 1884-94 wurden nicht weniger als 40 000 Ehen gerichtlich geschieden. Die Scheidungsbegehren wuchsen von 1891-1897 ständig[6].

[1] Predigt vom ehelichen Leben, 1522. Bei *Bovet,* l. c. 41.
[2] Vgl. *Böckenhoff,* das. S. 12.
[3] Das.
[4] *Bovet,* das. 44.
[5] *Böckenhoff,* S. 20.
[6] Vgl. die Statistik bei *Castelein,* Droit nat. 554.

In *Preußen* wurden von 1881-1885 von 100 000 bestehenden Ehen 6762 geschieden [1]. Und in der *Schweiz*? Wie Bundesrichter *Strebel* nachwies, hatten wir 1927 die Höchstzahl der Scheidungen unter allen europäischen Staaten : 62,9 auf 100 000 Einwohner [2]. Von den in den Jahren 1931-1940 geschiedenen Ehen hatten 2636 nur *ein* Jahr oder weniger gedauert ; 3498 wurden nach zwanzigjähriger oder längerer Dauer geschieden [3].

Diese traurige Lage hat berechtigtes *Aufsehen* erregt. *Strebels* Buch war ein Alarmruf, eine Anklage gegen die leichtfertigen gerichtlichen Entscheide niedriger Instanzen. Auch die Juristische Fakultät Zürich hat sich 1942 mit dieser ernsten Gefahr auseinandergesetzt [4]. Auch Prof. *Egger* warnte und betonte, daß die Scheidung nur die ultima ratio eines schweren Konfliktes sein sollte [5]. In protestantischen Kreisen hat man ebenfalls die Not der Zeit erkannt und sucht nach Mitteln, ihr abzuhelfen. Schon früher war es der große *Gladstone* [6] gewesen, der die Unauflöslichkeit der Ehe entschieden in Schutz genommen hatte. Das war vielleicht die Ursache, warum das mächtige Albion von 1927-1936 unter allen Staaten Europas weitaus am wenigstens Ehescheidungen zählte [7]. Neuestens hat sich auf der prot. Kirchensynode des Kantons *Zürich* Dr. W. *Hildebrand* für eine ernstere Prüfung des Eheproblems eingesetzt, und Prof. *E. Brunner* hat an der gleichen Synode (16. Mai1945) den herrlichen Satz geprägt : « Die Ehe ist wesentlich *Einehe* und *unauflöslich* », und auch « der Staat kann in keinem Falle die Ehe auflösen ». Die gleiche Auffassung vertrat die prot. Aargauer Kirchensynode am 26. Mai 1945 [8]. Sehr bezeichnend ist es auch, wenn ein Staatsmann von der Bedeutung eines Präsidenten *Theodor Roosevelt* über die Ehescheidung äußerte : « Die Leichtigkeit der Scheidung ist ein Verderben für das *Volk*, ein Fluch für die *Gesellschaft*, eine Bedrohung des *Heims*, eine Quelle des Unglücks für *Verheiratete* und ein Anreiz zur *Unsittlichkeit*, ein schlimmes Ding für *Männer* und ein noch schlimmeres für die *Frauen.* » [9]

[1] Vgl. *Cathrein*, Moralphil., II 405 [1].
[2] Geschiedene Ehen (Luzern 1944), S. 11 u. S. 151.
[3] Das. S. 11.
[4] *Strebel*, das. 9-10.
[5] Kommentar zum Familienrecht, Nr. 17 vor Art. 137. Dazu *Strebel*, das. 29.
[6] Vgl. *Cathrein*, II 405 [1].
[7] *Strebel*, das. 151.
[8] Vgl. Apol. Blätter, 30. Juni 1945, Nr. 12/13, S. 128.
[9] Worte gesprochen auf dem Nationalkongreß der Mütter in New York. Vgl. *Böckenhoff*, das. 93.

Fürwahr, die Not der Zeit bestätigt die Wahrheit, heilt Wunden und versöhnt alte Gegner!

Die Stellung Christi zur Ehescheidung.

Bei mehreren Anlässen, so bemerkt Böckenhoff, Professor an der Universität Straßburg [1], sprach der Heiland klar und eindeutig über diese Frage. Jedesmal galt es, Stellung zu nehmen zum Toleranzgesetz des *Alten Bundes*, durch welches den Juden nach Deut. 24, 1, zur Vermeidung größeren Übels, z. B. des Ehebruches, die Ehescheidung auf Grund eines Scheidebriefes erlaubt war: « So soll er einen Scheidebrief schreiben und sie entlassen aus dem Hause. » Die Pharisäer wollten vom Heiland wissen, welchen Sinn jener Scheidebrief habe: « Warum hat denn Moses befohlen », so fragten sie Jesus, « einen Scheidebrief zu geben und das Weib zu entlassen? » (Matth. 19, 7). Und die Antwort Jesu: « Moses hat euch eurer Herzenshärte wegen erlaubt, eure Frauen zu entlassen. Im Anfange war es nicht so. Ich aber sage euch: Wer immer sein Weib entläßt, es sei denn wegen Ehebruchs, und eine andere nimmt, der bricht die Ehe, und wer die Geschiedene zur Ehe nimmt, bricht die Ehe » (Matth. 19, 8-9). Da staunten die Jünger: « Wenn es sich zwischen Mann und Frau so verhält, so ist es nicht gut heiraten » (Matth. 19, 10).

Hat der Heiland hier für den Fall des Ehebruchs die Ehe *quoad vinculum* für aufgelöst erklärt oder nur von einer Aufhebung des *häuslichen Zusammenlebens* gesprochen? Offenbar nicht das erstere. Er sprach gegenüber dem mosaischen Toleranzgesetz von einer *Aufhebung*, *Verschärfung*, mit einem Worte: einer **Neuerung**. Das bezeugt der Hinweis auf die *Herzenshärte*. Das bezeugen die Worte: « Im *Anfang war es nicht so* »; das bezeugt das *Staunen* der Jünger, bezeugen die Worte: « Wer immer die Entlassene heiratet, bricht die Ehe » (Matth. 5, 32). Und alles das stimmt mit Markus, 10, 11 überein: « Wer immer sein Weib entläßt und eine andere nimmt, begeht an ihr einen Ehebruch. Bei Luk. 16, 18 dasselbe. Ganz im gleichen Sinne spricht Paulus I. Cor. 7, 10: « Denen aber, welche durch die Ehe verbunden sind, gebiete nicht ich, sondern der Herr, daß das Weib sich nicht vom Manne scheide. Wenn sie aber geschieden ist, so bleibe sie ehelos oder versöhne sich mit dem Manne. » Und daselbst 7, 39: « Das Weib ist an das Gesetz gebunden,

[1] Das. S. 25.

solange ihr Mann lebt; entschläft aber ihr Mann, so ist sie frei; sie heirate, wenn sie will, doch geschehe es im Herrn.» Ganz in *diesem* Sinne hat das *Tridentinum* in Sess. XXIV, can. 7, entschieden. Nach der *apostolischen, in der Heiligen Schrift* begründeten Lehre ist also die konsumierte, vollzogene Ehe absolut unauflöslich. Der Gottessohn selbst hat diese Lehre statuiert. Und diese rigorose Schriftauffassung hat auch der hochangesehene protestantische Prof. *Zahn* von Erlangen als die einzig richtige anerkannt [1]. Leo XIII. hat in seiner Ehe-Enzyklika vom 23. Dez. 1878 neuerdings mit besonderem Nachdruck auf diesen Lehrpunkt und seine *naturrechtliche* Grundlage hingewiesen: «Nostis enim, Venerabiles Fratres, rectam huius (domesticae) societatis rationem sec. *naturalis iuris* necessitatem in indissolubili viri et mulieris unione primo inniti.» Auf die letztere Frage kommen wir im Folgenden zurück.

Die Stellung des hl. Thomas.

Wir schöpfen hier hauptsächlich aus zwei Quellen, nämlich III. C. G. c. 123 und IV. Sent. d. 33 q. 2, wo Thomas die Unauflöslichkeit der Ehe ex professo behandelt. Hier ist auch das berühmte Privilegium Paulinum zu erwähnen.

Wie zu erwarten ist, lehnt Thomas die alttestamentliche Auffassung der Scheidungsfrage ab und verteidigt die von Christus verkündete, *strengere* Auffassung: In der vollzogenen Ehe (in matrimonio consummato) gibt es *keine Scheidung* (*quoad vinculum*) [2]. Die Ehe ist unauflöslich. Wie der Besitz zeitlicher Güter Lebensdauer haben soll, so auch die Ehe [3]. Für die Unauflöslichkeit der Ehe sprechen verschiedene *naturrechtliche Gründe*. Die Unauflöslichkeit liegt im Interesse sowohl der *Frau* als des *Kindes* und zugleich *beider Ehegatten*.

a) Sehr stark betont Thomas das Interesse der **Frau.** Hiefür sprechen zwei Gründe: *Erstens* ist die Frau naturrechtlich dem Manne als Haupt unterworfen, kann also den Mann nicht verlassen. Könnte der Mann sie verlassen, so fehlte die *Gleichstellung* der Frau mit dem Manne, d. h. sie wäre eher seine Magd: «si ergo vir deserere posset mulierem, non esset aequalitas viri ad mulierem, sed servitus quaedam

[1] Vgl. *Böckenhoff*, das. 29.

[2] «Per hoc excluditur consuetudo dimittentium uxores; quod tamen in veteri lege permissum fuit Judaeis propter eorum duritiam ... ad excludendum maius malum.» III. C. G. 123.

[3] Ib.

ex parte mulieris. »[1] *Zweitens:* Würde die Frau entlassen, nachdem sie ihre Fruchtbarkeit und Schönheit eingebüßt hat, und darum schwerlich wieder heiraten könnte, so wäre das ein großes Unrecht von seiten des Mannes : « Damnum inferret mulieri contra naturalem aequitatem. »[2] — Offenbar war Thomas kein Gegner der Frauenwürde und -rechte ! Schon er erkannte das traurige Los, das der geschiedenen Frau wartet. Mit ihm stimmt *A. M. Weiß* überein, wenn er sagt : Die Ehescheidung ist nicht bloß eine « privatrechtliche Vertragsverletzung » gegenüber der Frau, sondern eine « Herzlosigkeit »[3]. Und mit vollem Recht sagt *Cathrein:* Für die Frau bedeutet die Ehescheidung in den weitaus meisten Fällen den Ruin ihrer Existenz und ihres Lebensglückes[4]. Ähnlich äußert sich Bundesrichter *Strebel:* « Viele, sehr viele Frauen leiden nach der Scheidung unter dem bitteren Gefühl, als deklassiert angesehen zu werden. Es liegt der Seelendruck bitterer und oft schändlicher Verlassenheit auf der geschiedenen Frau. »[5] — Vielleicht war es dieses Gefühl, das die schöne protestantische Prinzessin Ingeborg veranlaßte, beim Vernehmen ihrer Scheidungssentenz klagend auszurufen : O Rom, o Rom ![6]

b) Das Interesse des **Kindes.** Ein Verhängnis ist die Scheidung, wie *A. M. Weiß* sagt, vor allem für das Kind[7]. *Strebel* spricht von einer « Katastrophe »[8]. Ähnlich äußert sich *Böckenhoff*[9]. Und sogar *David Strauß* hat diesbezüglich den Vers gedichtet :

> Doch wollen Gatten wieder trennen sich,
> Da widersprich !
> Denn wenn ein Bund sich löst, da ohne Zweifel
> Lachen die Teufel[10].

In der Zeit des hl. Thomas war diese Gefahr vielleicht weniger evident, da Scheidungen damals noch seltener waren. Dennoch hebt schon er zwei Gründe hervor, welche die Scheidung verhängnisvoll machen : Vorerst die *Unsicherheit der Vaterschaft* (« certitudo prolis »)[11],

[1] III. C. G. 123.
[2] Ib.
[3] Apol. IV 442-443.
[4] Moralphil. II 404.
[5] Geschiedene Ehen, S. 28.
[6] *Böckenhoff*, das. 74.
[7] Apol. IV 445.
[8] Das. 95.
[9] Das. 63 ff.
[10] Vgl. *Böckenhoff*, S. 68.
[11] « Si autem vir posset mulierem dimittere vel mulier virum et alteri copulari, impeditur certitudo prolis. » III. C. G. 123.

dann aber — und darin sieht der Aquinate die Hauptgefahr der Scheidung — den Ruin der *Kindererziehung;* die Pflichten der Eltern dem Kinde gegenüber dauern grundsätzlich lebenslänglich. « Dicendum, quod matrimonium ex intentione naturae ordinatur *ad educationem* prolis non solum per aliquod tempus, sed per totam vitam prolis. »[1] Der protestantische Arzt *Th. Bovet* erklärt im Anschluß an die Heilige Schrift : « Es gibt überhaupt keinen Scheidungsgrund für eine Ehe, die wirklich eine Ehe ist. »[2] Und auch er tritt entschieden für den Schutz der Kindererziehung ein[3].

c) Die Ehescheidung widerspricht auch dem Interesse **beider Gatten.** Zwischen den beiden Ehegatten, die Vater und Mutter verlassen der Ehe wegen, soll die *tiefste Freundschaft,* « maxima amicitia » als Grundlage ihres häuslichen Zusammenlebens herrschen. Da ist Trennung ausgeschlossen ! Nur so ist die Ehe ein wahres Abbild der Verbindung Christi und der Kirche. Der kluge *Jaccoud* hat einst gesagt : « La possibilité du divorce ouvre la porte aux mauvaises tendances. »[4] Das ist die Auffassung des hl. Thomas. Das Bewußtsein von der *Lebensdauer* der Ehe ist eine *Schutzmauer* für Ehe und Familie. Der Gedanke, wir sind unzertrennlich verbunden, stärkt in den täglichen Sorgen, schützt vor Uneinigkeit, knüpft wahre verwandtschaftliche Bande und bewahrt vor Ehebruch und anderen Vergehen[5]. Praktisch hat dieser Gedanke für gute und böse Tage in der Ehe eine ungeheure Bedeutung ! Nur er überwindet auch, wie *Bovet* gesagt[6], Ehekrisen, die in einer Ehe früher oder später eintreten, und ermöglicht die richtige Anpassung der Ehegatten. So ist also nach Thomas die Unauflöslichkeit der Ehe nicht bloß im göttlichen Recht, sondern auch im *Naturrecht* begründet. Die obigen Beweise aus III. C. G. 123 und IV. Sent. d. 33 q. 2 a. 1 bestätigen das. Thomas stellt formell die Frage : « utrum inseparabilitas uxoris sit de lege naturali. » Und er bejaht sie[7]. Weiter : Die Erziehung des Kindes verlangt die Dauerehe « ex intentione naturae »[8]. Auch die Gleichstellung der Frau und die Freundschaft zwischen den Gatten, die eine « firmissima » sein soll[9], sind nur auf dieser Grundlage möglich.

[1] IV. Sent. d. 33 q. 2 a. 1.
[2] Die Ehe und ihre Krise, S. 188.
[3] Das. 28.
[4] Droit nat. 187.
[5] III. C. G. 123.
[6] Das. S. 28 und S. 172 ff.
[7] IV. Sent. d. 33 q. 2 a. 1.
[8] Ib.
[9] I-II 105, 4 ad 6.

Eine Schwierigkeit.

Und doch reden die Moralisten nicht bloß von einer separatio quoad torum et cohabitationem, die ja aus gewissen Gründen möglich ist [1], sondern von einer Trennung *quoad vinculum* [2]. Man stützt sich auf eine langjährige *Praxis* der Kirche. Man beruft sich auf Innozenz III., der schon den Canon zitierte: « Contumelia creatoris solvit matrimonium circa eum, qui relinquitur. » [3] Die Hauptquelle, auf die man sich berief, war vor allem I. Cor. 7, 15: « Will der Ungläubige sich scheiden, so mag er sich scheiden; in solchem Fall ist der Bruder oder die Schwester nicht gebunden, denn Gott hat euch zum Frieden berufen. » Also, so lautet der Schluß, wo ein Ungläubiger, der mit einem Getauften verheiratet ist, aus Glaubenshaß nicht friedlich und ohne contumelia creatoris, überhaupt nicht ohne Todsünde mit ihm zusammenleben will, ist die Ehe quoad vinculum lösbar und wird die frühere Ehe quoad vinculum durch eine neue Ehe tatsächlich gelöst. Darin besteht das *Privilegium Paulinum*. Das ist nach den katholischen Moralisten der einzige Fall, wie Prümmer bemerkt, wo eine konsumierte Ehe quoad vinculum lösbar ist [4]. Wenn somit auch jede Ehe unter *Christen* unauflöslich [5] ist, so gibt es es also immerhin einen Fall, wo die Ehe gewisser Christen und Nichtchristen gelöst werden kann?

Jede rechtsgültige Ehe ist absolut unauflöslich.

Das ist die These, für welche die Kirche zu allen Zeiten unbeirrbar gekämpft hat. Die Unauflöslichkeit der vollzogenen, rechtsgültigen Ehe ist, wie früher gezeigt wurde, im *göttlichen Recht* begründet. Ganz in diesem Sinne erklärte schon Thomas, daß kein *Laster* und Vergehen, auch nicht der *Ehebruch*, die Scheidung quoad vinculum einer rechtsgültigen Ehe zu rechtfertigen vermöge: « neque per infidelitatem, neque per adulterium » [6].

Was besagt also das *Privilegium Paulinum*? Es bezieht sich nicht auf eine *rechtsgültige* Ehe. Es gestattet nur die Auflösung eines *unvollkommenen*, d. h. brüchigen Naturvertrages. Wir erklären uns.

In der christlichen Heilsordnung ist die Ehe *Naturvertrag* und *Sakrament*. Im Naturvertrage ist die Unauflöslichkeit nur *unvoll-*

[1] IV. Sent. d. 33 q. 2 a. 2.

[2] Vgl. *Prümmer*, Man. Theol. Mor. III. n. 675; *Lehmkuhl*, Theol. Mor. P. II l. 1 tr. 8 n. 700.

[3] Vgl. *Denzinger*, Ench. n. 350.

[4] l. c. n. 675.

[5] Ib. n. 672.

[6] IV. Sent. d. 39 q. 1 a. 6.

kommen, also *nicht absolut zwingend* begründet : « matrimonium infidelium imperfectum est » [1]. Warum das ? Weil die Unauflöslichkeit nicht zu den *prima* praecepta iuris naturalis gehört, sondern zu den *secunda*, die Ausnahmen zulassen [2]. Die Scheidung ist also wohl verwerflich, aber nicht ein malum per se, das nie erlaubt ist. Das erhellt schon daraus, daß den Juden im Alten Testament wegen ihrer Herzenshärte der Scheidebrief und infolgedessen eine neue Ehe gestattet war. Christus hat nun, wie wir sahen, dieses Zugeständnis aufgehoben. Also ist die Unauflöslichkeit der Ehe göttlichen Rechts und daher verstößt jede Scheidung gegen das Sakrament des Neuen Bundes : « quod est contra sacramenti rationem » [3]. So wurde die Ehe wieder, wie sie im Anfange war, *absolut unauflöslich*. Da sicheres Recht weniger sicheres bricht [4], hat die Ehe demnach ihre vollkommene Unauflöslichkeit erst durch das Sakrament erlangt, das als göttlich-sicheres Recht einen nicht absolut sicheren Naturvertrag aufzuheben imstande ist.

Hieraus erklärt sich nun die Stellung der **Kirche** zu den Ehescheidungen. Faßt jemand bei der Schließung der Ehe den natürlichen Ehevertrag *naturwidrig* auf, so war die Ehe eo ipso ungültig, und die Kirche bestätigt nur seine Ungültigkeit. Das geschah des öfteren. Faßt jemand die Ehe *sakramentswidrig* auf (contumelia creatoris usw.), so kann die Kirche den nicht zwingend sicheren Naturvertrag im Interesse des Sakramentes, von dem er allein unbedingte Unauflöslichkeit erhält, auflösen. Dieses Recht steht ihr als Inhaberin der vollkommenen Sicherheit ohne Zweifel zu. So interpretiert Thomas das Privilegium Paulinum : « Dicit ergo (Paulus), quod si infidelis vir vel mulier discedat a fideli, odio fidei, discedat et potest fidelis, qui dimittitur, contrahere ; primum enim matrimonium *dissolubile* erat, quia *nunquam fuit ratum.* » [5]

Somit hat die Kirche nach thomistischer Auffassung *nie rechtsgültige* Ehen (quoad vinculum) aufgelöst, auch nicht kraft des Privilegium Paulinum. Sie hat nur entweder naturwidrige oder sakramentswidrige, also schon an sich unrechtmäßige Eheverträge im Interesse der Gläubigen als nichtig erklärt [6].

[1] Ib. a. 5 ad 1 ; a. 6 ad 1.

[2] IV. Sent. d. 33 q. 2 a. 2, quaestiuncula 4.

[3] I-II 102 a. 5 ad 3.

[4] IV. Sent. d. 39 q. 1 a. 5 ad 1.

[5] In Epist. I. ad Cor. c. 7 lect. 3.

[6] C. I. C. can. 1120. Dazu auch can. 1118 : « Matrimonium validum ratum et consummatum nulla humana potestate nullaque causa, praeterquam morte dissolvi potest. »

5. Die Eheschließung.

Auch auf die Eheschließung übt das Naturrecht einen Einfluß aus, und zwar in doppelter Hinsicht. Es zeigt erstens an, welches die *kompetenten Behörden* sind, und weist zweitens auf gewisse *Ehehindernisse* hin.

Naturrechtlich haben *Kirche* und *Staat* über die Eheschließung Bestimmungen aufzustellen. Beide gehören zu den **Kompetenzbehörden** in Ehesachen, wenn auch unter verschiedenen Blickpunkten. Es ist zu betonen, daß schon Thomas unter Berufung auf das Naturrecht auch dem Staate in Ehesachen Rechte zubilligte. Weil die Ehe göttlichen Ursprungs und ein Sakrament ist, stehen der *Kirche* bestimmte Rechte zu [1]. Trug doch die Ehe schon bei den altheidnischen Völkern einen religiösen Charakter [2]. Da die Ehe aber auch ein Naturvertrag ist und die Bürger zum zeitlichen Wohle führen soll, gehört der Staat ebenfalls zu den gesetzgebenden Behörden, die auf die Eheschließung Einfluß nehmen dürfen. Thomas betont sogar den eminent *politischen* Charakter der Ehe, «ordinatur ad bonum politicum» [3]. Daß auch unser Schweizerischer Bundesstaat dieses Recht ausgeübt hat, zum Teil sogar in wenig glücklicher Weise, beweist unser Zivilgesetzbuch mit seinen Erlassen über das *Verlöbnis* [4], die *Ehefähigkeit* [5], über *Verkündigung und Trauung* [6], *Ungültigkeit* der geschlossenen Ehe [7], *Ehescheidungen* [8] und *Wirkungen* der Ehe [9].

Es gibt zahlreiche naturrechtlich begründete **Ehehindernisse.** Sie ergeben sich alle aus dem Wesen und Ziel der Ehe.

a) Als Vertrag verlangt die Eheschließung in erster Linie die **Erkenntnis** dessen, was die Ehe bezweckt. Das macht den *Irrtum* (error) zu einem Ehehindernis. Und das in einem doppelten Sinne: der Irrtum bezüglich der *Person*, mit der die Ehe geschlossen wird

[1] «Matrimonium autem, inquantum est officium naturae, statuitur lege naturae; inquantum est sacramentum, statuitur iure divino; inquantum est officium *communitatis*, statuitur lege *civili*; et ideo ex qualibet dictarum legum potest aliqua persona effici ad matrimonium illegitima.» IV. Sent. a. 34 q. 1 a. 1; IV. C. G. c. 78.

[2] Das hat auch Leo XIII. betont. Enzykl. «Arcanum»; vgl. *Prümmer*, das. n. 634.

[3] IV. C. G. c. 78.

[4] Z. G. B. 90-95.

[5] 96-104.

[6] 105-119.

[7] 120-135.

[8] 137-158.

[9] 159-177.

(error personae) ; ferner ein Irrtum bezüglich eines Umstandes, der für den Kontrahenten eine absolute Bedingung (conditio sine qua non) bildet [1]. So ist auch der dem Kontrahenten verheimlichte Sklavenstand (servitus) ein Ehehindernis, wenn der andere Kontrahent ein Freier ist [2]. Auch zu *jugendliches Alter* (defectus aetatis) kann ein Ehehindernis sein, wenn infolgedessen die richtige Sachkenntnis fehlt. Die Altersgrenze ist von dem Schweiz. Z. G. B. für den Bräutigam auf das zwanzigste Lebensjahr, für die Braut auf das achtzehnte festgelegt [3]. Das Kirchenrecht bestimmt, in Rücksicht auf die verschiedenen Klimata, das sechzehnte Altersjahr für den Mann und das vierzehnte für die Frau als unterste Altersgrenze [4]. Naturrechtlich wäre an sich die Ehe schon früher gültig, falls die Kontrahenten wirklich geschlechtlichen Umgang gepflegt haben [5].

b) Das, wodurch das Naturrecht dem Ehevertrag ganz eigenartigen Charakter gibt, ist der *maritale Konsensus.* Selbstverständlich muß die Zustimmung der Kontrahenten *beidseitig, ernst, klar ausgedrückt* und vor allem *überlegt* und *frei* sein [6]. Deshalb ist die Ehe ungültig, wenn bei ihrer Abschließung *Irrsinn* (furia) vorlag [7]. Dasselbe gilt auch von einem *Zwange* (coactio), der einem willensfesten Menschen ernstliche Furcht einzuflößen vermag [8]. Auch Eltern dürfen Kinder nicht zur Ehe zwingen [9].

Eben der maritale Konsensus ist es, der, wie Billuart sagt [10], eine große Rolle spielt. Er ist unter verschiedenem Gesichtspunkt zugleich *Form* (Wesen), *Wirkursache* und *Materie* des Ehesakramentes. Wieso das?

Wirkursache: Nicht der etwa amtierende, segnende Priester ist Spender = Wirkursache des Ehesakramentes, sondern die Kontrahenten selbst sind die Spender, durch die maritale Zustimmung. So hat schon das Konzil von *Florenz* verkündet : « Causa efficiens matrimonii regulariter est mutuus consensus. » [11] Diese Ansicht, welche

[1] IV. Sent. d. 30 q. 1 a. 2 ; Z. G. B. 124.
[2] IV. Sent. d. 36 q. 1 a. 1.
[3] Z. G. B. 96.
[4] C. I. C. 1067.
[5] IV. Sent. d. 36 q. 1 a. 5.
[6] Suppl. q. 45 a. 2.
[7] IV. Sent. d. 34 q. 1 a. 4 ; Z. G. B. 97.
[8] Ib. d. 34 q. 1 a. 4 ; Suppl. q. 47 a. 3 u. 4 ; Z. G. B. 126
[9] Suppl. q. 47, 6.
[10] Diss. I a. 6, De matrimonio.
[11] *Denzinger,* Ench. n. 597.

auch Thomas vertrat [1], war schon früher allgemeine Ansicht der Theologen [2].

Mehr noch. Im maritalen Konsensus liegt auch die causa *formalis*, d. h. das, was die Ehe überhaupt zur Ehe macht, ihr Wesen. Das ist so, weil eben durch die gegenseitige Zustimmung der Kontrahenten der Ehevertrag, der Lebensbund und damit unter Christen das Sakrament entsteht; denn unter Getauften sind ja Vertrag und Sakrament unzertrennlich verbunden [3]. Nicht die *äußeren Ehezeremonien* und äußeren Feierlichkeiten sind für die Eheschließung wesentlich, sondern der *Konsensus* der Eheleute: « Dicendum, quod sicut in aliis sacramentis, quaedam sunt de *essentia* sacramenti, quibus omissis non est sacramentum, quaedam autem ad solemnitatem sacramenti pertinent, quibus omissis verum nihilominus perficitur sacramentum ... ita etiam *consensus* expressus per verba de praesenti ... *matrimonium facit*, quia haec duo sunt de essentia sacramenti. [4] Somit ist auch die tridentinische Vorschrift, daß Ehen unter Katholiken nur vor dem eigenen Pfarrer und zwei Zeugen abgeschlossen werden dürfen, und zwar sub poena nullitatis [5], eine Entscheidung, die Pius X. durch die Konzils-Kongregation am 19. April 1908 pro toto orbe christiano für maßgebend erklärte, nur zum *Schutze der Sakramentswürde* erlassen worden [6]. Auch heute noch gibt es Gegenden, wo diese Vorschrift nicht verpflichtet, weil sie nicht das Wesen der Ehe berührt.

Es ist ferner nicht unrichtig zu sagen, daß in gewisser Hinsicht der Ehe-Konsens auch *Materie* der Ehe genannt werden kann, wenn auch nur materia proxima. In welchem Sinne? Insofern der Ehe-Konsens, welcher die Rechte auf den Körper des andern gibt, von dem andern Ehepartner akzeptiert wird [7].

So ist der maritale Konsens unter verschiedenem Gesichtspunkte zugleich Wirkursache, Wesen oder Form und Materie der Ehe: *Wirkursache*, insofern er das Eheband schafft; *Formalursache*, insofern er die Ehe zu dem macht, was sie ist, nämlich die gegenseitige Hingabe der Körper; *Materialursache*, insofern die körperliche Hingabe des einen Ehepartners vom andern akzeptiert wird [8].

[1] Suppl. q. 42 a. 1 ad 1.
[2] *Billuart*, l. c.; vgl. auch *Prümmer*, Man. Theol. Mor. III n. 665.
[3] C. I. C. n. 1021.
[4] Suppl. q. 45 a. 5.
[5] Conc. Trid. sess. 24 c. 1. Decretum « Tametsi ».
[6] Decretum « Ne temere »; vgl. *Prümmer*, l. c. n. 743 u. 744.
[7] Suppl. q. 44 a. 2.
[8] *Billuart*, Diss. I a. 6.

Aus dem Eheziel: Fortpflanzung, Kindererziehung und glückliches häusliches Leben [1], ergeben sich weitere naturrechtlich begründete Ehehindernisse. So der Ehe vorausgehende physische *Impotenz* (impotentia) [2]. Ferner die sog. *Geschlechtskälte* (frigiditas), die dauernd ist und insoweit sie zur Impotenz wird [3]. Naturrechtliches Ehehindernis ist auch die *Blutsverwandtschaft* (consanguinitas) in gerader Linie, also für Ehen zwischen Vater und Tochter, Mutter und Sohn usw. Nicht nur, daß im täglichen Zusammenleben der Familie die Zügelung der Leidenschaft sehr erschwert wäre, wenn die Möglichkeit einer Ehe zwischen Blutsverwandten bestünde. Auch das erste Ziel der Ehe, die Erzeugung gesunder Kinder, wäre dadurch bedroht, da Kinder aus solchen Ehen häufig körperliche und geistige Gebrechen aufweisen [4]. Auch in diesem Belangen haben Kirche und Staat das Recht zu legiferieren, wie es denn auch faktisch geschehen ist. Die Kirche verbietet solche Ehen bis zum dritten Verwandtschaftsgrad [5]. Unser Schweiz. Z. G. B. folgt dieser Auffassung in dem Sinne: Eheschließungen sind verboten: 1. unter Blutsverwandten in gerader Linie zwischen voll- oder halbbürtigen Geschwistern, zwischen Oheim und Nichte, Neffe und Tante, seien sie einander ehelich oder außerehelich verwandt; 2. zwischen Schwiegereltern und Schwiegerkindern und Stiefeltern und Stiefkindern, auch wenn die Ehe, die das Verhältnis begründet hat, für ungültig erklärt oder durch Tod und Scheidung aufgelöst worden ist; 3. zwischen dem angenommenen Kinde und dem Annehmenden, oder zwischen einem von diesem und dem Ehegatten des andern [6].

Wir enthalten uns jeder weiteren Ausführung über diese Ehehindernisse, weil es nur in unserer Aufgabe lag, den Einfluß des Naturrechtes auf die kirchlichen und vor allem die moderne bürgerliche Gesetzgebung anzudeuten.

[1] Suppl. q. 44 a. 1.
[2] IV. Sent. d. 34 q. 1 a. 1.
[3] Ib. a. 2.
[4] IV. Sent. d. 40 q. 1 a. 3; a. 4; Suppl. q. 54, 3.
[5] IV. Sent. ib. C. I. C. 1042.
[6] Z. G. B. 100.

Art. 12.

Der Staat.

Zu den tief im Naturrecht wurzelnden Sozialverbänden gehört offenbar auch die *Familie*, die eine Mittelstellung zwischen Ehe und Staat einnimmt, da der Staat aus Familien und Gemeinden besteht, die alle ihren Ursprung in der Ehe besitzen. Wie tief das Verhältnis von Kindern und Eltern im Naturrecht begründet ist, leuchtet sofort ein, wenn wir uns mit Thomas daran erinnern, daß die Eltern den Kindern drei Dinge geben: körperliches Sein, erste Nahrung und Unterricht. Das begründet für die Kinder die strenge Gehorsamspflicht [1], deren Erfüllung ihnen Ehre und Segen für das ganze Leben einträgt [2]. Zwar ist es an sich nicht Pflicht der Kinder, die Eltern zu erhalten und zu bereichern, sondern umgekehrt ist es Sache der Eltern, die Kinder zu erhalten und für sie irdische Güter zu sammeln [3]. Aber wenn die Eltern in Not geraten, haben sie auch diese Pflicht, und in der *größten* Not sollen sie eher die eigenen Kinder verlassen als die Eltern [4]. Mit dem Gesagten sind alle naturrechtlich begründeten Pflichten und Rechte der Eltern und Kinder, also der Familie, die wir nur streifen wollten, umschrieben. Wenn Thomas von Aquin zwischen Eltern und Kindern keine Rechte im *strengen* Sinne gelten läßt [5], und das im Einklang mit Aristoteles [6], Cajetan [7] und Valentia [8], so beeinträchtigt dies das Gesagte keineswegs, denn da er das Sein der Kinder gleichsam zum Sein der Eltern rechnet [9], ist das naturrechtliche Band zwischen Eltern und Kindern nur um so enger.

[1] In decem legis praecepta, c. 17.
[2] Ib. c. 18.
[3] In Epist. sec. ad Cor. c. 12 lect. 5.
[4] II-II 31, 3 ad 4.
[5] II-II 57, 4.
[6] V. Eth. c. 6 (Did. II 60, 26).
[7] Com. in II-II 57, 4.
[8] In II-II disp. 5 q. 1.
[9] II. Sent. d. 33 q. 1 a. 2.

Doch nun zur *Staatslehre.* Hier möchten wir, trotz unserer Inkompetenz, folgende Fragen erörtern : die wesentlich *verschiedenen Ansichten über den Staatszweck,* die *aristotelisch-thomistische Auffassung* vom Staate, den Staat als *moralische Person, Notwendigkeit* und *Ursprung* des Staates, seine *innere Organisation.*

1. Die verschiedenen Auffassungen vom Staatszwecke.

Die Zweckbestimmung einer Sache hängt vom Begriff derselben ab. Nun lassen sich geschichtlich drei wesentlich verschiedene Staatsbegriffe unterscheiden. Da nämlich der Staat nach der Meinung aller eine Gesellschaft von Einzelmenschen ist, betonen die einen einseitig das Individuum = *individuelle* Auffassung, die andern einseitig die Gesellschaft als Träger der Vielheit = *rationalistische* Fassung, während die *thomistische* auf Grund der menschlichen Doppelnatur beiden gerecht zu werden sucht. Nennen wir die letztere die *metaphysische* Auffassung des Staates.

I. Die individualistische Auffassung.

Methodisch huldigt diese Richtung nur der Induktion. Das ens-reale-potentiale wird geleugnet. Das *Individuum allein* ist etwas Reales. Daher ist der Staat ut sic kein *selbständiges Subjekt* mit eigenem Rechte. Also besteht der *Zweck* des Staates nur darin, die individuellen, privaten Rechte der Bürger zu sichern, und zwar nur insoweit es zur Erhaltung der *gleichen Freiheit* aller nötig ist. Folglich geht dem Staate jede *positive* Aufgabe ab, obliegt ihm nicht die Förderung des allgemeinen Wohlstandes, der Sittlichkeit, Religion, Wissenschaft, Künste usw.

Alle *Materialisten* und *Positivisten* haben im Grunde den Staatszweck in diesem Sinne aufgefaßt, wie schon *Hobbes, John Locke, Auguste Comte* [1], *Herbert Spencer.* Hieher gehören auch die *Voluntaristen,* an ihrer Spitze *J. J. Rousseau,* der die « volonté générale » als Wesensmoment des Staates bezeichnet [2]. Nennen wir weiter *W. Dilthey* (1833-1911), der jedes inhaltlich-allgemeingültige Prinzip leugnete [3]. *Lipps* [4] mit der Schule von *W. Wundt* [5] gehört ebenfalls hieher.

[1] Vgl. *Castelein,* Droit nat. 683 ; *Kälin,* Eth. 246 ff. ; *Eisler,* Rechtsphil.
[2] Contrat soc. II 4.
[3] Einleitung in die Geisteswissenschaften, I 68 ; vgl. *Überweg,* IV (1916) 452.
[4] Ethik, Grundfragen, 227.
[5] Log. [2] 2 ; Eth. [2] 215.

Auch der *Historizismus* mußte, da er von der geschichtlichen Entwicklung als höchstem Kriterium ausgeht, logisch den Staatsbegriff im individualistischen Sinne fassen, wie *von Savigny* beweist [1].

Schließlich rechnen wir zur individualistischen Richtung auch die Anhänger der *Vertragstheorie*. Wer immer ursprünglich unter Leugnung des Naturrechtes alles Recht von einem positiven Gesetze abhängig macht, verfällt notgedrungen dem Rechtspositivismus. Neben den schon genannten Hobbes und Rousseau, gehören also auch *S. Pufendorf* [2], *Gassendi* [3] und *Schopenhauer* hieher [4]. Typisch ist *Iherings* Definition vom Staat : « Der Staat ist die Gesellschaft als Inhaberin der geregelten und disziplinierten Zwangsgewalt. » [5] Dieser Satz könnte, so meint Cathrein sarkastisch, auf jede gut organisierte Räuberbande Anwendung finden [6]. Indes bedeutet individualistische Rechtsauffassung immer auch *Zwangsrecht*. Nach Hans Nawiasky [7] hat auch *G. Jellinek*, der auf *Koellreuter* Einfluß übte, die staatliche Zwangsgewalt stark betont.

Bekanntlich hat die individualistische Staatsauffassung praktisch auf die *französische Volkswirtschaftslehre* und den Physiokratismus eines François Quesnay, Mercier de la Rivière und Turgot Einfluß ausgeübt. Daher ihr Schlagwort : Laissez faire et laissez passer : volle Freiheit für Tun und Lassen. Die gleiche praktische Einstellung zeigt sich bei den Anhängern des *politischen Liberalismus* mit ihren Thesen von der absoluten Volkssouveränität, der Trennung von Kirche und Staat, der unabhängigen Moral und absoluten Freiheit auf dem Gebiete des Glaubens, Gewissens, der Rede und Presse. Der gleiche Einfluß machte sich in der *liberalen Nationalökonomie* eines D. Richardo, St. Mill geltend, die für unbeschränkte Konkurrenz in Handel und Wirtschaft eintraten [8].

Zur Kritik nur wenige Worte. Der Individualismus auf wissenschaftlichem Gebiete hat zu allen Zeiten der Wissenschaft selbst das Grab geschaufelt. Selbst Dilthey hat auf diese Schwäche hingewiesen [9]. Das gilt also auch von dieser Auffassung des Staatsbegriffes. Es genüge

[1] *Castelein*, Droit nat. 687.
[2] De iure nat. VIII 7, 1 ; vgl. *Eisler*, das.
[3] Animadv. in decem lib. Diog. Laërt., 164.
[4] *Eisler*, das.
[5] Zweck im Recht, I 204 (2. Aufl.).
[6] Moralphil. II 450 [1].
[7] Allgemeine Staatslehre (1945), 122.
[8] Vgl. *Kälin*, Eth. 246.
[9] Vgl. *Überweg*, das. 455.

noch beizufügen, daß methodisch die Induktion allein zu keiner Sicherheit führt. Die Vertragstheorie hat noch ihre besonderen Schwächen : Erstens ist kein Urvertrag nachweisbar ; zweitens hätte ein positiver Urvertrag das Recht, Verträge zu schließen, schon vorausgesetzt ; drittens hätte ein derartiger Urvertrag die späteren Zeiten niemals verpflichten können. Die individualistische Staatsauffassung ist somit absolut unhaltbar.

II. Die rationalistische Staatsauffassung.

Hier ist der Staat alles, die Individuen ut sic = Null. Wir sagen « ut sic », denn « kollektiv » machen sie den Staat aus. Man konnte daher diese Auffassung auch « kollektivistische » nennen [1]. Doch scheint uns die Bezeichnung « rationalistisch » besser, weil sie den Ursprung der Lehre andeutet, die in Hegels Rationalismus ihre Vollendung fand. Von *Realität* in unserem Sinne ist hier überhaupt keine Rede, denn alles ist subjektivistische Schöpfung, auch der Staat selbst als absoluter Selbstzweck mit seiner Omnipotenz, als Quelle alles Rechtes. Die Fassung ist eminent antirealistisch !

Man deduziert den Staatsbegriff rein subjektiv aus der ratio humana = Rationalismus !

Mit *Kants* Kategorien a priori, zu denen bekanntlich auch die beiden Kategorien der Erfahrung : « Zeit » und « Raum » gehören, war eigentlich diese Auffassung gegeben. *J. G. Fichte* war Kants treuer Schüler, als er sagte : « Der Rechtsbegriff liegt im Wesen der Vernunft. » [2] Und derselbe Autor : Jedes Rechtsverhältnis wird « aus der reinen Form der Vernunft, aus dem 'Ich' deduziert » [3]. Und da die Vernunft als solche nicht frei ist, versteht man auch den Satz : Wirksam werden diese Rechte erst « als Zwangsrechte ». Folgerichtig ist daher auch der Satz : Im Staat ist « das Recht selbst zu einer zwingenden Naturgewalt geworden » [4]. Auch *Schelling* schreibt das erste Recht einem Naturzwange zu [5].

Die letzten Folgerungen zu diesem Standpunkt zog *Hegel*. Der Staat wird zum präsenten Gott, ist « *selbstbewußte sittliche Substanz, der vernünftige göttliche Wille* » [6]. Damit ist der Staat absoluter *Selbstzweck*,

[1] Vgl. *Kälin*, Eth. 248.
[2] *W. W.* III 8.
[3] Das. 53 ; vgl. *Eisler*, Rechtsphil.
[4] Das.
[5] Das.
[6] Encycl. § 335 ; Rechtsphil. 312 ; Phil. d. Gesch. 44.

in sich unendlich, und nur *er* hat Rechte, aber keine Pflichten [1]. Der Staat absorbiert daher alles. Wie schon *Machiavelli* in seinem Buche « Vom Fürsten » Religion und Moral der Staatsraison untergeordnet hat, so auch Hegel. Diese Ideen übernahmen die *Sozialdemokraten*, besonders *K. Marx*, die ja auch das Individuum völlig im Staate aufgehen lassen. Der Einfluß macht sich sogar bei den gemäßigten Staatssozialisten, wie *A. Wagner* [2], geltend. So wurde Hegel zum « Zuchtmeister des staatlichen Denkens », dem sich auch *Fr. J. Stahl* nicht ganz zu entziehen vermochte, da auch nach ihm der Staat « schlechthin die sittliche Welt ist » [3]. Ein ähnlicher Einfluß ist bei *J. C. Bluntschli* erkennbar, der, nicht ohne Selbstwidersprüche, dem Staate die Aufgabe zuteilt, « seine Herrlichkeit aller Welt zu offenbaren » [4]. Auf denselben Pfaden wandelte offenbar auch *C. Lasson*, wenn er in seinem « System der Rechtsphilosophie » (1882) sagt : « Der Staat kann gar nichts anderes wollen als sich selbst, und der Inhalt seines Willens ist das Recht. » [5]

Diese echt hegelsch-rationalistische Auffassung des Staates hat die verhängnisvollen Erscheinungen hervorgebracht, die wir als *Nationalismus*, *Faschismus* und *Bolschewismus* nur zu gut kennen.

Das ganze System beruht auf *Subjektivismus* und leugnet, daß jeder bestehende Staat ein reales ens contingens und daher von einem höheren Sein abhängig ist und sein muß, beinhaltet also eine Leugnung des *theokratischen Charakters des Staates*.

III. Die metaphysische Auffassung des Staates.

Alle wahre Metaphysik ruht auf der realen Erfahrung, aus der sie durch Abstraktion Begriffe erwirbt und aus diesen gültige Schlußfolgerungen zieht. So muß auch der Staatsbegriff gebildet werden. Da jeder Staat eine Vereinigung von Menschen ist, kann der Zweck des Staates nur aus dem Ziel und Zweck der *real aufgefaßten Menschennatur* eruiert werden. Diese aber zeigt zwei Wesensmomente : sie ist eine potenziell-*allgemeine*, also soziale Wesenheit und zugleich ein *Individuum*. Daraus werden wir im Folgenden nach der Lehre des Aquinaten die Aufgabe, also den Zweck des Staates, zu erklären suchen.

[1] Vgl. *Cathrein*, Moralphil. II 501.

[2] Vgl. *Cathrein*, II 501-502.

[3] Rechts- und Rechtslehre auf der Grundlage christlicher Weltanschauung (3. Aufl.), II 2, 132.

[4] Lehre vom modernen Staat (1875), I 361 u. 366 ; Deutsche Staatslehre für Gebildete (1874), 14 ; vgl. *Cathrein*, II 503.

[5] Vgl. *Eisler*, Rechtsphil. ; *Cathrein*, das. II 504.

2. Der aristotelisch-thomistische Staatsbegriff.

Schon der **Name** «Staat» als festes soziales Gefüge (stare) zwingt uns zu einer Begriffsausscheidung. Vier Begriffe sind vom Staat zu unterscheiden und können doch auch mit ihm zusammenfallen: «Land», «Volk», «Rasse» und «Nation»[1].

Mit *Volk* bezeichnet man oft nur eine Masse von Einzelmenschen: «das Volk will das so haben, liebt Belustigungen». Es kann aber auch die politisch organisierten Bürger desselben Staates besagen, z. B. das Schweizervolk.

Land (pagus), ist in erster Linie ein geographischer Begriff, der ursprünglich ein Stück Erde mit eigener Beschaffenheit bedeutet, z. B. «das Alpenland». Es kann also verschiedenen Staaten angehören. Es kann aber auch ein politisch geeinigtes Stück Erde bezeichnen, z. B. Schweizerland.

Rasse ist ursprünglich ein biologischer Begriff, in dem Tiere und Pflanzen mit gleichen morphologisch-physiologischen Merkmalen zusammengefaßt werden. Auf eine Menge von Menschen findet er Anwendung, insofern sie durch Abstammung, Gewohnheit, Temperament, Sprache, Arbeit usw. die gleichen körperlich-geistigen Eigenschaften besitzen und vererben. So reden wir von der deutschen oder englischen oder irischen Rasse. Offenbar kann dieser Begriff mehreren Staaten zukommen oder auch einem allein.

Dasselbe gilt von dem Begriffe *Nation*. Eigentlich bedeutet er eine Menge Menschen gleicher Abstammung (nasci) und fällt zum Teil mit Rasse zusammen. Man hat Nationalität mit den Worten umschrieben: Das gesamte geistig-leibliche Gepräge, das einer größeren Menschenmenge durch Abstammung und Entwicklung erblich zukommt[2]. Daß auch dieser Begriff auf einen oder mehrere Staaten anwendbar sein kann, weiß jedermann. Daß Gleichheit der Rasse und Nationalität ein und desselben Staates stark zu seiner Einheit beitragen können, ist ebenfalls klar. Doch geht es auch *ohne* diese Gleichheit, wie die Schweiz und Amerika beweisen. Auch die Mannigfaltigkeit hat ihren Reiz. «Nutzen» und «Recht» sind zwei verschiedene Begriffe. Die Durchführung des

[1] Vgl. *Jaccoud*, Droit nat. 271 ff.; *Cathrein*, Moralphil. II 699 ff.; *Kälin*, Ethik, 238.

[2] Vgl. *Cathrein*, II 699.

Nationalitätsprinzips durch Umsturz bestehender Staatsordnungen ist sicher nicht recht. Gibt es überhaupt in Europa einen Staat, wo das Nationalitätsprinzip unbeschränkte Anwendung finden könnte? Und welch ein Widerspruch, wenn man mit der Kolonialpolitik in Afrika und anderwärts fremde Rassen unterjocht!

Nun zum **sachlichen Inhalt** des Staatsbegriffes.

Jeder Staat ist ein Ganzes, das aus Bürgern als seinen Teilen besteht. Jedes Ganze wird vorerst aus seinen Teilen richtig erfaßt [1]. Folglich ist der Begriff « Bürger » an erster Stelle zu klären.

Wer ist ein *Staatsbürger*? Ohne Zweifel nur der Vollbürger, d. h. wer in vollen bürgerlichen Rechten steht. Das ist nun offenbar nicht der Fall bei solchen, die etwa nur in einem Staate *wohnen* [2], auch nicht bei *Knaben* und *Greisen* [3], sowie bei *Geächteten*, denen die bürgerlichen Rechte entzogen wurden [4]. Überhaupt ist nach Aristoteles niemand Bürger im strengen Sinne, der mit einem Staate nur in *zufälliger* Verbindung steht. Bürger im Vollsinn ist nur jener, der *im freien Staate an den Staatsgeschäften aktiv und passiv teilnehmen kann* [5]. Damit leuchtet es auch ein, daß die beiden Begriffe « guter Mensch » und « guter Bürger » nicht absolut identisch sind. Die Tugend wird als allgemeine Eigenschaft vorausgesetzt, ohne daß alle Bürger tatsächlich tugendhaft sind. Aber die Leiter des Staates müssen gut sein und die Bürger sollen gehorchen und befehlen können [6]. Die eigentliche Regierungstugend ist die *Klugheit* [7].

Als Ganzes ist der Staat eine **Gesellschaft** « κοινωνία », in der die Bürger des Staates ein gemeinschaftliches Leben führen [8]; und zwar wird der Staat, im Gegensatz zur Ehe und Familie, eine **vollkommene** Gesellschaft genannt, weil er sich selbstgenügend ist, was Thomas prägnant mit den Worten ausdrückt: « multitudo talium, qui sic dicuntur cives, ut per se sufficienter vivere possint » [9].

Damit haben wir auch schon das **Ziel** des Staates angedeutet. Wie jeder Einzelmensch naturnotwendig zum Glücke strebt, auch wenn er

[1] *Thomas*, in III. Pol. lect. 1.
[2] III. Pol. c. 1 (Did. I 520, 32).
[3] 520, 40.
[4] 520, 47.
[5] 521, 1 u. 521, 24; *Thomas*, in III. Pol. lect. 1.
[6] III. Pol. c. 2 (I 523, 17 ss.); *Thomas*, ib. lect. 3.
[7] III. Pol. c. 2 (I 525, 7).
[8] III. Pol. c. 1 (523, 1); *Thomas*, ib. lect. 1.
[9] In I. Pol. lect. 1.

es nicht wollte [1], so auch der Staat. Der Staat soll die Gemeinschaft zum *öffentlichen* Wohl und Glück führen : « Rex autem intendit bonum universale, sc. totius regni pacem. » [2] Aber wie läßt sich das naturrechtlich begründen ? Nur aus der metaphysisch gefaßten Menschennatur. So verstanden, ist jeder existierende Mensch ein « animal-rationale » in einer Person. Drei Momente sind hier ins Auge zu fassen : die Person, die Wesenheit und ihre Existenz.

A. Die **Person.** Alle Bürger des Staates sind Personen. Jede Person ist eine kleine Welt für sich. Sie ist *eigenberechtigt* (« sui iuris ») und kann nicht auf andere übertragen werden (« incommunicabilis ») ; Thomas nennt sie daher « perfectissimum in tota natura » [3]. Und sie ist das, weil sie der erhabene Träger großer Rechte und Pflichten ist. Kraft der Person hat, wie Freiherr *von Hertling* treffend sagt, der Mensch das Recht auf seine *physische Existenz*, sogar im Mutterleibe, das Recht auf *Ernährung*, standesgemäße *Erziehung*, *Bildung*, *Ehe*, *Fortpflanzung*, auf *Freiheit* innert den Schranken der sittlichen Ordnung, usw. [4] Das sind die angestammten, weil naturgegebenen *Rechte* jedes Menschen.

Wehe, wenn der Staat diese Rechte vergewaltigt ! Er vergewaltigt sich selbst, denn er besteht ja aus Personen, und vollberechtigte Personen sind seine einzige Stütze und des Friedens starker Hort. Hier kann es also nur die Aufgabe des Staates sein, diese Naturrechte anzuerkennen und ihre Ausübung zu unterstützen und zu fördern. Bekanntlich war die Sklaverei ein schwerer Eingriff in diese persönlichen Rechte !

B. Die **Wesenheit:** « animal-rationale ». Jede Wesenheit ist in sich allgemein, folglich auf das Allgemeingut, das bonum commune, bonum *publicum*, die öffentliche Wohlfahrt hingeordnet. Hier muß dem Staat eine große Aufgabe gestellt sein, denn er ist eine öffentliche Gesellschaft. Welches ist diese Aufgabe ?

a) Offenbar kann er nicht zum **übernatürlichen** Gemeinwohl, zur ewigen Glückseligkeit leiten, denn das übersteigt alle natürlichen Kräfte : « excedit proportionem naturalis facultatis » [5]. Daher unterscheidet Thomas De regimine principum klar die Aufgabe der *Kirche*

[1] De Malo, q. 1 a. 1.
[2] Ib. *Aristoteles*, III. Pol. c. 1, 522, 54.
[3] I 29, 3 ; 29, 1 u. 2 ; III. Sent. d. 5 q. 1 a. 3.
[4] Recht, Staat und Gesellschaft, Kösel 1906, 85 ff.
[5] I-II 91, 4.

von der des *Staates*[1]. In der übernatürlichen Ordnung herrscht die Lex divina und die von Gott beauftragte Kirche, nicht das von Menschen erlassene staatliche Gesetz[2].

b) Aber eine weitere Einschränkung ist notwendig. Die **innere** Tätigkeit des Menschen, Erkennen, Wollen usw., ist für den Staat nicht erreichbar[3]. Folglich hat er es nur mit den **äußeren** sozialen Tätigkeiten des Menschen zu tun, die in das Reich der *iustitia* gehören[4].

Aufgabe des Staates ist demnach die Wahrung und Förderung des öffentlichen Wohles. Das Wohl des einzelnen Bürgers soll er schützen; wenngleich ihm nur die Sorge für das irdische Wohl obliegt; soll er auch die Kirche in ihrem Bereiche schützen. Er hat dem öffentlichen, irdischen, äußern Wohle zu dienen durch Handhabung der bürgerlichen Gerechtigkeit, die er eventuell mit *Zwang*[5] durchzusetzen berechtigt ist. Trotz der gemachten Einschränkungen hat der Staat, auch nach unserer Fassung, eine Aufgabe zu erfüllen; sagen wir genauer, eine doppelte: eine *positive,* die *Rechtspflege* und den *Rechtsschutz* unter den Bürgern, deren Frucht der *Friede* ist, überhaupt die Förderung des materiellen Wohles[6]. Die *negative* Aufgabe besteht in der kraftvollen Abwehr *äußerer Feinde,* eventuell durch Waffengewalt und Krieg[7].

C. Die **Abhängigkeit** von einer höheren Autorität. Die menschliche Natur, insofern sie in einer *Person* als realem Träger ist, gehört immer in die *Existenzordnung.* Daraus ergibt sich, daß auch der Staat, der eine moralisch-rechtliche Person ist, mit allen seinen Befugnissen von einem höheren Prinzip abhangen muß. Jeder existierende Staat ist ein ens-contingens, also potentiale, das, wenn es aktuell ist, von einem anderen und zuletzt von einem *notwendigen* Sein herkommen muß. Das weist auf den *theokratischen* Charakter des Staates hin. « Theokratisch » wird hier nicht im Sinn des Alten Testamentes genommen (« Volk Gottes »), sondern bedeutet einfach Abhängigkeit von Gott. Doch wir werden später auf diese Frage zurückkommen.

[1] De reg. princ. I c. 14.
[2] I-II 98, 1; 91, 4.
[3] I-II 91, 4.
[4] I-II 100, 2.
[5] I-II 90, 3 ad 2; 96, 5.
[6] I-II 95, 1.
[7] II-II 50, 4 u. ad 1, 2 u. 3.

Somit stellen wir vom Staate folgende Definition auf: *Der Staat ist jene in ihrer Ordnung vollkommene Gesellschaft, welche an Gottes statt auf Grund der naturrechtlichen Prinzipien ein Volk zu seinem öffentlichen, äußeren, natürlichen Wohle führen soll.* In der vorliegenden Begriffsbestimmung ist nicht bloß der innere und äußere Rechtsschutz der Gemeinschaft betont, sondern in der Entwicklung der naturrechtlichen Grundsätze liegt auch das *Fortschrittsprogramm*, das Jaccoud[1] als Freiburger mit Recht betonen konnte.

3. Der Staat hat Eigensein als moralische Person.

Kann dem Staate wirkliche « Persönlichkeit » zugeschrieben werden? Ein schwieriges Problem, über das gestritten wird.

Die Lösung der Frage hängt offenbar davon ab : hat der Staat als solcher ein von den Individuen, die ihn konstituieren, wenn auch nicht getrenntes, doch *real unterschiedenes Eigensein ?*

Zwei extreme Ansichten stehen hier einander gegenüber :

a) Die einen behaupten : Der Staat als solcher ist eine eigene *Substanz*, ein rationales Suppositum für sich, also eine Person im eigentlichen Sinne, eine *physische* Person. Diese Ansicht geht offenbar auf *Plato* zurück. Im subjektivistischen Sinne hat *Hegel* den Staat als höchste Realität und daher Quelle aller Rechte betrachtet, wie wir früher betonten. So auch *Bluntschli*, ehemaliger Professor in Zürich[2], *Spencer*, *Michaud* und *Hauriou*[3].

b) Für andere ist der Staat als solcher eine bloße *Fiktion*. Meines Erachtens unterschätzt auch *H. Hering* O. P. die Realität des Staates. Zwar spricht er an gewissen Stellen dem Staate ein akzidentelles Sein zu.[4] « Mais si l'on croit, que, en plus des personnes physiques, il existe une véritable personne morale, avec une âme, une volonté, une activité propre, et qui, partout, serait sujet de droit, on est alors dans l'erreur, car on affirme l'existence d'un mythe, d'une chose qui n'existe pas. »[5] Daher der Titel von Herings interessanter Publikation : « Le Mythe de

[1] Droit nat. 232 ff.
[2] Théorie générale de l'Etat, I 1.
[3] Vgl. *Hering* O. P., Le mythe de l'Etat, Fribourg 1945, 17.
[4] l. c. 21.
[5] Das. 26.

l'Etat ». So denken auch manche Juristen, wie *Planiol* [1], *Leroy-Beaulieu* [2], *Duguit* [3]. Man stellt sich die Frage : gibt es andere Rechtsträger als *physische* Personen? Wenn nicht, dann gibt es auch kein eigenes Rechtsgebiet des Staates. « Les sujets de droit sont et ne peuvent être que des personnes physiques », betont Pierre *Gillet* in seiner Löwener Doktorarbeit [4]. Ähnlich äußert sich *Leclerq*, Professor in Brüssel, in seinen Vorlesungen « De droit naturel » [5] und P. *Brucculeri* S. J. [6] Wem sollte diese Auffassung nicht einleuchten?

Naturrechtlich sind, wie es uns scheint, beide Ansichten unhaltbar. Sie sind extreme Lösungen der Frage. Warum ? Im *ersteren* Falle wäre der Staat, da er universell ist, ein physisch-allgemeines Suppositum. Das ist schon ein innerer Widerspruch, denn alles Physisch-Existierende ist konkret, also nie als solches allgemein. Weiter würde eine derartige allgemeine physische Gesellschaft jede andere Gemeinschaft, wie Ehe und Familie, mit all ihren Rechten aufheben, d. h. zerstören. Der tiefste Grund dieser ersten extremen Ansicht ist *monistisch*, ja pantheistisch, wie Hegel bewiesen hat. Aber auch die *zweite extreme* Ansicht ist naturrechtlich unhaltbar. Wird dem Staat nicht *Eigensein* und daher sein eigenes *Rechtsgebiet* zuerkannt, dann wird auch die *soziale Menschennatur* in ihrem Eigensein geleugnet, wird geleugnet, daß das *Allgemeinwohl* als Ziel etwas Reales ist ; wird geleugnet, daß alle öffentlichen *Rechte*, *Pflichten* und *Autoritäten* etwas real Begründetes sind. Dann gibt es überhaupt kein *öffentliches Recht.* Wer könnte in diesem Falle noch von einer Pflicht dem Staate gegenüber, z. B. des Gehorsams, reden? Dann wäre der Staat als solcher tatsächlich eine *Fiktion*, weil ohne Eigensein und Eigenrecht. Der Staat « ut sic » muß also Eigensein und Eigenrecht haben. Aber in welchem Sinne? Das ist die delikate Frage.

Suchen wir sie durch eine stufenweise Analyse aller Momente, die notwendig zum Staatsbegriff gehören, zu lösen.

1. Ist der Staat als solcher weder ein Nichts (Fiktion) noch eine Substanz (Subsistenz), so gehört er notwendig in das Gebiet des *Akzi-*

[1] Traité élém. du Droit civil ; vgl. *Hering*, 28.
[2] L'Etat moderne et ses fonctions, das.
[3] L'Etat, le droit objectif et la loi positive, das. 29.
[4] *Hering*, das.
[5] Das.
[6] Das. 30.

dens, das ein Mittleres zwischen Substanz und Nichts darstellt [1]. Das hat H. Hering O. P. sehr richtig hervorgehoben [2]. Aber in welchem Sinne gehört das Staatsein zum *Akzidens?*

2. Offenbar gehört das Staatsein zu jenem Akzidens, das wir **relatio** (Beziehung) nennen, denn der Staat hat es überall — bei Pflichten, Rechten, Gesetzen, Behörden — mit der *Hinordnung* (« unitas ordinis ») der Bürger auf das Ziel zu tun [3].

3. Diese Beziehungsordnung (ordo relationis) ist offenbar eine **reale.** Bekanntlich sind jene Beziehungen reell, welche ein reales Fundament und ein reales Ziel haben [4]. Nun aber ist die *real-soziale* Menschennatur selbst die Grundlage der staatlichen Beziehungen, welche auf ein reales Ziel, das Gemeinwohl hingeordnet sind. Jeder Mensch ist von Natur aus « φύσει » auf das staatlich-soziale Leben hingeordnet [5].

4. Wir gehen in der Analyse noch einen Schritt weiter. Die Beziehungsordnung, die der Staat zu erfüllen hat, ist nicht allein ein accidens-reale, sondern ein *proprium* der Menschennatur, scholastisch ausgedrückt, ein dem Menschen **innerlich-notwendiges** Sein, gehört also zum quartum praedicabile, nicht zum quintum [6]. Warum das? Ein proprium einer Sache ist jene Eigenschaft, die aus ihrem Wesen gefordert wird. Nun ist die ganze Hinordnung des Staates auf das öffentliche Wohl von der sozialen *Wesenheit* = Natur des Menschen gefordert [7]. Sie ist also eine naturrechtliche und daher innerlich-notwendige Forderung [8]. Das *Eigensein* des Staates ist folglich die *naturhafte* Hinordnung aller Menschen auf das Gemeinwohl, ein Ausfluß der menschlichen Natur, also in keiner Weise eine *Fiktion*, ein Mythus.

So ist jeder Staat eine Gemeinschaft (communitas), welche alle jene Aufgaben erfüllen soll, die der sozialen Wesenheit des Menschen *innerlich-notwendig* sind, um das öffentliche zeitliche Wohl und Glück zu erreichen. Das ist im Naturrecht begründet.

[1] *Thomas*, in I. Eth. 1.

[2] Das. 21.

[3] I. Eth. ad Nic. c. 2 (Did. II 1, 30).

[4] I. Sent. d. 26 q. 2 a. 1 ad 1.

[5] I. Pol. c. 1 (I 483, 34); *Thomas*, in I. Pol. lect. 1.

[6] I 28, 1; 77, 1 ad 5.

[7] Vgl. *Aristoteles*, I. Eth. c. 2; *Thomas*, in I. Eth. lect. 1; I. Pol. c. 1; *Thomas*, in I. Pol. lect. 1.

[8] Hier liegt der Irrtum H. Herings. Er hat accidens *ontologicum* und *logicum* verwechselt. Der Staat ist wohl ein accidens *ontologicum*, aber nicht *logicum!*

5. Wer ist **Subjekt** dieses innerlich-notwendigen staatlichen Eigenseins? Offenbar die *Gemeinschaft*, denn sie wird erst durch jenes Akzidens, durch jene *Einheit der innerlich-notwendigen Beziehungen* zur « Gemeinschaft », also zum Staate. Aber existieren nicht alle diese Beziehungen nur in *physischen Personen*, im König oder anderen Regierungsmännern? *Sie sind nicht in ihnen als physischen Supposita*, sondern als *beauftragten Repräsentanten*, also *moralisch-rechtlichen Personen* des Staates und seiner Gewalt. Als physische Person ist der König gar nicht König, so wenig wie der Gatte ohne eheliches Band « Gatte » ist. Erst das sozial-rechtliche Band, das ihn mit der Gattin verbindet, macht ihn zum Gatten. Erst der ererbte oder vom Willen des Volkes erteilte *Auftrag* gibt dem König das « Königsein », dem Staat *Eigensein* und *Eigenrecht* und weist ihm sein Wirkungsfeld oder das Regierungsgebiet zu. In physischen Personen gibt es nur individuelle Rechte und Pflichten. Daher unterscheiden Aristoteles [1] und Thomas [2] drei verschiedene Rechtskreise mit eigenem Ziele: das *Privatleben*, die *Familie* und den *Staat*, dem allein es obliegt, zum zeitlichen öffentlichen Wohle zu führen [3]. Nur so ist der Staat eine eigene, von jeder anderen unterschiedene Gemeinschaft, die sui iuris ist. Kraft der sozialen Natur des Menschen besitzt der Staat *eigenes Sein*, *eigenes Recht* und *eigene Aufgabenkreise*. Er hat, wie P. Meyer S. J. betont, eine von den Einzelbürgern verschiedene *eigene Aktivität* [4], oder wie P. Capello S. J. sagt, eine eigene *Vitalität* [5]. Wer das nicht gelten läßt, wird dem Staate nicht gerecht.

Gestützt auf diese grundsätzlichen Feststellungen, können wir nun näher erklären, in welchem Sinne dem Staate *Persönlichkeit* zukommt. Maßgebend ist hier der Begriff « relatio » (Beziehung). Überall, wo persönliche Wesen sind oder handeln, spielt die Beziehung (« relatio ») eine Rolle: in *Gott*, in den *Einzelmenschen* und im *Staate*. In Gott, d. h. der heiligsten Dreifaltigkeit, sind die drei Personen relationes subsistentes

[1] I. Eth. c. 2 (Did. II 1, 30).

[2] In I. Eth. lect. 1.

[3] I-II 90, 2.

[4] « Societas, qua persona moralis, non solum ipsa a singulis personis, quibus componitur, distincta est, sed *propria* etiam vitali operatione et activitate praedita est. » Instit. iuris naturae, n. 349.

[5] Persona moralis « independenter ab ipsis (personis physicis) subsistit et operatur seu propria vitali activitate praedita est ». Institutiones iuris publici ecclesiastici, n. 48. Das « subsistit » ist weniger richtig.

= in sich subsistierende Beziehungen [1], weswegen Gott Persönlichkeit im erhabensten Sinne zukommt [2]. Im Einzelmenschen, der « pysische Person » genannt wird, haben wir als Subjekt eine rationale Vollsubstanz (suppositum), die alle ihre Tätigkeiten (Relationen) erkennend und wollend eigenmächtig auf das Ziel hinordnen soll [3]. Im Staate ist die öffentliche *Gemeinschaft* das Subjekt, dem diese Aufgabe zukommt. So gefaßt, sind dem Staat drei Dinge eigen : erstens ein eigenes *Subjekt*, die Gemeinschaft ; zweitens sein eigenes *Prinzip*, die Sozialnatur ; drittens sein eigenes *Ziel*, das öffentliche Wohl. Also hat der Staat sein eigenes Rechtsgebiet. Die Ähnlichkeit zwischen der physischen Person und dem Staat liegt offenbar in der *Hinordnung* (relatio) auf das Ziel ; beide sollen gemäß ihrer Eigenart bewußt das Ziel erstreben. Also kommen die Person im physischen und juristischen Sinne in der Relation überein, weswegen auch der Staat « Person » genannt wird. Der tiefste Unterschied zwischen beiden liegt darin, daß im Staate die « Gemeinschaft » nur Träger der moralisch-rechtlichen Einheit ist, weshalb der Staat lediglich als *moralisch-rechtliche Person* angesehen werden kann.

4. Die Notwendigkeit des Staates.

« Jung war ich einst ; da ging ich einsam, verlassene Wege zu wandern ; doch fühlt' ich mich reich, wenn ich andere fand : der Mann ist des Mannes Lust. » Diese Worte der Edda berühren die Wurzel des menschlichen Sozialbedürfnisses und damit der Notwendigkeit des Staates.

Es ist auf den ersten Blick fast befremdend, daß gerade der Mensch, der durch Verstand und Willen alle Lebewesen der Erde überragt und beherrscht, in seiner ganzen persönlichen und sozialen Entwicklung das *hilfloseste* und bedürftigste Geschöpf ist. Und doch ist es unleugbar so.

Was gibt es Armseligeres und Hilfloseres als ein neugeborenes Menschenkind? Der Vereinigung von Vater und Mutter verdankt es seine Existenz [4], und ohne die stündliche Hilfe anderer muß es wieder sterben. Aristoteles hat das Geheimnis erfaßt und in die Worte gekleidet : Der Mensch ist von Natur aus ein politisches Wesen.

[1] I 30, 2 ; I 29, 4.
[2] I 29, 3.
[3] I 29, 1 u. 2.
[4] I. Pol. c. 1 (Did. I 482, 28).

« ἄνθρωπος φύσει πολιτικὸν ζῷον. »[1] Wir sagten « politisches » Wesen, denn wie Cathrein richtig erklärt[2], besagt « πολιτικόν » mehr als nur « allgemein sozial » ; es bedeutet staatsbürgerlich, wie der Stagirite betont[3].

Davon überzeugt uns die **tägliche Erfahrung.**

Gewiß hat schon die Dorf- oder Stadtgemeinde, der wir angehören, eine große soziale Bedeutung für uns. Nicht weniger die eigene Verwandtschaft als natürliche Erweiterung der Familie. Aber der Stoff unseres Kleides, das Leder unserer Schuhe, die Wolle unserer Strümpfe, die Uhr in der Tasche, ja ein einfaches Sackmesser aus gewöhnlichem Metall erinnern uns täglich an unsere soziale Abhängigkeit nicht nur von den Bewohnern unserer Heimatgemeinde, sondern von einem unübersehbaren Kreis fremder Menschen. Wie wahr ist also, was Thomas sagt : « Bonum unius domus ordinatur ad bonum civitatis, quae est communitas perfecta. »[4] Und wer sichert uns schließlich das tägliche *Brot*, das wir essen, insoweit es überhaupt gesichert werden kann ? Wir verstehen, wenn Bastiat vom einfachen Dorfbewohner sagt : « Jeden Morgen beim Aufstehen kleidet er sich an. Kein einziges von seinen zahlreichen Kleidungsstücken hat er selbst gemacht. Nun muß aber eine große Masse von Arbeit, Industrie, Transport und geistreiche Erfindungen geleistet werden, um ihm dieselben bereitzustellen. Die Amerikaner mußten Baumwolle, die Inder Indigo, die Franzosen Wolle und Flachs, die Brasilianer Leder produzieren ; alle Stoffe mußten in verschiedene Städte transportiert und dort bearbeitet, gesponnen, gewebt, gefärbt werden ... Dann frühstückt er. Damit das Brot, das er ißt, zur Verfügung stehe, mußte der Boden urbar gemacht werden ; die Saat mußte vor Raub und Plünderung bewahrt werden ; es mußte in der ungeheuren Menschenmenge ein gewisses Maß von Sicherheit herrschen ; das Getreide mußte geerntet, gemahlen, geknetet und gebacken werden ; Eisen, Stahl, Holz und Steine mußten zu Werkzeugen verarbeitet werden. »[5] Welch riesige soziale Abhängigkeit jedes Menschen im gewöhnlichen täglichen Leben ! Trotzdem wir staatliche Eingriffe nicht immer lieben, woran der Staat dann und wann selber schuld ist, so haben wir es in den beiden vergangenen Kriegen wohl erfahren, welche Bedeutung der Staat für

[1] Das. (Did. II 483, 35).
[2] Moralphil. II 452.
[3] Ib. (Did. II 483, 40).
[4] I-II 90, 3 ad 3.
[5] *Bastiat*, Harmonies économiques, Paris 1884, 25.

das tägliche materielle Leben des Volkes hat und jedermann dankt ihm dafür.

Fast noch größere Bedeutung hat die staatliche Hilfe für das *sittlich-geistige Leben*, vor allem auf höherer Stufe.

a) Für die *Erkenntnisordnung*. Schon Aristoteles [1] und nach ihm Thomas [2] machten auf die soziale und staatliche Bedeutung der *Sprache* aufmerksam, die den Menschen vom Tiere unterscheidet. Wie wunderbar ist doch das Wort, mit dem der Mensch sich anderen offenbart, wodurch er « Gut » und « Bös », « Recht » oder « Unrecht » mitteilt ! Es ist das hervorragendste Instrument des sozialen Lebens, das auf höherer Kulturstufe notwendig zur Staatenbildung führt und die Menschen weit über die Grenzen der Familie und des Dorfes hinaus miteinander verbindet. Jeder Grammatikunterricht setzt die Grammatik voraus und diese Sprachregeln und Sprachlehrer. Das alles gibt es nicht ohne *Schulung* und Schuleinrichtungen, Schulbauten, die weder die Familie noch das Dorf allein bereitzustellen imstande ist. Das kann für gewöhnlich nur der Staat leisten. A fortiori gilt das für höhere Studien, wo größere *Büchereien, Seminarien, Hochschulen* und Dozenten zur Verfügung stehen müssen. Daher konnten nur Kirche und Staat oder Private, die von Staat oder Kirche als gesetzgeberischen Behörden unterstützt wurden, größere wissenschaftliche Zentren schaffen, sie schützen und ausbaun. Alles das weist auf die Notwendigkeit staatlicher Verbände hin. Man denke schließlich noch an die Betreuung der *Kranken*, an die *medizinischen Fakultäten* mit ihrem komplizierten Betrieb und ihren Instrumenten, an *Kliniken* und *Spitäler*. Ohne staatliche Hilfe, staatliche Garantie und Organisation sind diese großen Werke für gewöhnlich nicht möglich.

b) Für die *Willensbildung* sind allgemein verpflichtende Gesetze eine sichere Richtschnur des sittlichen Handelns. Das Naturgesetz als solches genügt nicht, wenn nicht von ihm und aus ihm positive allgemeinere Normen abgeleitet werden. Solche allgemeinere Normen kann nur eine allgemeinere *Autorität* aufstellen, die weit über Familie, Dorf und Gemeinde hinausgeht, d. h. der Staat. Und schließlich muß auch eine *Autorität* da sein, die Widerspenstige zur Erfüllung des Gesetzes

[1] I. Pol. c. 1 (Did. I 483, 40 ff.).
[2] In I. Pol. lect. 1.

zwingen kann, « vis coactiva »[1]. Dazu genügen Familie und Gemeinde ohne staatliche Rückendeckung sicher nicht, dazu ist die ganze *Justizordnung* mit *Gerichten* und *Strafordnung* erforderlich[2].

Das erweist die absolute Notwendigkeit des Staates. Thomas von Aquin geht mit anderen sogar so weit, daß er eine befehlende Obrigkeit, wenn auch nicht eine Zwangsgewalt, auch dann für notwendig erachtete, wenn es nicht zum Sündenfall gekommen wäre, weil der Mensch von Natur aus ein soziales Wesen ist : « quia homo est animal sociale »[3].

Was aber die Notwendigkeit des Staates für alle am offensichtlichsten beweist, ist der Schutz von Familie und Gemeinde gegen **äußere Feinde** : « ad resistendum extrinsecis impugnantibus et corruptivis ». Das begründet die *Militärgewalt:* « per quam hostium insultus repellantur »[4]. Das legitimiert auch den *Krieg* und den Kriegsapparat.

Schließlich legt auch die **Völkergeschichte** für die Notwendigkeit des Staates Zeugnis ab. Ethnologen wie *Ratzel*[5] und *Achelis*[6] bezeugen, daß man nie ein Volk gefunden hat, das ganz ohne politische Organisation gewesen wäre.

Man denke hier auch an die großen philanthropischen und technischen Werke unserer Zeit. Ohne staatliche Initiative oder wenigstens Unterstützung wären sie unmöglich gewesen. Manche dieser Werke kamen nur durch Zusammenschluß mehrerer Staaten zustande.

5. Der Ursprung des Staates.

In dem, was wir über die Notwendigkeit des Staates sagten, liegt auch schon die natürliche Erklärung für den Ursprung des Staates. Wir reden hier natürlich nicht vom Ursprung dieses oder jenes Staates, wo besondere Faktoren maßgebend waren und sind. Wir reden vom Ursprung des Staates als *solchem*, der eben naturrechtliches Gepräge trägt.

Diese Frage berührt Aristoteles gleich im Anfange seiner Staatslehre, auf die wir hier etwas eingehen wollen. Selbstverständlich erstrebt

[1] I-II 90, 3 ad 2.
[2] I II 100 a. 2.
[3] I 96, 4.
[4] II-II 50, 4.
[5] Völkerkunde, Bd. I, Einl. S. 87.
[6] Moderne Völkerkunde (1896), 430. Vgl. *Cathrein*, das. II 451[1].

der Staat wie alle gesellschaftlichen Verbände das *vollkommenste Gut*, « κυριώτατα πάντων »[1], das Wohl seiner Glieder, « ἀγαθόν ». Aber, so fragt Aristoteles, wie entstand diese vollkommenste aller Gesellschaften ?[2] Der Naturdrang trieb Mann und Frau zur Erzeugung von Kindern. Das war der Ursprung der *Ehe*[3]. So entstand naturrechtlich auch die *Familie*. Dazu kamen die Diener des Hauses, die als natürliche Erweiterung der Familie zu betrachten sind[4]. Schon hier, in der natürlichen Ordnung, gibt es Dienende und Befehlende, weil die einen der andern bedürfen. Eine weitere Entwicklung führte zur *Dorfgemeinschaft*, « κώμη », die aus mehreren Familien besteht und ebenfalls eine naturgemäße Einheit bildet, weil die Familien einander bedürfen[5]. Aus einer Anzahl von Dörfern entsteht infolge des natürlichen Schutzbedürfnisses der *Staat*, « πόλις »[6], der sich selbst genügt und deshalb die vollkommenste Gesellschaft ist. Er ist die Grundlage für die Erreichung des vollen *Wohles*, « τοῦ εὖ ζῆν »[7]. Auf dieses Ziel ist jeder Mensch von Natur aus hingeordnet und deshalb ist jeder Mensch von Natur aus ein « politisches » Wesen, « φύσει πολιτικὸν ζῷον »[8]. So tief und naturgegeben ist die Hinordnung des Menschen auf den Staat, daß, wer immer außerhalb dieser Ordnung steht, entweder *Gott* oder eine *Bestie* ist[9], weil *tugendlos*, « ἄνευ ἀρετῆς »[10].

Diese aristotelische Schilderung vom ersten Ursprung des Staates ist ganz naturrechtlich. Im Gegensatz zu ihm stehen *Hobbes*, der den « homo-lupus » erdichtete und ihm den Ursprung des Staates zuschrieb, und auch *J. J. Rousseau* und alle übrigen Anhänger der Vertragstheorie, die nie bewiesen werden konnte. Der Ansicht von *J. B. Jaccoud*, Aristoteles habe nicht den Ursprung des Staates als solchen, sondern den des griechischen Staates beschreiben wollen[11], widersprechen die Anfangsworte der Staatslehre, die ganz *allgemeinen* Charakter aufweisen[12], und auch der Schlußsatz derselben[13]. Übrigens gibt *Tullius Cicero* eine mit der aristotelischen Beschreibung im Wesentlichen über-

[1] I. Pol. c. 1 (Did. I 482, 5).
[2] 482, 26.
[3] 482, 26.
[4] 483, 2.
[5] 483, 12.
[6] 483, 25.
[7] 483, 27.
[8] 483, 34.
[9] 484, 10.
[10] 484, 18.
[11] Droit nat. 215.
[12] I. Pol. 6, 1 (Did. I 482, 26).
[13] Ib. 483, 27.

einstimmende Darstellung des Staatursprunges: « Cum hoc sit natura communis animantium, ut habeant libidinem procreandi, prima societas in ipso *coniugio* est, proxima in *liberis*, deinde una domus ... Id autem est principium *urbis* quasi seminarium *reipublicae.* »[1]

Auch die ersten Städtegründungen, von denen die Heilige Schrift berichtet, erfolgten in ähnlicher Weise, wie Aristoteles die Gründung des Staates schildert[2].

Aber hat nicht Aristoteles mit Plato den *Menschen völlig dem Staat geopfert*? Das ist eine weitverbreitete Ansicht, die auch Cathrein[3] referiert. Von Plato trifft das infolge seiner kommunistischen Weltanschauung zweifelsohne zu. Auch Aristoteles betonte den Staat stark. Aber er steht doch prinzipiell auf einem ganz anderen Boden. Er ist der große Verteidiger des von Sokrates begründeten Naturrechts und damit der Eigenrechte des Individuums. Da er in I. Pol. c. 1 dem Einzelmenschen, der Ehe und Familie naturrechtlich ein Eigenziel zuweist, wäre eine absolute Unterordnung des Menschen unter den Staat ein flagranter Widerspruch. Wenn er daher in I. Pol. c. 1 und anderswo von der Unterordnung des Menschen unter den Staat redet, so ist damit nur eine *relative* Unterordnung gemeint, so wie niedere Zwecke immer höheren untergeordnet werden. Man hat sich bei Aristoteles vor allem daran gestoßen, daß er am Anfang seiner Staatslehre sagt, *das Ziel des Staates liege vor dem des Individuums und der Familie*[4]. Das ist in der *Finalordnung* ganz richtig. Jedermann weiß, daß in ordine intentionis, also finis, das höhere Ziel früher ist als die ihm untergeordneten Ziele. So hat auch Thomas von Aquin[5], der doch sicherlich nicht des Staatssozialismus verdächtigt werden kann, den Stagiriten folgendermaßen interpretiert: In der *Zielordnung* ist das Ganze (« Staat ») früher als die Teile (« Familie, Gemeinde »), denn man will die Teile nur des Ganzen wegen. In der *Ausführungsordnung* (in ordine executionis) ist das Gegenteil wahr: zuerst die Teile, dann das Ganze. Das ist zweifellos richtig.

[1] De off. I 17.
[2] Con. 4, 17; 4, 2; 4, 22; 6, 1-4; 9, 20; 9, 22; 10, 10. Vgl. *Cathrein*, II 468.
[3] II 499.
[4] I. Pol. c. 1 (483, 54).
[5] In I. Pol. lect. 1.

6. Die innere Organisation des Staates.

Wo immer eine Vielheit von Teilen vorhanden ist, wird sie durch etwas Verbindendes zur Einheit. So ist auch in allem Geschöpflichen die Einheit das Erste, denn die Vielheit setzt sie schon voraus, sonst wäre sie nicht Vielheit, und sie kann wieder Ziel der Vielheit sein.

Jeder Staat besteht aus einer Vielheit von Bestandteilen, sagen wir von Einzelbürgern, Familien, Gemeinden, Bezirken, Provinzen, einstens auch von Ständen, wie Klerus, Adel und Bürger, Bauern, Handwerker, Kaufleute [1]. Zweck aller dieser Verbände war stets der Eigenschutz, die Förderung der besonderen Interessen. Dazu kommen jetzt die verschiedenen politischen Parteien mit ihren Programmen. Das einigende Band dieser Vielheit im Staate ist die *Staatsgewalt*, die als *gesetzliche Autorität die Vielheit zur Einheit verbindet, ordnet, leitet und schützt.*

Woher hat der Staat *ursprünglich seine Autorität*, welches sind ihre *Grenzen* und verschiedenen *Formen?* Darüber möchten wir noch einiges sagen.

I. Ursprung der Staatsgewalt.

Ist jeder Staat ein ens contingens, das zuletzt von einem ens necessarium abhängt, so muß auch die Staatsgewalt von jenem ersten notwendigen Sein abhangen. In welchem Sinne, das muß näher erklärt werden, denn beide Fragen, d. h. die nach dem letzten Grund des Staates und der Staatsgewalt, sind, wie A. M. Weiß sagt, wohl auseinanderzuhalten [2]. Und das ist umso notwendiger, als *Hobbes* und *Rousseau* und viele andere uns hier eine ganz andere Lösung vorlegen, da sie die oberste Staatsgewalt ursprünglich von einem *Vertrage* abhängig machen [3]. Es handelt sich also hier um nichts Geringeres als um den Ursprung der Souveränität des Staates.

Thomas verteidigt hier in gewissem Sinne die «Volkssouveränität», was manchen auffallen wird, bei andern sogar Anstoß erregt, weil man meint, darin eine Annäherung an J. J. Rousseau sehen zu müssen [4]. Aber der Sinn ist ein wesentlich anderer.

[1] I-II 95, 4.

[2] Apol. IV 2, 892.

[3] Das. 891.

[4] Unter andern stößt sich vor allem Zigliara an unserer These. Vgl. Eth. 51. VII; vgl. dazu *Gredt,* Elem. Eth. II 1032.

1. Die oberste Staatsgewalt manifestiert sich durch die Autorität, bürgerliche Gesetze zu erlassen. Virtuell enthält diese Gewalt auch alle anderen. Nun aber liegt diese Gewalt nach Thomas zunächst im **Volke** selbst und erst nachher in jenen, die das Volk vertreten, d. h. in den Regierenden [1]. Auch der Fürst hat keine gesetzgeberische Gewalt, außer insofern er das Volk vertritt : « auctoritas principis, qui non habet potestatem condendi leges, *nisi inquantum* gerit personam multitudinis. » [2] Allerdings ist damit das *ganze* [3] Volk und ein *freies* Volk [4] gemeint, sagen wir das Volk als *organische* Gesamtheit, nicht als Masse ; so haben Aristoteles [5] und Thomas richtig betont [6]. Naturnotwendig erweiterte sich die Menschheit von der Ehe zur Familie und zum Staat. Und diese spontane Entwicklung ging jedem Vertrage voraus.

2. Allein Pauli Wort « omnis potestas a Deo » (Rom. 13, 1) gilt auch hier. Höchste Quelle aller legislativen Autorität des Volkes ist **Gott** : « Omnis lex proficiscitur a ratione et voluntate legislatoris ; lex quidem divina et naturalis a rationabili *Dei* voluntate, lex autem humana a voluntate hominis regulata. » [7] So haben wir bei Thomas eine vollständige Unterordnung aller gesetzgeberischen Autoritäten ; das positive Gesetz hängt von der menschlichen Autorität ab [8], diese vom Naturgesetze [9] und dieses vom göttlichen ! [10] Alle Gewalt des Staates kommt somit von Gott, der Urheber des Naturgesetzes ist. In diesem Sinn ist es zu verstehen, wenn J. B. Jaccoud sagt, die Souveränität des Staates liege *wesenhaft* im Volke : « réside essentiellement dans la nation en vertu de la loi naturelle » [11]. Das *ganze, freie* Volk offenbart die *allgemeine Menschennatur*, aber immer in ihrer absoluten Abhängigkeit von Gott, der höchsten Quelle alles Rechts und aller Autorität. Der Gegensatz dieser Fassung zu jener eines Rousseau usw. ist evident, da dort Gott als höchste Quelle ignoriert und die *metaphysische* Natur des Menschen geleugnet wird. Auch sind bei unserer

[1] « Lex proprie et principaliter respicit ordinem ad bonum commune ; ordinare autem aliquid ad bonum commune est vel totius *multitudinis* vel alicuius gerentis vicem totius multitudinis ; et ideo condere legem vel pertinet ad totam multitudinem vel pertinet ad personam publicam, quae totius multitudinis curam habet. » I-II 90, 3.

[2] I-II 97, 3 ad 3. [3] Ib. [4] Ib.

[5] V. Pol. c. 2 (Did. II 507, 21).

[6] De reg. princ. I 4.

[7] I-II 97, 3. [8] I-II 95, 1.

[9] Ib. 2. [10] I-II 93, 6.

[11] Droit nat. et démocratie, 266.

Fassung die bloß menschlichen Gesetze noch nicht als *unmittelbare* « *Sinairufe* » anzusehen, wie einige mit Stahl meinten [1]. Es bleibt für unsere staatlichen Gesetzgeber immer ein tüchtiges Stück Arbeit übrig : *Sie haben Gesetze im Sinn und Geiste des Naturrechts zu erlassen.*

II. Die Grenzen der Staatsgewalt.

Die Fülle der Staatsgewalt bezieht sich nach heutiger Auffassung auf drei Gebiete : das der Gesetzgebung, des Regierens und des Richtens. Die *gesetzgebende* Gewalt erläßt für die Staatsbürger die allgemein-verpflichtenden Normen des Handelns und Unterlassens. Die *Regierungsgewalt* soll in Anwendung der Gesetze die Staatsbürger zum öffentlichen Wohle leiten und den Staat nach außen vertreten. Die *richterliche* Gewalt soll, im Hinblick auf das Staatsziel, also das Gemeinwohl, unter den Bürgern Recht sprechen und Schuldige strafen [2]. Diese Dreiteilung der Staatsgewalt ist vor allem seit *Montesquieu* formell maßgebend [3]. Materiell waren diese drei Gebiete selbstverständlich schon früher bekannt. Aristoteles spricht ausdrücklich von der zweiten und dritten Gewalt und nennt die erstere « beratende » Autorität [4]. Das Gleiche finden wir bei Thomas [5]. Uns interessieren hier vor allem die *Grenzen* der Staatsgewalt.

Die zahlreichen Schranken der Staatsgewalt ergeben sich teils von Seite höherer Gewalten, sagen wir von *oben*, teils aber auch aus dem *Wesen* des Staates selbst.

A. Von **oben.** Zwei Gesetze stehen höher als der Staat, weil er von ihnen abhängt :

a) Dem *göttlichen Gesetze*, der lex aeterna, ist alles gänzlich unterworfen. Alle Regierenden sind daran gebunden [6], jedes menschliche Gesetz muß im Einklang damit stehen [7].

b) Auch das *Naturgesetz* (lex naturalis) steht, da es alle Tugendakte regelt [8], über allen menschlichen Satzungen, die nur nähere Aus-

[1] Vgl. *Weiß*, Apol. IV 2, 892-893.
[2] I-II 100, 8.
[3] Esprit des Lois, XI 6. Vgl. *Cathrein*, II 617.
[4] IV. Pol. c. 11 (14) Did. I 559, 11.
[5] In IV. Pol. lect. 12.
[6] I-II 93, 3 ; III. C. G. 121.
[7] I-II 19, 4.
[8] I-II 94, 3.

führungen desselben sind [1]. Daher besitzt jeder Mensch gewisse naturgegebene Rechte und Pflichten individueller und sozialer Art, das Recht auf Existenz, auf Entwicklung, Fortpflanzung usw. Rechte, die der Staat nie antasten soll, wie früher betont wurde. Auf ihnen ruht das Staatswohl selbst. Daher steht den Eltern das erste Recht auf die *Erziehung* und den *Unterricht der Kinder* und folglich auf die *Schule* zu [2]. Dabei ist das Recht des Staates, für ergänzenden Unterricht zu sorgen, soweit es im Interesse des Allgemeinwohles liegt, unbestritten. Auch soll er die vom Naturrecht geforderten Leistungen auf *religiös-sittlichem* Gebiet [3] *fördern* und *unterstützen;* denn das alles liegt in seinen Interessen. Daher mahnt Thomas den Fürsten, also die staatliche Autorität, er solle seine Untergebenen vom *Bösen* abzuhalten und zu einem *tugendhaften Leben* zu leiten suchen, indem er ihnen durch Gesetze Lohn und Strafe in Aussicht stellt : « ut suis legibus et praeceptis, poenis et praemiis homines sibi subiectos ab iniquitate coerceat et ad opera virtuosa inducat. » [4] Es ist zwar an sich nicht Sache des Staates, seine Bürger zum *übernatürlichen* Ziele zu leiten. Aber er unterstütze auch dieses, indem er in der natürlichen Ordnung vorschreibt, was dazu führt, und verbietet, was hinderlich ist : « ea praecipiat, quae ad coelestem beatitudinem ducunt et eorum contraria ... interdicat. » [5]

B. Zahlreich sind die Schranken, die sich aus dem **Wesen** des Staates ergeben. Aus dem Wesen einer Sache ergibt sich ihr *Ziel.* Nichts ist innerlich verbundener als Ziel und Wesen einer Sache.

Vorerst ist es klar, daß in jedem Staate der Inhaber der Gewalt nur eine « persona *publica* » sein kann, d. h. jemand, der vom Volke beauftragt ist, Gesetze zu geben, zu regieren und zu richten [6]. Ebenso einleuchtend ist es, daß sich die Autorität eines bestimmten Staates nur auf die *Untertanen* (« subditos ») des betreffenden Staates erstrecken kann [7].

Besonders wichtig und vielfach sind die Schranken der Staatsgewalt, die sich aus dem **Ziele** des Staates ergeben :

[1] I-II 95, 2.
[2] II-II 10, 12 ; III. C. G. 122.
[3] « Virtuosa... vita est congregationis humanae finis. » De reg. princ. I 14.
[4] Ib. I 15.
[5] De reg. princ. I 15.
[6] Daher die Definition des Gesetzes : « quaedam ordinatio rationis ad bonum commune ab eo, qui *curam communitatis habet* promulgata. » I-II 90, 4 ; ib. 96, 4.
[7] II-II 16, 1.

a) Weil das Wohl und *Glück* der Bürger Ziel der Staatsgewalt ist, muß sie es bei allen Erlassen und Tätigkeiten, soweit es möglich ist, im Auge haben [1].

b) Indes ist direkt nur das *Gemeinwohl* (« bonum commune ») eigentliches Ziel des Staates [2]. Folglich kommt das *Privatwohl* im Staate grundsätzlich nur insofern in Betracht, als es mit dem öffentlichen zusammenfällt [3]. Eben das ist nach Thomas das große Laster des Tyrannen, daß er nur den eigenen Nutzen sucht [4].

c) Wie früher bemerkt, hat sich der Staat nur mit der *äußeren* Tätigkeit, auf die er Zwang ausüben kann, zu befassen: legis lator humanae non habet iudicare nisi de exterioribus actibus [5]. Und das aus dem einfachen Grunde, weil ihm die innere menschliche Tätigkeit verborgen ist: de interioribus non iudicat praetor [6].

d) Die Staatsgewalt hat an sich nur das *irdische* Wohl zum Ziele [7]. Für das ewig-*übernatürliche* Wohl sorgt nach Thomas die *Kirche* unter Leitung des Papstes: « sacerdotibus est commissum et praecipue summo Sacerdoti successori Petri, Christi vicario Romano Pontifici. » [8] Beide Institutionen, Staat und Kirche, sind in ihrer Ordnung selbständig, wie Prof. Dr. *Lampert* gründlich und lichtvoll darlegt [9]. Daß *Religionslosigkeit* für die staatliche Autorität und den Gehorsam der Bürger selbst die größte Gefahr ist, erfaßt jedermann leicht. Leo XIII. hat es eingehend beleuchtet [10]. Wo immer die katholische Religion Staatsreligion ist, ist das *gegenseitige* Verhältnis von Kirche und Staat leicht zu regeln. Andernfalls sind positive Abmachungen maßgebend.

Somit ist die Staatsgewalt an sich auf das *öffentliche, äußere, irdische* Wohl und Glück der Bürger beschränkt. Das Gebiet ist noch groß und wichtig genug. Sie hat nicht etwa bloß das ganze *Militär-*, *Kriegs-* und *Handelswesen* sowie *Kunst* und *Wissenschaft* zu leiten und zu fördern und den Staat nach *außen* gegen Feinde zu schützen [11], sondern das *ganze Staatsvolk* zu einem irdisch *guten Leben* (« bonam vitam ») zu leiten und darin *zu erhalten* und endlich *fortschrittlich* zu immer noch

[1] I-II 96, 6.
[2] I-II 90, 2.
[3] Ib. ad 1 u. 2.
[4] De reg. princ. I 3.
[5] I-II 100, 9.
[6] Ib. 91, 4; IV. C. G. 77.
[7] I-II 90, 3 ad 3.; 96, 5.
[8] De reg. princ. I 14.
[9] Kirche und Staat in der Schweiz, Bd. I, §§ 1, 2, 14.
[10] Encycl. « Immortale Dei » und Encycl. « Tametsi ». Vgl. *Lampert*, l. c. § 22.
[11] De reg. princ. I 13 u. 14.

höherem Glücke zu führen [1]. Das ist eine herrliche Aufgabe, für deren Erfüllung irdische Ehre und *Lohn* nicht genügen [2], sondern nur *Gotteslohn*, entsprechend dem Axiom : « Maius autem et divinius est bonum multitudinis quam bonum unius. » [3]

Im Anschluß an das Gesagte wäre hier der sog. **Tyrannenmord**, richtiger die « Tyrannentötung », zu erwähnen, ein berühmtes Problem. Fixieren wir vorerst den Kern der Streitfrage, um dann der Lösung selbst näherzutreten.

1. Es gab einstens Gegner jeder Tötung von Menschen durch Menschen. So verurteilte *Duns Skotus* mit wenigen anderen die Tötung von Menschen an sich, weil sie « Mord » bedeute, und Mord ist als malum intrinsecum immer unerlaubt [4]. Damit wäre offenbar die Berechtigung der *Todesstrafe* und jede *Notwehr* mit tödlichem Ausgang, ja sogar das *Kriegsrecht* in Frage gestellt. Diese These widerspricht nicht bloß einem *Augustinus, Ambrosius, Cyrillus,* sondern auch den großen Scholastikern : *Thomas, Cajetan, Bonaventura, Soto, Vitoria, Suarez, Báñez, Estius, Antoninus, Natalis Alexander, Sylvius, Lugo, Tournely, Billuart* [5]. Sie steht auch im Widerspruch mit dem neuen *kanonischen Recht* [6] und mit dem allgemeinen Völkerrecht.

2. Die Frage wird klarer, wenn wir uns den Unterschied zwischen Tötung und Mord vor Augen halten. *Mord* (homicidium) ist *ungerechte* Tötung eines Menschen und daher immer unerlaubt. Der Begriff *Tötung* ist allgemeiner und kann eine erlaubte oder unerlaubte Tötung besagen [7]. Nur im letzteren Falle ist sie Mord.

3. Die Frage ist folgende : Wer hat das Recht, den Tyrannen, welcher das Staatswohl *schwer* bedroht, zu entfernen, eventuell sogar zu töten?

Zur Lösung der Frage Folgendes :

α) Jeder Tyrann, gleichviel, ob er nur die Macht erstrebt (usurpator) oder schon besitzt (tyrannus regiminis), ist ein Rechtsbrecher, eine

[1] Das. I 15. [2] Das. I 8. [3] Das. I 9.

[4] In IV. Sent. d. 15 q. 3. Vgl. *Francisco de Vitoria* O.P., Comm. in II-II De iust. q. 64 a. 2.

[5] Vgl. *Billuart,* Summa S. Thomae, Tr. De iure et iust. Diss. 10 a. 5 § 1.

[6] Can. 2205 § 4.

[7] I-II 100, 8 ad 3.

eminente Gefahr für das Vaterland. Ist nun eine staatliche *Obrigkeit* da, der er unterworfen ist und welche die erforderliche Macht besitzt, so ist es in erster Linie ihre Aufgabe, einzuschreiten, event. sogar ihn zu töten [1].

β) Fehlt es an einer solchen Obrigkeit und ist der Tyrann *noch nicht Machtbesitzer*, also erst Usurpator, so hat in größter Gefahr des Vaterlandes auch jeder *Private* das Recht, den Tyrannen zu töten; ja, er verdient dafür Lob und Auszeichnung: « tunc enim, qui ad deliberationem patriae tyrannum occidit, laudatur et praemium accipit. » [2] Gleicher Ansicht mit Thomas sind *Cajetan* [3] und *Franciscus de Vitoria* [4]. *Billuart* nennt diese Auffassung sogar eine « *communis sententia* ». Nach ihm ist sie nicht bloß im Notwehrrecht jedes Menschen begründet, sondern sogar in der *öffentlichen* Autorität, die jedem Bürger gleichsam als Soldaten einen solchen Auftrag geben würde [5]. Dasselbe lehren Cajetan [6] und Vitoria [7]. In diesem Falle ist der Tyrann, wie Thomas bemerkt [8], überhaupt noch keine Obrigkeit und folglich schuldet ihm noch niemand Gehorsam. Es kann also eine « Tyrannentötung » geben, die nicht « Tyrannenmord » ist.

γ) Anders liegt die Sache, so sagt man, beim *tyrannus regiminis*, d. h. bei jenem, der bereits im Besitze der legitimen Gewalt ist, aber dieselbe mißbraucht. Der Mißbrauch der Gewalt beraubt den Inhaber derselben noch nicht der Gewalt selbst [9]. Infolgedessen ist dieser Tyrann im allgemeinen Interesse zu dulden. Wird seine Tyrannenherrschaft unerträglich, und gibt es kein gesetzliches Mittel, ihn zu entfernen, weder von jenen, die ihn eingesetzt haben, noch von Seite einer höheren Autorität, so ist er in der Hoffnung auf die göttliche Hilfe zu dulden, denn der Versuch *Privater*, ihn zu töten, wäre dem öffentlichen Wohle gefährlich: « Esset autem hoc multitudini periculosum, si *privata* praesumptione aliqui attentarent praesidentium necem etiam tyrannorum. » [10]

[1] De reg. princ. I c. 6; II. Sent. d. 44 a. 2 ad 5.
[2] II. Sent. d. 44, 2 ad 5.
[3] « Licite potest a *quolibet* de populo occidi pro libertate populi, quando non est recursus ad superiorem. » In II-II q. 64 a. 3.
[4] In II-II De iust. q. 64 a. 3, 5.
[5] Summa S. Thomae, Tr. De iure et iust. Diss. 10 a. 2.
[6] l. c.
[7] l. c.
[8] II. Sent. d. 44 q. 2 a. 2 ad 4.
[9] Ib. a. 2.
[10] De reg. princ. I c. 6.

In diesem Sinne, so behauptet man, habe schon das Konzil von *Konstanz* (1415) einen Satz verurteilt, wie Zigliara darlegt [1].

Indes ist, wie Cathrein hervorhebt [2], diese Entscheidung des Konstanzer Konzils nie vom Römischen Papste approbiert worden, und bei der obigen Begründung fragt sich der Leser unwillkürlich : Gesetzt den Fall, ein herrschender Tyrann führe den Staat *sicher* und *rettungslos* in den Abgrund : soll dann nicht auch ein Privater das Recht haben, den Tyrannen im Interesse des Gemeinwohles zu töten, wenn es ohne *schlimmere Folgen* geschehen kann ? Gibt das öffentliche Wohl nur dem Einzelbürger das Recht, den ungerechten Angreifer abzuwehren, der ihn selbst bedroht, und nicht auch den Tyrannen, der das *Vaterland* gefährdet? Gibt es nur für den Privaten ein *Recht der Notwehr* und keines für den Staat? Reden unsere Zeiten nicht eine wuchtige Sprache? Dieses Bedenken wollten wir hier dem Leser vorlegen, bei aller Unterwürfigkeit gegenüber jeder Autorität [3].

III. Die Staatsformen.

Maßgebend für die Form des Staates ist seine *Verfassung* (Constitutio) [4]. Sie ist kein Einzelgesetz, sondern zeigt die *Grundeinstellung* eines Staates und seiner ganzen Gesetzgebung an. So urteilt Aristoteles, dem 158 Verfassungen des Altertums zum Studium zur Verfügung standen. Die Verfassung (Staatsform) der Staatswesen, so sagt er in seiner Staatslehre, ist die Ordnung in Bezug auf die Gewalten (περὶ τὰς ἀρχάς, principatus), nämlich auf welche Weise diese Gewalten verteilt werden und welches das Ziel einer jeden Gemeinschaft sein soll [5]. Thomas nennt sie in prägnanter Kürze : « ordo dominantium in civitate. » [6]

[1] « Populares possunt ad suum arbitrium dominos delinquentes corrigere. » *Denzinger*, Enchiridion, n. 597. « Quilibet tyrannus potest et debet licite et meritorie occidi per quemcumque vasallum suum seu subditum . . . » *Zigliara*, Eth. Ius nat. l. II c. II. 55. X.

[2] Moralphil. II 662.

[3] Stimmt das Gesagte nicht wieder mit Thomas überein, wenn er sagt : « Regimen tyrannicum non est iustum, quia non ordinatur ad bonum commune . . . et ideo perturbatio huius regiminis non habet rationem *seditionis*, nisi forte quando sic inordinate perturbatur tyranni regimen, quod multitudo subiecta *maius* detrimentum patitur ex perturbatione consequenti quam ex tyranni regimine. » II-II 42, 2 ad 3.

[4] Vgl. darüber auch Dr. iur. *W. Kägi*, Verfassung als rechtliche Grundordnung des Staates. Zürich 1945, S. 40 ff.

[5] IV. Pol. c. 1 (544, 15).

[6] In III. Pol. lect. 6.

Je nach der Eigenart der Verfassungen unterscheiden sich die Staaten voneinander. Daher das aristotelische Axiom : « *So viele verschiedene Staaten als verschiedene Verfassungen.* » «ὅσαι γαρ αἱ πολιτεῖαι τοσαῦτα καὶ τὰ κύριά ἐστιν.»[1] Der Stagirite kennt vier Staatsformen : Demokratie, Oligarchie, Aristokratie und Monarchie[2]. Versuchen wir zuerst, die verschiedenen Staatsformen *begrifflich* festzulegen, um dann ihren *Wert* zu beurteilen.

a) *Begriffliche Festlegung.* Die sechs Regierungsformen : *Aristokratie, Monarchie, Oligarchie, Demokratie, Tyrannis* und *Politie,* mit denen Thomas sich beschäftigte[3], waren alle schon im Altertum bekannt[4]. Von Aristoteles hat das Mittelalter sie übernommen.

In der **Monarchie** liegt die höchste Herrschergewalt in den Händen *einer* Person, die den Staat zum Gemeinwohl führt[5]. Liegt die *ganze* Herrschergewalt in der Hand des Herrschers, so ist sie eine *absolute.* Üben zur Herstellung des Gleichgewichtes zwischen Dynastie und Volk Vertreter des Volkes in der Form von gesetzgebenden Kammern und Gerichtshöfen zusammen mit dem Herrscher die Gewalt aus, so haben wir die *konstitutionelle Monarchie,* die in der modernen Zeit, von Montesquieu inspiriert, eine große Rolle spielte[6]. Seinen Höhepunkt erreichte der Konstitutionalismus im *Parlamentarismus,* wo die Bestellung der Minister von der Mehrheit des Parlamentes abhängt[7].

In der **Aristokratie** herrschen *wenige,* aber es sollen, wie die Benennung andeutet, die *Besten* sein, die für das Staatswohl sorgen[8], die Männer des Gesetzes[9].

In der **Oligarchie** herrschen *wenige* Bürger *kraft ihres Geldes*[10]. Nicht Recht und Gemeinwohl sind daher Ziel der Staatsordnung, sondern der Reichtum weniger ; es herrscht also *Eigennutz.* Die Oligarchie ist das Gegenstück zur wahren Aristokratie[11].

[1] II. Rhet. c. 8 (I 328, 39).
[2] (I 328, 40).
[3] De reg. princ. l. I c. 1-10.
[4] *Aristoteles,* III. Pol. c. 4 ss.
[5] III. Pol. c. 5 (I 527, 40) ; Rhetor. l. I c. 8 (I 328, 49). *Thomas,* in III. Pol. lect. 6.
[6] Vgl. *Cathrein,* Moralphil. II 674.
[7] Das. 675.
[8] III. Pol. c. 5 (I 527, 42).
[9] I. Rhet. c. 8 (I 328, 46). *Thomas,* in III. Pol. lect. 8 ; De reg. princ. I c. 1.
[10] De reg. princ. I c. 1 ; I. Rhet. c. 8 (I 328, 46) ; III. Pol. c. 4 (I 526, 27).
[11] III. Pol. c. 5 (I 528, 3).

Die **Tyrannis,** in welcher der Herrscher ohne Rücksicht auf Recht und Gesetz regiert, ist das Gegenstück der Monarchie. Der Tyrann erstrebt ebenfalls nur selbstsüchtige Ziele [1]. Er herrscht nur durch *Gewalt* [2].

Schlecht zu sprechen ist Aristoteles scheinbar auf die **Demokratie**. Sie ist nach ihm die Herrschaft des Volkes im Sinne der bloßen *Masse* oder der Plebs : « summa imperii potestas penes populum est » [3]. Sie will *Freiheit* und *Gleichheit* harmonisieren und ist gerade darum die ungerechteste Staatsform, weil nicht alle gleich sind [4]. Sie ist die einseitige Herrschaft der Armen oder Bedürftigen. Offenbar versteht hier Aristoteles unter dieser Demokratie die sog. Ochlokratie (Herrschaft des großen *Haufens*), die mit unserer Demokratie nichts zu tun hat, wie Cathrein richtig bemerkt [5]. Fügen wir bei, daß der große Staatsmann zwar verschiedene Arten von Demokratie unterscheidet, aber keine anführt, die sich mit der unserigen deckt [6]. Die Bemerkung, in der Demokratie folge jeder seiner Leidenschaft [7], ist typisch für seine Auffassung der Demokratie.

Indes hat unter Umständen eine andere Staatsform größte Bedeutung, nämlich die **Politie.** Wo in einem Staate viele Tüchtig gleich vortrefflich sind, ist die absolute Monarchie nicht am Platze [8]. Denn es gilt als Prinzip : Wo nur *einer* der Tüchtigste ist, da herrsche dieser eine als Monarch ; wo *viele* Tüchtige sind, da herrsche die Menge, welche zu gehorchen und zu befehlen tauglich ist [9]. Im letztern Falle ist die Politie am Platze. So war es schon bei den alten Völkern, wo Volk, Senat und Gerichtshof regierten [10]. Was ist die Politie? Sie überträgt die höchste Gewalt der Zusammenarbeit (Aristoteles spricht von einer « μῖξις ») von Reichen, Armen, Freien, die als die *Besten* unter *einem oder mehreren Regenten, die eine Einheit bilden, das Volk zum Gemeinwohl führen* [11]. Sie kann also sowohl Monarchie als Republik sein und ist wahre *Demokratie,* insoweit die Bestellung der Regierung vom Volke abhängt. Die Politie berücksichtigt also alles, was für eine gute Regierung von Bedeutung ist : « den *Reichtum*, das *Volk der Bedürftigen,*

[1] Ib. ; IV. Pol. c. 2 (I 544, 30).
[2] III. Pol. c. 6 (I 530, 43) ; De reg. princ. I c. 3.
[3] III. Pol. c. 4 (I 526, 26).
[4] I. Rhet. c. 8 (I 329, 4).
[5] Moralphil. II 669 [1].
[6] IV. Pol. c. 4 (I 548 u. 549).
[7] V. Pol. c. 7 (I 579, 26).
[8] III. Pol. c. 11 (I 542, 10).
[9] III. Pol. c. 12 (I 542, 46 ss.).
[10] III. Pol. c. 6 (I 532, 48).
[11] IV. Pol. c. 6 (I 552, 44 ss.).

die *Freiheit* und vor allem die *Tugend*. Sie holt aus der Monarchie und Aristokratie das Beste heraus und paralysiert das Schlimme, das in der Oligarchie und Ochlokratie liegt [1]. Das ist auch der Grund, warum sie den Namen 'Staatsform' schlechterdings ('πολιτεία') verdient. » [2] Sie ist auch die beste Hüterin der Gesetze, denn wo nicht die Gesetze herrschen, gibt es keine Politie [3].

b) *Über den Wert der verschiedenen Staatsformen.* Welchen Maßstab dürfen und sollen wir hier anlegen ? Der Wertmesser ist mit dem Gesagten bereits angedeutet. Da das öffentliche Wohl oder Glück Ziel jedes Staates ist (« τέλος... πόλεως τὸ εὖ ξῆν ») [4], hat jede Staatsform nur insofern Wert, als sie dieses Glück im Auge hat. Daher das Axiom des Aquinaten : *Alle jene Staatsformen sind gerecht, welche das Allgemeinwohl im Auge haben, und alle jene sind ungerecht, welche nur den Eigennutz zum Ziele haben* [5]. Das stimmt auch mit Aristoteles überein [6]. Also nur das *Allgemeinwohl* kann *Maßstab* für die *Wertung* der Staatsformen sein !

Damit ist die **Tyrannis** bereits gerichtet. Der Tyrann kann ein *Einzelner* sein, wie in der Monarchie, oder es können auch mehrere Tyrannen die Herrschaft teilen. Die Tyrannei, die ein König ausübt, ist zwar weniger verhängnisvoll als die von mehreren Aristokraten, weil in letzterem Falle die Uneinigkeit und die Gefahr für den Frieden noch größer ist [7]. Aber immer ist und bleibt die Tyrannis die **schlechteste Staatsform** [8]. Thomas gibt für diese These mehrere Gründe an. Er verweist auf die gewaltige *Macht* des königlichen Tyrannen ; schlecht ist sie ferner, weil der Tyrann den *Eigennutz* (bonum privatum) dem öffentlichen Wohle vorzieht, daher seine *Untergebenen schwer bedrückt*, ihre *Sicherheit* bedroht, sie geistig und körperlich quält, ja viele von ihnen aus blinder Leidenschaft ermordet, überall *Unfrieden* stiftet und das ganze soziale Leben vergiftet : « Nihil differt a bestia. » [9] Thomas spricht auch von den **Mitteln**, die man anwenden solle, um sich gegen Tyrannen zu schützen : Erstens wähle man nur Könige, die nach menschlicher Berechnung nicht zu Tyrannen werden, sei also vorsichtig *bei der Machtübertragung ;* zweitens, man entziehe dem Herrscher jede

[1] Ib. (552, 46 ; 553, 1-3 ; 552, 17 ; 544, 31).
[2] IV. Pol. c. 2 (I 544, 38) u. c. 5 (551, 32).
[3] IV. Pol. c. 4 (I 549, 39).
[4] III. Pol. c. 5 (I 530, 18).
[5] In III. Pol. lect. 6.
[6] III. Pol. c. 4 (I 527, 29).
[7] De reg. princ. I c. 5.
[8] IV. Pol. c. 2 (I 544, 42).
[9] De reg. princ. I c. 3.

Gelegenheit, Tyrann zu werden ; man gebe ihm *nicht zu große* Macht ; schließlich ergreife man die erlaubten Mittel, um das Vaterland von einem Herrscher zu befreien, der bereits in tyrannischer Weise regiert [1]. Hievon haben wir schon im Abschnitt über die Tyrannentötung gehandelt. Nachdem wir selbst es erlebten, daß Europa vor Tyrannen zitterte, Millionen auf grausamste Weise ermordet wurden und der Zusammenbruch der Tyrannei da und dort bereits eingetreten ist, dürfen wir sicherlich auch von den Folgen und **Strafen** reden, die nach Thomas den Tyrannen treffen. Die Tyrannen entbehren jede *Freundschaft,* die sonst das Leben versüßt und die dem Herrscher Sicherheit gibt ; sie werden *gehaßt ;* ihre Herrschaft hat keinen Bestand, denn die *Furcht* ist eine schwache Stütze der Herrschaft : « Timor est debile fundamentum » ; sowohl die *Geschichte* als auch die *Heilige Schrift* bezeugen das [2] ; sie *bekehren sich selten* und erhalten am Ende des Lebens, an Stelle des herrlichen Lohnes im Himmel, *ewige Strafe* [3]. Das ist das Los des Tyrannen.

Auch die **Oligarchie,** in der nur eine Anzahl Reicher herrscht, ist schlecht [4]. Sie ist Herrschaft des Parteigeistes, schließt das *Volk* und damit die Armen aus [5], und da sie ein Abfall von der Aristokratie ist, schaltet sie gerade den Einfluß der *Besten* aus [6]. Auch hier ist also nicht das *öffentliche Wohl* das Ziel der Regierung [7].

Daß **Demokratie** im Sinne des Aristoteles, d. h. die Herrschaft der « Masse », schlecht ist, leuchtet jedermann ein. Auch hier herrscht der Eigenwille und Eigennutz an Stelle des Gesetzes [8].

Die **Aristokratie** gehört mit der Monarchie und Politie zu den guten, gerechten Regierungsformen [9]. Wie der Name besagt, sollen in ihr die *besten* und *tugendhaftesten* Männer regieren [10]. Nur in der Aristokratie sind die Begriffe « guter Bürger » und « guter Mensch » identisch [11]. Da herrschen Männer der *Disziplin* und des *Gesetzes* [12].

Viel Sympathien besaß in allen Jahrhunderten die **Monarchie.** Hier

[1] De reg. princ. I c. 6.
[2] Ib. I c. 10.
[3] De reg. princ. I c. 11.
[4] IV. Pol. c. 2 (I 544, 30).
[5] IV. Pol. c. 5 (I 549, 47).
[6] III. Pol. c. 5 (I 528, 2).
[7] De reg. princ. I c. 1.
[8] IV Pol. c. 4 (I 548, 49 ss.); III. Pol. c. 5 (I 528, 25 ss.); *Thomas,* in III. Pol. lect. 8.
[9] IV. Pol. c. 12 (I 542, 46); IV. Pol. c. 2 (I 544, 27).
[10] IV. Pol. c. 5 (I 551, 36).
[11] Ib.
[12] I. Rhet. c. 8 (I 329, 4).

liegt die höchste Gewalt in der Hand eines *einzigen*, des Königs, der das Gemeinwohl im Auge haben soll [1]. Doch kann seine Macht beschränkt werden, denn es gibt verschiedene Arten der Monarchie. Hat sie nicht das Gemeinwohl zum Ziele, sondern den Eigennutz, so wird sie zur Tyrannis [2]. Dennoch ist sie, an sich betrachtet, die *vollkommenste* Regierungsform, auch besser als die Aristokratie [3]. Die Erbmonarchie hat allerdings ihre Nachteile, da es vorkommen kann, daß nur untaugliche Söhne vorhanden sind [4]. Wo viele Tüchtige im Staate sind, ist es ratsamer, daß mehrere regieren, wenn es gesetzlich zulässig ist, denn das Gesetz soll immer geachtet werden [5]. Der gleichen Ansicht ist auch Thomas von Aquin [6]. Was die Monarchie immer auszeichnete, hat Trendelenburg trefflich hervorgehoben. Es war der überlegene Wille, die überlegene Macht und die überlegene Tugend des Einzelnen, des Monarchen [7]. Sie gibt der Herrschaft die mächtige *Einheit*, wie Thomas betont, wenn er sagt : « Omne autem naturale regimen ab uno est. » [8] Das mag uns erklären, warum nach Plato und Aristoteles alle großen Scholastiker mit Thomas, Bellarmin [9], Suarez abstraktiv der Monarchie vor der Republik den Vorzug geben. Das hindert indessen nicht, daß gerade die Monarchie unter andern Gesichtspunkten die *gehaßteste* Staatsform war [10], wie Thomas zutreffend sagt, und wie auch die römische Geschichte bezeugt. Schuld daran war nicht bloß die *Gefahr der Tyrannei*, die immer wieder drohte, und der Drang nach größerer *Freiheit*, sondern auch der Wunsch des Bürgers, durch tatkräftigere *Teilnahme* an der Regierung selbst den *Fortschritt* zu fördern, eingedenk des Wortes Sallusts : « Incredibile est memoratu, quantum adepta libertate in brevi Romana civitas creverit. » Jede *aktive* Teilnahme an der Leitung des Staates ist ohne Zweifel ein mächtiger *Ansporn*, immer intensiver für das Wohl und Heil des Staates zu arbeiten, sich dafür zu interessieren und zu opfern [11]. Aus all dem ergibt sich auch, welche

[1] III. Pol. c. 5 (I 527, 40); I. Rhet. c. 8 (I 328, 49).
[2] I. Rhet. c. 8 (I 329, 1).
[3] III. Pol. c. 10 (I 539, 37) ; De reg. princ. I 4 ; I-II 105, 1.
[4] III. Pol. c. 10 (540, 4).
[5] III. Pol. c. 11 (I 540, 33 ss.).
[6] De reg. princ. I c. 2.
[7] Naturrecht, 429.
[8] De reg. princ. I c. 2 ; IV. C. G. 76.
[9] De Rom. Pontif. c. 1 ; vgl. *Cathrein*, Moralphil. II 672.
[10] Thomas gibt einem Kapitel De reg. princ. I 4 geradezu den Titel : « Quare subditis regia dignitas rectorum odiosa ».
[11] Ib.

hehre *Aufgabe* der **Monarch** zu erfüllen hat. Er soll *Gottes Herrschaft* in der Welt zum Vorbilde nehmen; wie Gott den Leib des Menschen durch die Seele leitet, so soll er sie entsprechend ihren *verschiedenen Anlagen* leiten. Er soll für ihre *Erhaltung* und *Nahrung* sorgen, *Kunst, Wissenschaft* und *Handel* sowie die *Pflege* des religiösen Lebens fördern, und auf wirksamen Schutz gegen Feinde bedacht sein [1]. Vor allem unterstütze er die Kirche in ihrem Bestreben, die Bürger zum *ewigen Leben* zu führen, indem er in seinen Gesetzen nur vorschreibe, was zum *ewigen Leben* führt, und Gegenteiliges verbiete; mit einem Worte, daß er im Staate ein *tugendhaftes Leben* begründe, erhalte und fördere: « ut primo ... in subiecta multitudine bonam vitam instituat, secundo ut institutam conservet, tertio conservatam ad meliora promoveat. » [2] Seine Hauptaufgabe ist und bleibt immer die Hinordnung des Staates *auf die Tugend.* Dazu sind verschiedene Mittel anzuwenden: vor allem die Sorge für das zeitliche Wohl des Volkes, die Erhaltung des inneren Friedens, die Zügelung der bösen Leidenschaften, die richtige Verteilung der Ämter und nach außen der starke Waffenschutz gegen Feinde [3].

Schließlich noch ein Wort über den Wert der **Demokratie.** Die innere Abhängigkeit der höchsten Staatsgewalt vom Volke gibt ihr « demokratischen » Charakter, wie die Bezeichnung Demokratie besagt. Doch gibt es verschiedene Arten dieser Regierungsform. Wir unterscheiden eine direkte und eine indirekte Demokratie. In der direkten Demokratie kommt das entscheidende Wort inbezug auf Gesetzesvorlagen und Ernennung der Regierung dem Volke zu. So ist es in den schweizerischen Landsgemeindekantonen. Es ist das « reine Demokratie ». In der *indirekten* Demokratie wählt das Volk jene, welche für Gesetze und Regierung zu sorgen haben. Gewisse Schattierungen gibt es auch da überall [4]. Im Laufe des letzten Jahrhunderts kamen das Recht des *Referendums* und das *Initiativrecht* hinzu. Das *Referendumsrecht,* welches obligatorisch oder auch nur fakultativ sein kann, gibt dem Volke Gelegenheit, gegen Gesetze und Erlasse der Kammern und der Regierung Stellung zu nehmen [5]. Es kann auch auf die Ausgaben des Staates (Finanzreferendum) ausgedehnt werden. Tiefgreifend ist vor allem das *Initiativrecht,* kraft dessen das Volk auf Grund einer

[1] De reg. princ. I c. 13.
[2] De reg. princ. I c. 15.
[3] Ib.
[4] Vgl. *Jaccoud,* Droit nat. 294 ff.
[5] Das. 299.

bestimmten Anzahl Unterschriften über eine Änderung der Verfassung oder bestimmter Regierungserlasse abstimmen kann und muß [1]. Das Schweiz. Strafgesetzbuch bestimmt in Art. 279: « Wer die Sammlung oder Ablieferung von Unterschriften für ein Referendum- oder Initiativbegehren durch Gewalt oder Androhung ernstlicher Nachteile hindert, oder stört, wird mit Gefängnis oder mit Buße bestraft. »

Daß mit der Demokratie gewisse Gefahren verbunden sind, unterliegt keinem Zweifel. Aber *Demokratie* ist tief im *Naturrecht begründet.* Faktisch hat auch die *Kirche* die Demokratie als solche nie verurteilt. Sie hat schon unter Leo XIII. jede Verfassung gebilligt, welche das Gemeinwohl im Auge hat und es offen begrüßt, daß sich die Bürger so eifrig als möglich am öffentlichen Leben beteiligen [2]. Eingehend beschäftigte sich an Weihnachten 1944 Pius XII. mit der Demokratie [3]. Auch er verurteilt die sogenannte « Massendemokratie », die Spielball der individuellen Leidenschaft und Willkür ist [4]. Aber er lobt die wahre Demokratie, die kraft der allgemeinen Menschennatur das Gemeinwohl sucht, Männer der freien Meinungsäußerung und selbständige Persönlichkeiten schafft [5] und die, in Gott, der Natur und im Glauben verwurzelt, die öffentliche Autorität stärkt [6]. Sie muß eine Elite geistig hochstehender, charakterfester, gewissenhafter Männer besitzen [7], die Gegner der absoluten Staatshoheit [8] und durch wahre sittliche Reife geeignet sind, im Einklang mit Naturgesetz und Offenbarung die Pläne Gottes auszuführen und für den friedlichen Fortschritt der Menschenfamilie zu arbeiten [9]. In diesem Sinne war die Kirche immer ein Hort der wahren Demokratie [10].

Wir sprachen oben von der *naturrechtlichen Grundlage* der Demokratie. Wie läßt sich das beweisen? Ein glühender Verfechter der Demokratie, *J. B. Jaccoud*, hat den Satz aufgestellt: An sich gibt es kein politisches Regime, das der *Menschennatur besser entspricht* als die Demokratie: « qui convienne mieux à la nature de l'homme » [11]. Das ist eine kühne These, besonders wenn man in Betracht zieht, was wir

[6] Das.

[1] Encycl. « Libertas praestantissimum », 20. Juni 1888. Vgl. *Marmy*, Mensch und Gemeinschaft in christlicher Schau, Freiburg 1945, n. 137.

[2] Rundfunkansprache « Benignitas »; vgl. *Marmy*, das. n. 1056 ff.

[3] Das. n. 1061, n. 1063.

[4] Das. n. 1059, 1062.

[5] Das. n. 1064. [6] Das. n. 1067. [7] Das. n. 1068.

[8] Das. n. 1070. [9] Das. n. 1079.

[10] Droit nat. et démocratie, 293.

oben über die Monarchie sagten. Aber der Satz hat einen wahren, tiefen Sinn. Die Verfassung der Schweiz mit ihrem Zweikammersystem und der Wahrung der übrigen Volksrechte ist sicherlich demokratisch. Zuweilen schien die Demokratie zu überborden. Aber der gesunde *Sinn des Volkes* (die sana ratio der Menschennatur) hat sie doch vor Exzessen bewahrt. Herrschaft ist immer und überall notwendig. Aber *Selbstregierung* ist göttlich! Liegt die Souveränität auch des Staates in Gott und ist sie von ihm dem Volke übertragen, was ist *natürlicher*, als daß die allgemeine Menschennatur, insofern sie gesund und frei ein Abbild der göttlichen Ratio ist, mit und in dem Volke auch *Ausführerin* (executor) der Herrschaft sei, d. h. daß das Volk selbst herrsche = *direkte Demokratie* [1]. In diesem ganz idealen Sinne ist die Demokratie die ursprünglichste Regierungsform, steht sogar vor der Monarchie und Aristokratie. Weil aber den ersten Menschen ein Fluch getroffen hat, wie sogar der Heide Plato ahnte, hat die Menschennatur in ihren *existierenden Individuen* die ursprüngliche Vollkommenheit verloren, die Erkenntnis ist getrübt, das Wollen geschwächt. Darum ist der gefallene Mensch zur Leidenschaft und Zwietracht geneigt. Deshalb wahrt die Monarchie als Prinzip der strengen Einheit die Einheit des Staates im allgemeinen am besten. Aber auch da macht sich der Adel der Menschennatur wieder geltend. Wo im Volke der *Einsichtigen* und *Tugendhaften viele* sind, ist nach Aristoteles [2] und Thomas [3] die Herrschaft vieler, also des Volkes am Platze. Der ursprüngliche Gottesplan lebt wieder auf. So ist die Demokratie auch bezüglich der *Ausübung* (executio) der Staatsgewalt ein hehres *Ideal*. Sie verleiht naturrechtlich hohe Würde. Deshalb lebt, wie Pius XII. sagt, gerade heute nach der Schreckenherrschaft großer Diktatoren, die schreckliches Elend im Gefolge hatte, das Sehnen nach Volksherrschaft wieder auf [4].

Die *Selbstregierung* ist göttlich, weil Gott, als er die Menschennatur *nach seinem Bilde* schuf, diesen Zug in sie senkte, auf daß der Mensch Herrscher sei (Gen. 1, 26). Doch das gilt nur von der vom *Naturrecht* und *Gott abhängigen Demokratie*, die, wie Bundesrat Etter sagte [5], als wahre Demokratie sich von jener eines J. J. Rousseau wesentlich unterscheidet.

[1] Diese hat Jaccoud vor allem gepriesen. Vgl. Droit nat. et démocratie, S. 294, 295, 296.

[2] III. Pol. c. 11 (I 542, 10); III Pol. c. 12 (I 542, 46 ss.).

[3] De reg. princ. (I c. 4; c. 13).

[4] Vgl. *Marmy*, das. n. 1056.

[5] Die schweizerische Demokratie, Olten 1934, S. 18 ff.

INHALTSÜBERSICHT